津波災害と
近代日本

北原糸子 KITAHARA Itoko

吉川弘文館

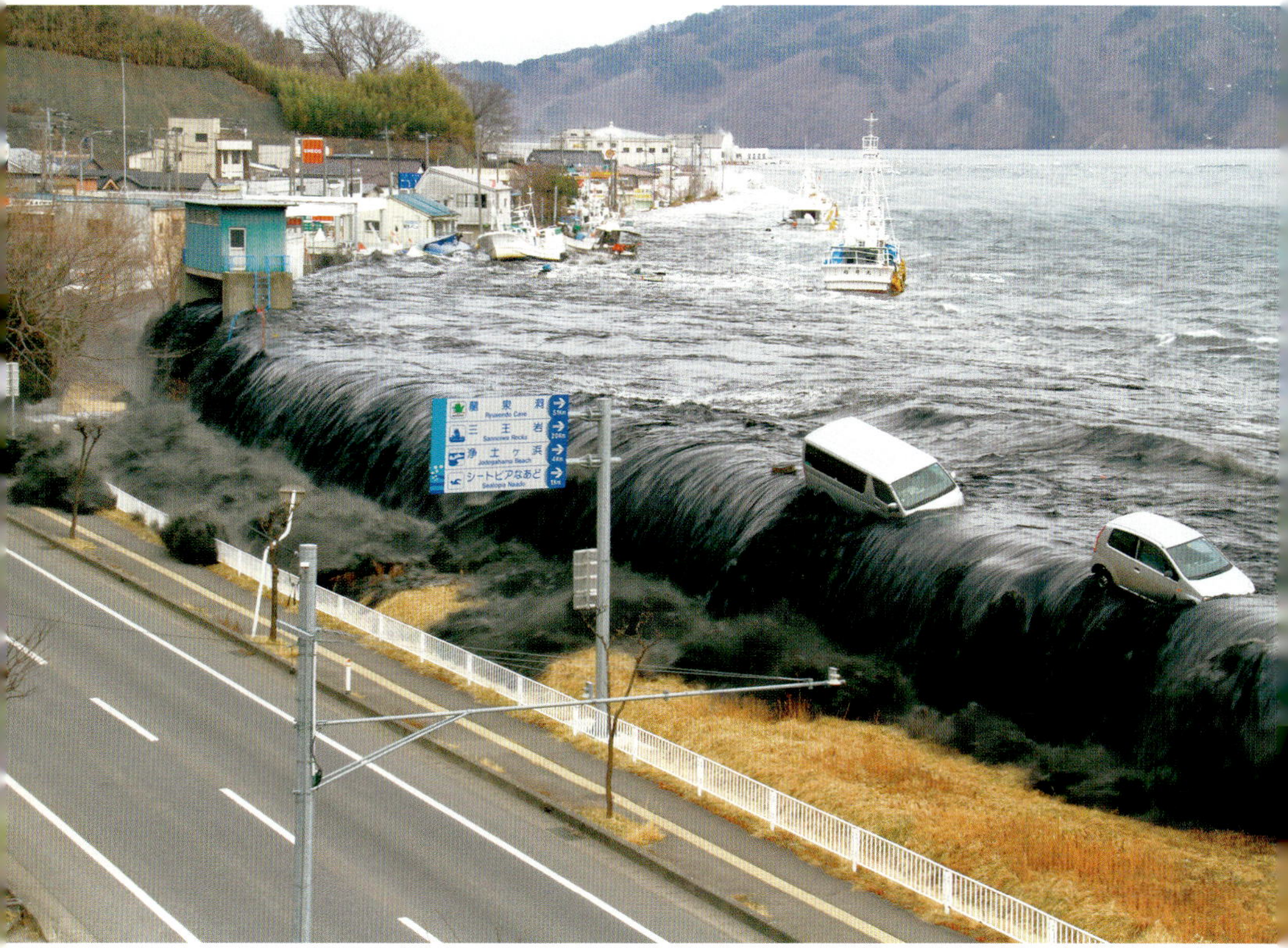

東北地方太平洋沖地震によって津波に襲われる宮古市

2011年３月11日午後３時23分、第一波の津波が閉伊川沿いの堤防を越えて宮古市内に浸入する様子を捉えた写真（宮古市提供）。閉伊川沿いにある宮古市役所の５階ベランダから市職員によって撮影された。閉伊川は、写真上手方向の海手に向かって流れている。河口から遡上した津波が、３メートルの堤防をまさに越えようとしている様子が生々しく捉えられている。

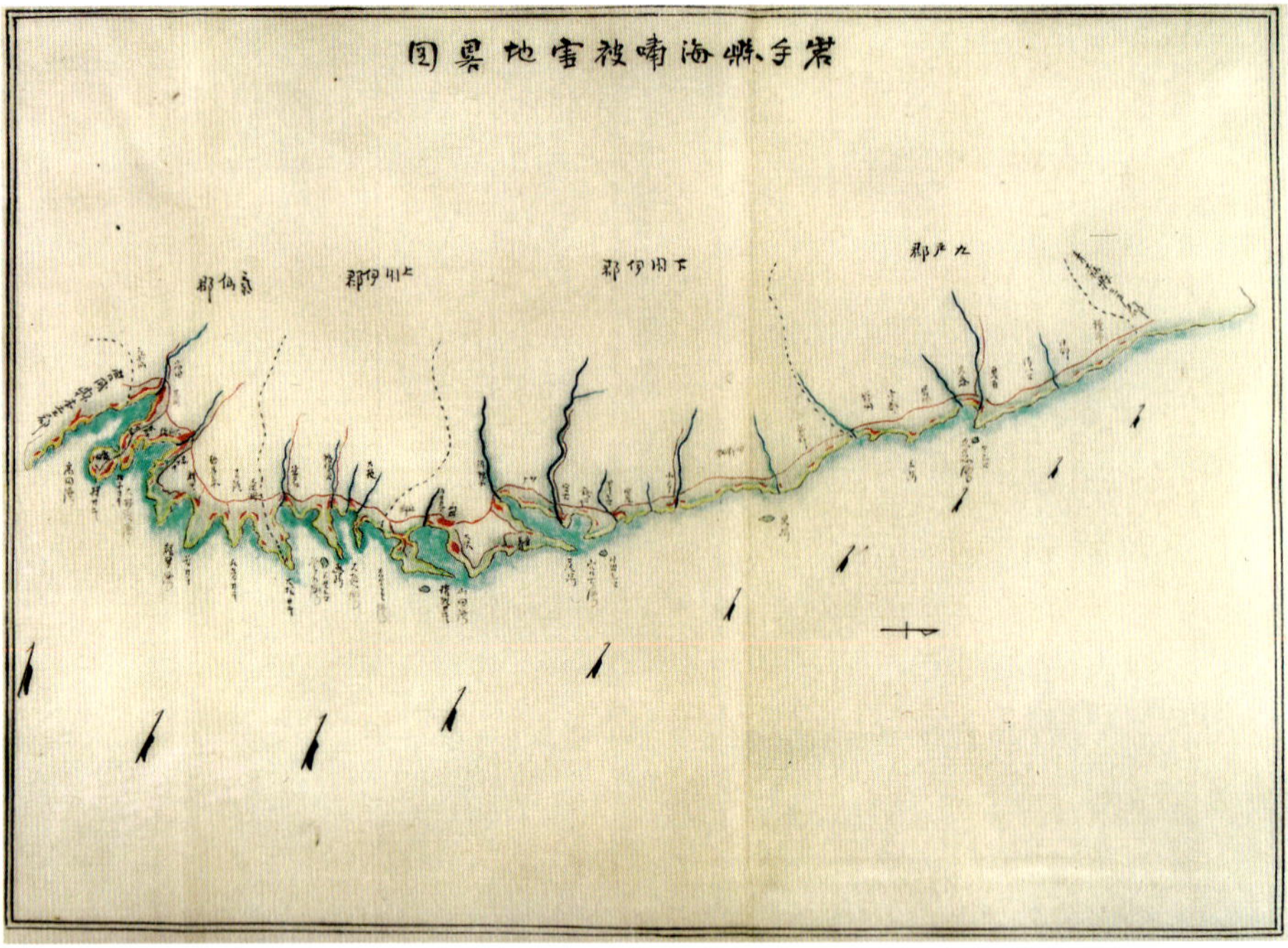

「岩手県海嘯被害地略図」

山奈宗真が描く岩手県沿岸の各町村の津波浸水域。矢印は津波がきた方向を示す。向かって右手から九戸郡、下閉伊郡、上閉伊郡、気仙郡の四郡名とその境界が点線で示されている。赤い線は道路。雲母が押された料紙が使用されているなど、この報告に対する山奈の意気込みが感じられる。国立国会図書館蔵「三陸大海嘯岩手県沿岸見聞誌一班」から引用。

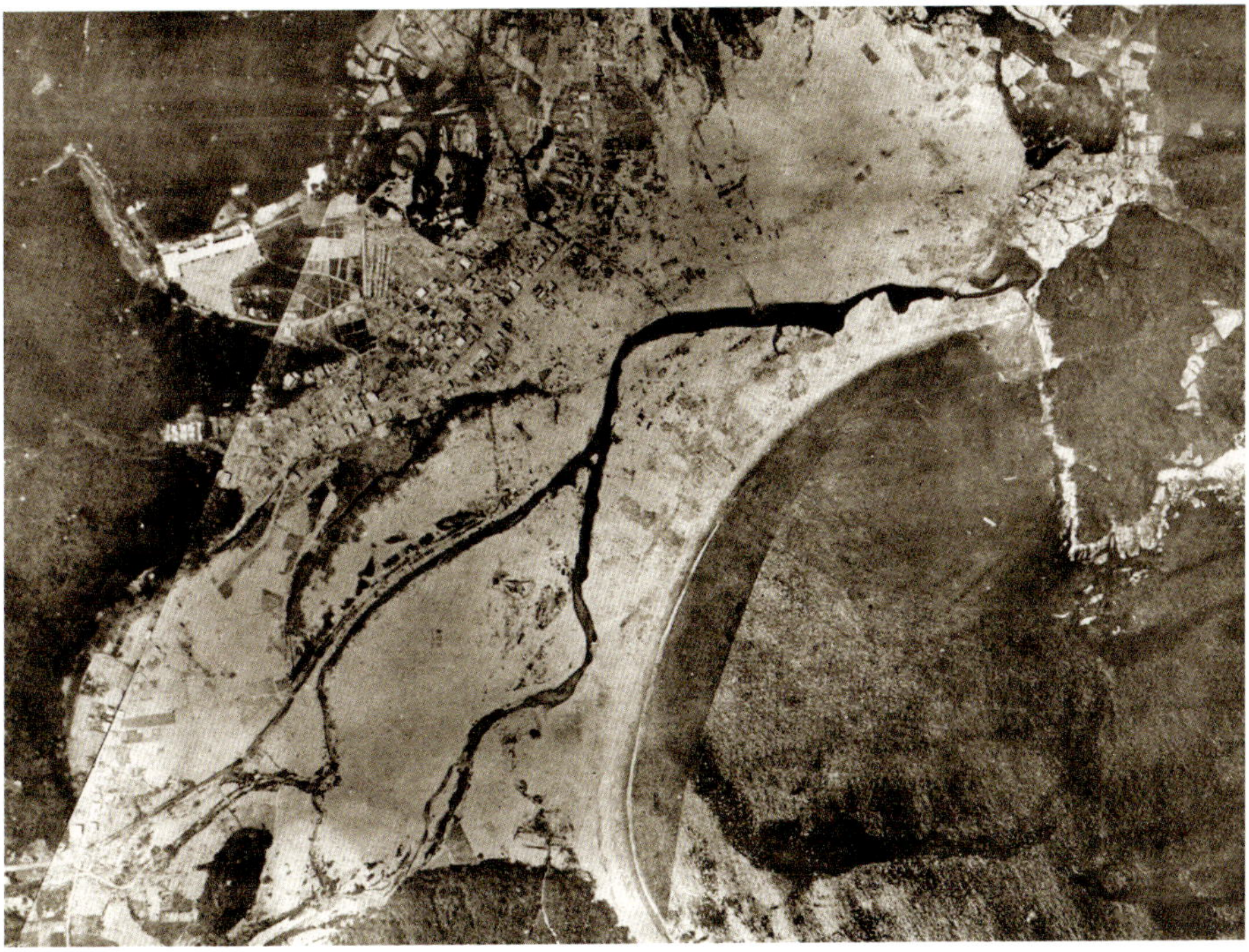

昭和三陸津波の被害を受けた田老町の航空写真と被害写真

昭和三陸津波（1933年）襲来後の田老町（上・土木研究所提供、下・田老町提供）。昭和8年3月3日の津波により、岩手県では死者1408名、行方不明者1263名の犠牲者が出た。このなかでも、田老町の被害はもっとも激甚で、死者520名、行方不明者452名に及んだ。航空写真の白い部分は津波襲来によって家屋が流失した部分と推定される。37年前の明治三陸津波（1896年）の被害の大きさにも鑑み、海岸を囲む長大な防潮堤が作られることになった。津波襲来から3〜4ヶ月後の航空写真は、当時の内務省土木試験所（土木研究所の前身）に勤務した松尾春雄が関わり、昭和9年に出された被害町村の復興計画にも活用された（第2章2の図1参照）。

在りし日の高田の松原と高田の一本松
濃い緑の帯をなすように続く高田の松原（2008年５月撮影、浄土ヶ浜ビジターセンター提供）、下は震災後生き残った一本松が枯死したため、保存処理が行われることになり、保護された状態（2012年３月26日著者撮影）。１億５千万円の保存維持費は広く寄付を募って行われるという。なお、波にのまれた他の松は仏像として蘇ることになり、仏師が観音像を製作中。

目次

Ⅱ　明治三陸津波

序章　災害史からなにを学ぶのか

東日本大震災から三年

平成二十三年（二〇一一）の東日本大震災による破壊は物のレベルに限らず、先進文明国で起き得るとは信じられないほど数多の人々の命を奪った。とりわけ、地震と津波による原子力発電所の損傷がもたらした放射能飛散による汚染問題は目に見えない形で、海や土地の汚染を深刻化させ、人々の心を蝕み、その対応策も人為的ミスによる中断や停滞が続き、先がみえない現状である。しかし、この大震災がわたしたちに与えた衝撃は、戦後日本が抱え込んできた問題をはっきりとわたしたちに突きつけたという点で、根が深い。

この大震災の災害復旧・復興計画段階で、少子高齢化がもたらす社会の構造的変化は地方農村の過疎化に限らず、首都圏周辺の郊外住宅の空家の発生にまで及んでいることが明らかであるにもかかわらず、政府は依然として、インフラ整備優先の大企業への経済的投資による高度成長期の「夢」の実現を追い、企業間格差を一段と拡大させている。その結果、震災バブル時だけの雇用拡大で経済活況という一時凌ぎの幻想が作り出され、金融市場の不安定な変動に社会が過敏に反応する状況が生まれた。

東日本大震災でテレビから繰り返し放映された映像はいまだわたしたちの頭を離れることはない。津波に襲われた海岸集落のあの残影は、その後の震災復興の困難さを伝える報道によってわたしたちの脳裏に鮮明に蘇る。テレビだけではない。震災から三年を迎えた平成二十六年（二〇一四）三月十一日前後の新聞各紙は東日本大震災後の復興の停滞をさまざまな角度から論じている。そのうちでも、岩手、宮城、福島に共通する問題として大きく取り上げられているのは、被災地の人口減少だ。震災で亡くなったと認定される人々の数もなお増え続け、震災関連死が岩手県で四三四人、宮城県で八七九人、福島県ではなんと震災直接死一六〇七人を超える関連死一六六〇人に上るという（『朝日新聞』二〇一四年三月七日）。震災を生き延びたものの、いまだ仮設住宅に住まざるを得ない避難者が約一〇万人という状況下、震災関連死が直接死を上回るとは残酷としかいいようがない。福島県で放射能汚染によって居住制限や帰宅困難地域の指定を受けた所は帰りたくても帰れず、人口減少より一層深刻な故郷喪失にもなりかねない。岩手、宮城の両県においてもこの傾向は震災直後より加速度的に強まり、岩手県大槌町では二〇一一年と今年二〇一四年では、二〇％の人口減少、宮城県女川町では二五・五％、山元町では二一％の減少率を示すという。このことは地元や地域の再生に大きな問題を残すが、自治体財政にも人口実態に応じて配分される地方交付税の配分が激減し、当面の復興に財政面でも大きな影響が出かねない。この点については、総務省は「緩和措置」も考慮中だという（『朝日新聞』二〇一四年三月五日）。震災後五年間で二五兆円という膨大な金額が示された復興予算だが、三年を迎えて、自治体の人手不足、住宅移転用地獲得の困難、建設業者の不足などで、むしろ、未消化分が累積していく傾向だという。この点は法律によって未消化分の「基金」化が可能だとはいうが、結果としては、被災者の復興への歩みを足止めしている。そもそも、人口減少の一因は被災者が生活再建支援制度を利用して住宅建設するにしても、高台移転先が定まらず、適地がないため申請地の自治体以外の地に家を建てるざるを得ない状況なのだ。この傾向は今後も増えると見込みという（『毎日新聞』二〇一四年三月十一日）。問題の悪循環を断ち切る糸口はどこにあるのだろうか、三年を迎えて笑顔で語れることが少ない。

災害研究の現状

東日本大震災における復興にはこうした困難さがあるにもかかわらず、災害史研究など、時代状況の全く異なる昔の災害のことを調べて役立つ点はあるのだろうかという疑問をぶつけられることがないではない。災害史研究について述べる前に、まずは、東日本大震災を契機として災害研究はどういう方向をとろうとしているのかを見ておきたい。

かつて、学問の細分化、縦割り化しつつある状況を打破する試みとして、「学際研究」という言葉が流行した。この言葉自体は、異なる領域の研究者がそれぞれ孤立的に研究を進めるのではなく、一つの主題に向かってそれぞれの分野からのアプローチを進める、あるいは、縦割りで仕切られた領域以外の新しい分野の可能性を探るといった意図が込められていた。例えば、「環境学」などのように、社会的変化に応じて生起する問題に対して「学際的」研究の成果が求められる状況が生まれていたことも無視できない条件であった。そして、大学における研究組織、教育組織の改変とともに、今や殊更「学際的」などと銘打つ必要もなくなり、新しい領域への挑戦も可能な状況が生まれたことは確かであろう。

さて、災害研究の分野では、ここ数年前から「文理融合」という言葉が聞かれるようになった。特に歴史地震系の分野では、歴史文献を扱う文系と、地震・津波・噴火などの理学的研究を担う理系が一緒になって研究を進めるならば、より確かな歴史災害像が得られると期待されたからである。手前みそながら、この成果の一つとして挙げておきたいのは、文系と理系が共同執筆して個々の歴史災害解説を集大成した『日本歴史災害事典』である。

歴史学界の分野では、災害研究以前の問題として、資料の保全、保存という問題が大災害が発生するたびに生じていた。このことが最初に大きな関心を呼び、実を結んだのは平成七年（一九九五）の阪神・淡路大震災であった。それ以降、平成十二年（二〇〇〇）の鳥取県西部地震、続いて平成十六年（二〇〇四）の新潟県中越地震など、相次ぐ地震でそれまで家蔵されてきた歴史資料を含む文化財が破損されたり、保全が危ぶまれる事態に歴史研究者、地域の博物館学芸員が対応し、実績を積み上げてきた。そうした経験は、東日本大震災の広域の津波によって損傷した大量の資料、文化財の保全にも生かされ、また、そのなかから新しい史実を記録する資料の発見なども報告されている。

しかしなんといっても、東日本大震災が起きるまでは、これほど災害史資料への熱い眼差しはなかったといってよいだろう。きっかけは東日本太平洋沖地震津波の規模に匹敵する貞観地震の記録がネグレクトされてきたことである。もし一〇〇〇年前の貞観地震に関する記録を今日的な観点から解析していたならばという思いを多くの災害研究者は抱いた。地震学者は五〇〇キロに及ぶ断層が一挙に動く巨大地震の発生を「想定外」という言葉では片づけられないとする立場から、プレート間の新旧の固着度に関する従来の理解に問題があったことを明らかにしている（海野徳仁「地震研究のあり方」平川新・今村文彦・東北大学災害科学国際研究所編『東日本大震災を分析するI』明石書店、二〇一三）。

昔の災害を調べることは今を学ぶこと

さて、「学際研究」も、「文理融合」も一定度の進展があり、「資料レスキュー」の活動も継承されていく体制が作られる状況になったとして、今なにが災害史研究にとって課題となり得るのだろうか。

例えば、現在の解決困難な東日本大震災以降の問題を一〇〇年後に調べる人がいたとしよう。どういう問題がその時点でピックアップされるだろうか。時は事柄の細部を削り取る。その結果、問題の表面にでてくる事柄は残るだろう。まず、政府が打ち出した災害復興策はその政策的設定が妥当かどうか、どこまで予算が消化されたか、被災地へ有効に復興費が行き届いたか、被災者の仮設住宅・公営住宅はどの程度確保されたかなどなど、残されるさまざまな資料ファイルを元に、問題の大枠を追跡することはできるだろう。しかし、一見この災害と関係なさそうな問題は視野の外に置かれる恐れもなくはない。例えば、放射能汚染地域で子育て世代の家族は子供の将来を考え、父親は被災地に留まり仕事を続けるにしても、母親は子供を連れて遠地に避難、一年あるいは二年経過するなかで離婚に至るケースが少なくないという。直接の原因は福島の原発事故による影響だとは、個人のプライバシーにかかわる微妙な事柄であるだけに、当事者は大声で社会に訴えるというようなことにはなかなかできない。父親や母親のその後の人生設計はもちろん、次世代に及ぶ大きな影響をもたらす深刻な問題であることに変わりない。こうした類の問題は社会の底流には存在しても、個々人が処理すべき事柄として処理されてしまう可能性が高い。しかし、実は震災が生み出した社会問題だという視点が必要だ。

過去の災害から学ぶといえば、これまでは、津波が来襲した時に逃げる高台が近く設けられていたか、そこへ導く先導者がいたか、普段の教育が行き届いていたかなど、命を失うという決定的な事態への対応策の有無を過去の事例で検証するといった点に集中している感が否めない。もちろん、命を守ることが災害の場合に何にもまして優先されなければならない。〝防災〟が優先されてきた事情はそれなりにわかる。しかし、それだけのために過去の災害事例を見直すことが災害史研究の主たる仕事だろうか。いまや、災害研究分野において、「学際研究」「文理融合」「資料レスキュー」の一定の進展が見られたとすれば、むしろ、次に目指すべき課題はなにかを考えることができる段階ではないかと思う。それは、災害に直面する社会あるいは人々が、突発的に起きた事象にどう対応してきたのか、その全体像を追究する災害社会史の領域ではないだろうか。

本書ではその試みのひとつとして、明治三陸津波後、被災地の調査を単独で行った山奈宗真《やまなそうしん》という人物の調査記録を再検討してみようと考えた。彼の調査の主眼は、津波の被害そのものではなく、津波被害を受けた漁村の復興がどうしたら可能なのか、被害地の慣習、風俗、伝統などを聞き取りつつ、被災漁民の当面の希望を聴き回った。彼は岩手県に漁村復興策を考えるための基礎材料として被災地調査の必要性を訴え、それが認められて、津波発生後約一ヵ月半を経過した七月末から調査に入った。その復命書に当る国立国会図書館に納められた報告書を分析する。東日本大震災が発生して以降も、山奈宗真の名前はあまり登場していない。人に添う視点から復興の道筋を考えようとした人物は、この間、忘れ去られていた。東北太平洋沿岸の漁業復興を考える際には、山奈が取った姿勢は見直されるべき内容を含むと考える。

社会と人の動きを客観視する領域

昔の災害の資料はそれほど残りがよい場合ばかりではない。近代の新聞や写真、雑誌、行政資料、個人の日記などが残されている場合はまだしも、近代以前の災害に関わる資料はそれほど豊富とは言い難い。しかし、こうした場合であっても、わたしたちは資料を文字通りに読み下しただけでは実際に起きていた事態に手が届いたという触感を持つことができない。

では、どうしたら過去の災害の実態に迫ることができるのだろうか。それは、現実に起きたこの大震災こそ、わたしたちはその一部始終を注視して、なにがどのように問題化し、処理されていくのか、偶発的な事件と見える事柄の本質にこの震災はどう影響を与えているのかなどの洞察力を養うことではないだろうか。過去と現実は切り離されて存在するわけではないことは自明である。とすれば、いま起きている現実こそ、つまり、東日本大震災こそが災害社会史研究にとって導きの師であるといえる。

東日本大震災が歴史の研究に携わる者に与えた影響は計り知れない。これまで注目されなかった災害史の領域が歴史学界でも取り上げられる場面が多くなった。平成二十三年（二〇一一）以降、被災地を含め、日本各地の自治体が運営する博物館・資料館などで、地域の災害を軸に東日本大震災を視野に入れた災害展が開催されている。平成二十五年（二〇一三）関東大震災九〇周年を迎えた首都圏では、四〇ヵ所以上の博物館、文書館などで災害展が開催されたという（首都圏形成史研究会第九一回研究例会・シンポジウム、二〇一四年）。地域の博物館・資料館として、地元の関心に応え、研究成果を社会に還元しようという姿勢の現れと受け止めることができる。言い換えると、すでに歴史学の最前線では新しい動きが始まっているのである。自治体の運営する博物館での展示には予算面、展示構成面での限界も少なくない。その枠組みのなかでできることは限られている場合があろう。しかし、展示に至るまでの実直な研究と熱意があったからこそ展示展開ができたのである。

東日本大震災の被災地を歩いて得たこと

被災地にはじめて行ったのは平成二十三年（二〇一一）の五月であった。まだ、仮設住宅も建てられていないところで、学校の校舎や公園に設けられたキャンプ場などの施設が流用され、相当数の避難者を抱えながら、地元ではこれから建てるべき仮設住宅に関する運営のノウハウを模索している時期であった。前例のない事態に戸惑う被災者に、先行の災害、中越地震での仮設住宅運営の体験者のアドバイスで、組織が成り立って行く様をみて、災害体験の継承はこうしたところでも有効に活用されていることに感心した。と同時に、わたしは災害研究者としてなにをすべきか、自分ができる領域とはなにかを考えざるを得なかった。

東北は近代以降、今回の東北太平洋沖津波地震を含めて四回ほどの大津波に襲われた。過去三回の津波では慰霊や警告などの意味を込めて津波碑が建立されている。一五年ほど前に、卯花政孝氏の仕事を元にして、青森、岩手、宮城の津波碑の分布状況を調べた（本書第七章参照）。かつての調査に基づいた数値は青森八、岩手二四七、宮城八二の三県で計三三七基であったが、現地での様子からは、津波碑などといった緊急を要しない仕事はとりあえず放っておかれる状況と判断された。そこで、二〇年以上も前になるものの、津波碑の所在を知る卯花氏を誘って、この津波で石碑がどれほど残されているのかを調べることにした。現地を訪れると、「そんなものがあったっけ」という言葉に度々出遭った。家の柱だけ残して表から裏まで津波が突き抜けていた痕跡がはっきりと見える家々、津波にさらわれた家から少し離れた高台に立つ無事な家々、人の姿も見えず、重機も入っていない浦の浜辺など、言葉にもならない様子を津波碑調査の過程で何度か目にして、災害史研究が役立つような現実ではないと度々挫けるような思いをした。

しかし、調査をはじめると、それなりに気合も入って、今回の地震津波の揺れで倒壊したもの岩手二二、宮城一六の計三八基、波にさらわれたり、瓦礫のなかに混入されて現在確認できないもの岩手二二、宮城二一の計四三基という結果を得た。震災以後の調査でこれまで確認していなかった二一基も見つけることができた。平成二十五年（二〇一三）十一月の岩手県の調査を終了する時点までに新たに建てられたものが、青森二、岩手三六の計三八基が加わるから、差引三五三基が確認された（拙著「歴史資料としての津波碑」『歴史評論』二〇一四年四月号）。この調査結果は震災三ヵ年を期に国立歴史民俗博物館で開催の『歴史のなかの災害』（二〇一四年三月十一日〜五月六日）で津波碑データベースとして公開した。津波碑調査もさることながら、現地を実際に歩いて得られたことは、持てる知恵を働かせてこの厄災をどうにか切り抜けようという人々に励まされて、わたし自身が関わってきた災害社会史について、明確な方向を打ち出すべきだと考えたことである。

三〇年前『安政大地震と民衆』（三一書房、一九八三）を刊行した頃はフランスのアナール学派が唱道する社会史的分析がそれまでの経済史偏重の歴史学に反省を促し、歴史の細部にこだわる視点からの歴史の見直しが行われた時期でもあった。これに影響され、安政江戸地震（安政二年〈一八五五〉）における都市民衆の災害後の活気溢れる動きを分析した。その頃は災害社会史に特化した領域を考えていたわけでなかったが、その後、過去の災害のいくつかの事例を分析するなかで、「災害社会史」という領域の可能性の大きさを確信するようになった。しかし、災害史といえば、社会からは防災に役立つ側面が期待され、それに応える義務もあり、声高に歴史分野における災害史研究の広がりを強調することは抑制してきた。しかし、東日本大震災後の現実をみると、緊急時の防災だけでは被災後の人々の苦悩を歴史分析として残すことができないと感じた。過去の災害から防災側面のみを取り出す教訓の学びだけに特化しない、これまで関わってきた災害社会史研究の領域を明確に打ち出すべきであり、その可能性を現実に起きている事象のなかで検証すべきだと考えたのである。

本書の構成

本書はⅠ部「災害と日本の近代社会」、Ⅱ部「明治三陸津波」、Ⅲ部「災害と家族」、Ⅳ部「災害の記憶の継承―津波碑の意義―」、Ⅴ部「津波の歴史を見直す―南海地震津波の脅威―」の五部からなる。

Ⅰ部第一章「災害史研究の現状と課題―災害史事典を編纂して―」（初出は『歴史学研究』八九八号増刊、二〇一二年十月）は、地震学、災害社会学、歴史学の分野から編集者を一人ずつ出して編纂した歴史災害事典のまとめとして、近代から現代に至る歴史災害の特徴を社会の動きに重ね合わせて検討した論文である。

第二章「津波災害と復興」（初出は鳥越皓之編『環境の日本史5　自然利用と破壊―近現代と民俗―』吉川弘文館、二〇一三）は明治三陸津波（明治二十九年〈一八九六〉）と昭和三陸津波（昭和八年〈一九三三〉）の津波対策を比較、救済・救援に終始した明治三陸津波から三七年後に再び津波に襲われた三陸沿岸地帯の復興に対して、国家の政策課題として取り組まれた実態を検証した。

Ⅱ部第三章「明治三陸津波と山奈宗真」（書下ろし）は、岩手県に被災地調査を建言し、明治三陸津波後、岩手県の授産方法取調方の辞令を受けて岩手県のリアス海岸の入り組んだ津波被災地七〇〇キロを踏査した遠野出身の民間人山奈宗真の残した調査報告書を分析した。これまで山奈の調査内容を詳しく分析したものはなかったが、一二〇年以上前に津波災害からの漁村の復興を目論んだ調査がどのようなものであったのかについては、東日本大震災後復興の道筋を付けることの困難を抱えている今日、再度注目しておくべき内容ではないかと考え、分析したものである。

第四章「明治三陸津波と村の対応—青森県三沢村の場合—」（初出は『海洋』号外、二八号、二〇〇二）は、明治三陸津波の被害、救済、復興策について詳細な記録が残されている青森県上北郡三沢村（現三沢市）の役場文書によって、三沢村一一集落の漁村復興の困難な実例を検証した。

Ⅲ部第五章「災害と家族」（初出は『津波工学研究報告』九号、一九九二年三月）は、明治三陸津波で赤崎村（現大船渡市）九部落のうち、もっとも死亡率の高かった合足《あったり》部落に注目し、津波で家族を失った家がどのようにして再生していくのかを、三七年後に再び昭和三陸津波の打撃を受けたこととあわせ、文書と聞き取りの双方からインテンシブ調査を実施したものである。家族の再生が「家」の再興であり、かつ村存続の要であることを論証した。

第六章「災害常襲地帯における災害文化の継承—三陸地方を中心として—」（初出は首藤伸夫研究代表『災害多発地帯の「災害文化」に関する研究』平成四年度科学研究費補助金（重点領域研究一）研究成果報告書、一九九三）においては、前章の合足部落を含む赤崎村の他の集落についても同様な調査を実施し、災害からの復興の核となる「家」なるものが、近代日本の災害を受けた村々の機能回復の最小単位であり、その存続を賭けて持続させる力が近代日本の「災害文化」と呼び得るものであったことを検証した。執筆当時は「災害文化」という用語そのものがほとんど定着してはおらず、災害と文化というおよそ結びつきにくい言葉として違和感を以て迎えられた外来語であった。また、第五章の村の再生の核となるのは「家」であろうとする立論自体が、東日本大震災を経た現在、説得力を失いつつある意味においても、この論文の視点そのものが歴史に属するものとなった感を否めない。さらに第六章で取り上げた蛸浦の海岸の地区は今回の津波により船が乗り上げ、海岸に沿う家並も壊滅的打撃を受けた。いまや失われた町並みが本書において本書において復元されているという意味において、第五章同様に歴史性を帯びた論文の意味合いがある。

Ⅳ部第七章「東北三県における津波碑」（初出は『津波工学研究報告』一八号、二〇〇一年三月）は一五年ほど前に実施された卯花政孝氏の津波碑調査のデータを元に、青森、岩手、宮城の津波碑（明治三陸津波、昭和三陸津波、チリ津波、その他）の建立時期、碑文の内容などを分類整理したものである。

第八章「蘇えらせよう、津波碑の教訓」（初出は『建築雑誌』一二六巻九四号、二〇一一年十一月）、第九章「津波碑は生き続けているか―宮城県津波碑調査報告―」（初出は『災害復興研究』四号、二〇一二、北原糸子、卯花政孝、大邑潤三の連名）は平成二十三年（二〇一一）の東日本大震災を受けた後の津波碑調査の報告であり、第八章は主として岩手県釜石市周辺、第九章は副題に明らかなように宮城県の津波碑の震災後の状況の調査報告である。現存、倒壊、流失などの状況写真を地図に落して、貼付する作業を大邑氏に託し、現地調査には卯花氏の協力を仰いだ。

Ⅴ部は、近代に入る前の段階として、安政東海地震津波、安政南海地震津波の被害に着目した。日本は明治維新後ほぼ二〇年は大きな災害を経験していないが、幕末の一八五〇年代は災害が集中した時期である。

第一〇章「下田港の被害と復興」（初出は中央防災会議・災害教訓の継承に関する専門調査会編『一八五四　安政東海地震・安政南海地震報告書』二〇〇五）は、幕末期の下田港を題材にした。近代の始まりとなったこの外交交渉の舞台、下田港は安政東海地震で壊滅的被害を受けるものの、その復興は当初は幕府により直接救済金、復興資金が豊富に投与された。しかし、やがて浦賀が開港場となるに及んで、借財だけが嵩む結果となり、下田は政治に翻弄される歴史を経験した。復興過程に作用した政治の力の実態を追い、下田港の人々の津波後の生き方を検証した。

第一一章「歴史災害にみる不安のかたち―安政南海地震（一八五四）の日記から―」（初出は『学際』七号、二〇〇二年十二月）は高知県土佐市宇佐町橋田の真覚寺の住職井上静照（一八一六～一八六九）が安政元年（一八五四）十一月四日の地震、五日の津波襲来から書き始めた日記である。日記の記述から、地震をきっかけに社会の変化に目を向けていく著者の姿勢に注目した。二〇〇一年アメリカで九・一一の同時多発テロ事件が発生した直後に執筆したエッセイであるが、一五年前の「不安」のかたちはまさに現在が共有するものと、また新たな脅威で自然災害に留らない大きな不安の日々のなかにいる現在との違いも明らかになると考え、結びの章とすることにした。

以上、本書は、主として、すでに一〇年ほど以前に発表した津波災害に関する論文を集めたもので、Ⅱ部第三章のみが書下ろしである。東日本大震災が発生してにわかに過去の津波に関する関心が高まった。津波災害では防災教育は重要だし、社会の関心も高い。しかし、巨大津波を受けた東日本太平洋沿岸被災地は、一二〇年前の明治三陸津波のような家族の再生が村の再生に直結するような状況ではもはやない。歴史を見直すことの意味の一つは現在を知ることであり、現在の困難を克服するあらゆる道筋を探すことでもある。一二〇年、あるいは昭和三陸津波から八〇年の間に失ったものとはなにか、取り戻すことができないならば、何を新しく創り出すべきか、東日本大震災後の課題はひとり東北の被災地だけの問題ではない。

Ⅰ　災害と日本の近代社会

第一章　災害史研究の現状と課題

——災害史事典を編纂して——

はじめに

東日本大震災以前、災害史研究は社会からも歴史学界からもそれほど高い関心が払われていた分野ではなかった。しかし、東北地方太平洋沖地震と同様な規模の巨大津波がすでに一〇〇〇年以上前の貞観時代に起きていた事実が『日本三代実録』に記録されていたことから、にわかに災害史研究の必要性が叫ばれるようになった。

ここでは、平成二十四年（二〇一二）に出版した『日本歴史災害事典』付録の歴史災害略年表を素材に、災害史研究の現状を明らかにして、いま歴史学研究がなすべき課題とはなにかを考えてみようと思う。

一節は『日本歴史災害事典』近現代災害略年表から災害件数、関連災害立法などを一覧し、時代と災害の関係を見る。二節は災害史研究が取り組むべき課題のあり方をわたし自身の研究に引き付け、関東大震災の復興が後続の震災における復興のモデルとして考えられるにいたった経緯を考えてみることにした。なお、素材とする災害略年表の近現代部分は地震学者が編んだため、どちらかといえば地震項目が多い点は否めないが、しかし、地震、津波、噴火などの自然突発性災害を主軸にしているものの、風水害、火災、その他工業化社会がもたらす社会的に影響の大きな人為的な災害も取り込んでいる。そのため、近現代社会の災害の一定の様相は把握できると考えている。

一　過去の自然災害を時系列的にとらえる

まず、災害の概要を把握するために、年表に掲載された災害を、「地震・津波」「噴火」「風水害」「火災」「その他」の五項目に分けた上で、一〇年ごとに区切って災害の発生頻度を見ることにした。時代ごとの一定の変化が析出できるかもしれないと期待したからである。ただし、戦時下を挟む前後の時期については、戦時体制下（一九三一年〜一九四五年八月）、占領期（一九四五年九月〜一九五二年）、そしてその後（一九五三年〜一九六〇年）を一括りとした。この時期区分には歴史研究者からは異論が出るかもしれないが、時期を細かく区切ることで災害発生の傾向が見えにくくならないような配慮であることを了解していただきたい。なお、「火災」については、焼失戸数一〇〇〇戸以上をあげるものの、死者数値は原表にないため、あげていない。したがって、死者数値から全体的な被害規模の傾向を追うことは避けた。なお、「風水害」項目には、台風・強風・豪雨・暴風雨・水害・豪雪・吹雪などを、「その他」の項目には、

表１　近現代災害概数表

年　代	地震·津波	噴　火	風水害	火　災	その他	計
1868-1880	4	2	4	3	3	16
1881-1890	4	1	7	0	2	14
1891-1900	17	5	8	3	3	36
1901-1910	4	3	13	9	2	31
1911-1920	9	6	12	12	2	41
1921-1930	11	3	8	3	2	27
1931-1940	14	8	14	3	3	42
1941-1945	8	2	9	0	1	20
1945-1952	10	4	15	3	2	34
1953-1960	6	6	21	0	3	36
1961-1970	14	4	15	0	3	36
1971-1980	7	7	8	4	4	30
1981-1990	7	6	3	0	6	22
1991-2000	5	3	6	2	5	21
2001-2011	18	1	7	0	1	27
合　計	138	61	150	42	42	433

『日本歴史災害事典』巻末近現代災害略年表．1945年は８月までと９月以降の前後に分けて災害をカウントした．

冷害・旱魃・地すべり・土石流・ナホトカ号重油流出事故・東海ウラン臨界事故などの多様な災害が含まれる。さらに、この時期区分のなかで、とくに一〇〇〇人前後の大量死をもたらした災害をマークすることにし、また、災害関係立法も視野に入れると、以下のような七期に分けられた（表1、図1）。

左に、近現代災害略年表に基づく災害傾向を把握するために、指標となる災害の死者数、災害立法などを加え、時期区分を施した。

Ⅰ期　明治初期は自然災害発生率少、一八九〇年代に大規模災害多発化↓災害救済の資金不足↓罹災救助基金法成立、震災予防への国家的対応

一八六八～一八八〇：自然災害は比較的少ない〈一八八〇年備荒儲蓄金法〉

一八八一～一八九〇：一八八八磐梯山噴火（死者四六一）、一八八九大水害（奈良・和歌山、死者一四九六）

一八九一～一九〇〇：一八九一濃尾地震（死者七二七三）、一八九三台風（死者一八九八）、一八九四庄内地震（死者七二六）、一八九六明治三陸津波（死者二万一九五九）〈一八九二年震災予防調査会発足、一八九六年河川法、一八九七年森林法、砂防法、一八九九年罹災救助基金法〉

Ⅱ期　風水害・火災多発、都市化と災害規模の拡大化傾向、関東大震災による都市瓦解↓都市計画、都市整備、耐

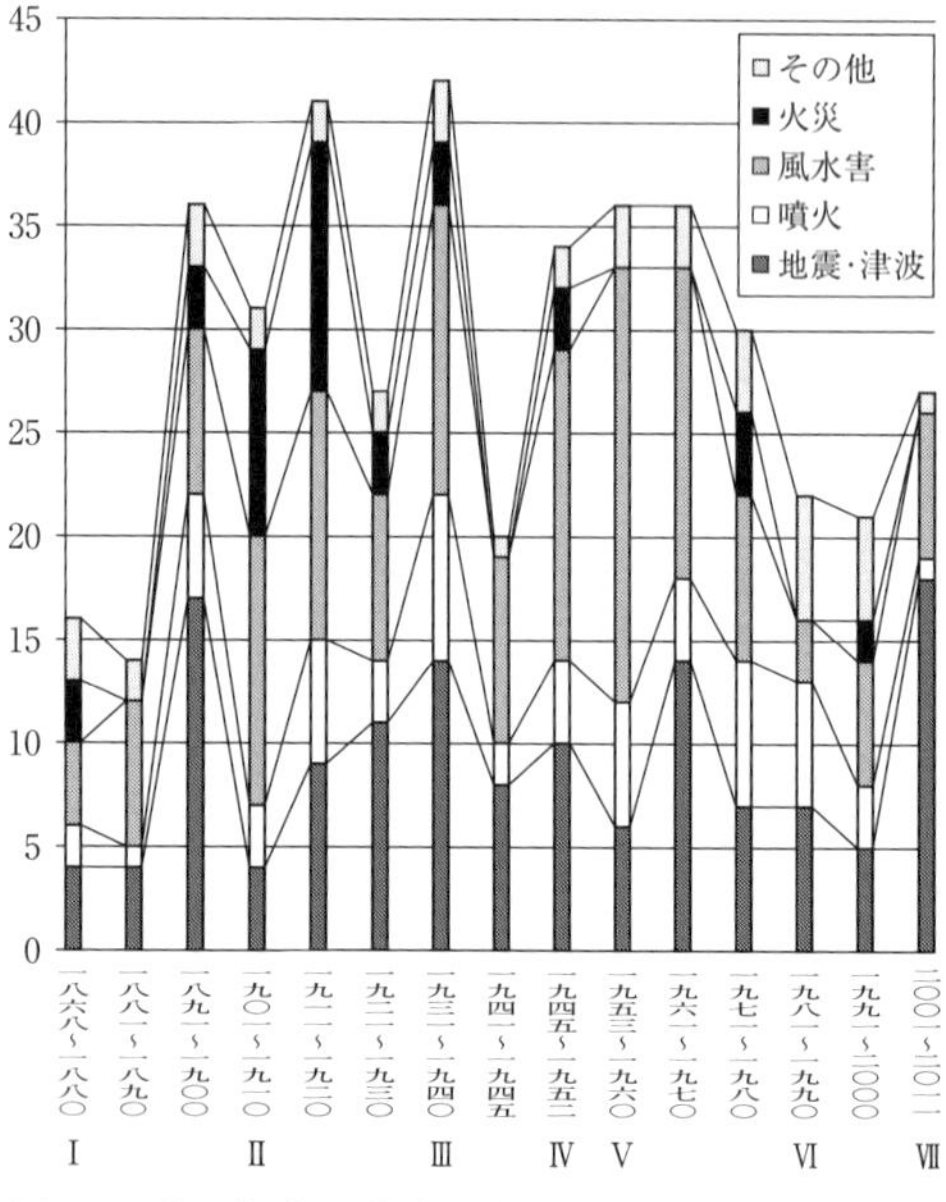

図1　近現代自然災害略年表

震設計法
一九〇一〜一九一〇：大火・風水害多数発生、一九一〇関東水害（死者一三八三）など
一九一一〜一九二〇：大火・風水害多数発生、一九一七東京湾高潮災害（死者一三二四）など
一九二一〜一九三〇：一九二三関東大震災の大量死（死者一〇万五三八五、震害死よりも焼死多数）、一九二五北但馬地震（後述）、一九二七北丹後地震（後述）〈一九一九年都市計画法、一九二三年国民精神作興詔書、一九二四年市街地建築物法改正、耐震基準導入〉
Ⅲ期　戦時体制下の災害
一九三一〜一九四〇：一九三三昭和三陸津波（後述）、一九三四函館大火（死者二〇一五）、一九三四室戸台風（後述）、一九三八阪神大水害（近畿〜東北含む死者九二五）〈一九三五年水害防止協議会、一九三八年国家総動員法〉
一九四一〜一九四五・八月：一九四二周防灘台風（死者一一五八）、一九四三鳥取地震（死者一〇八三）、一九四三台風（九州〜中国死者九七〇）、一九四四東南海地震（死者一二二三）、一九四五三河地震（死者二三〇六）
Ⅳ期　占領期の災害
一九四五・九月〜一九五二：一九四五枕崎台風（死者三七五六）、一九四六南海地震（死者一四四三）、一九四七カスリーン台風（死者一九三〇）、一九四八福井地震（死者三七六九）、〈一九四六年日本国憲法公布、翌一九四七年五月施行、一九四七年災害救助法〉
Ⅴ期　伊勢湾台風による大量死を契機とする防災立法、地震対策集中期、一方では、「列島改造論」（一九七二年）による国土開発構想の具体化
一九五三〜一九六〇：一九五三南紀豪雨（死者一一二四）、一九五四洞爺丸台風（死者一七六一）、一九五八狩野川台

風（死者一二六九）、一九五九伊勢湾台風（死者五〇九八）〈一九六〇年治山治水緊急特別措置法〉
一九六一〜一九七〇：一九六四新潟地震（死者二六）〈一九六一年災害対策基本法、一九六九年地震予知計画〉
一九七一〜一九八〇：〈一九七八年大規模地震特別措置法〉
一九八一〜一九九〇：〈一九八四年火災保険大改定〉
Ⅵ期　福井地震以降約半世紀の平穏期後、高度成長を遂げた都市大規模震災の衝撃
一九九一〜二〇〇〇：一九九五阪神・淡路大震災（死者六四三七）〈一九九五年地震防災対策特別措置法〉
Ⅶ期　原子力発電の安全神話の崩壊
二〇〇一〜二〇一一：二〇一一東日本大震災

以上のような時期区分をしたうえで、それぞれの時期の概要を簡単に摘記しておいたが、あらためて、各期について特徴的な傾向を述べるとつぎのようになる。

Ⅰ期（一八六八〜一九〇〇年）は維新政府はじまって以来、最初の一〇年は大きな災害はなかったが、続く一九〇〇年までの二〇年間の間に、近代化へ向けた国土造り途上の日本を襲う地震（濃尾地震）、津波（明治三陸津波）などの災害が発生、災害救済法も凶作時の農民救済を目的とした備荒儲蓄金法から突発的な自然災害へ対処すべく応急対策を主眼とした災害立法へと移行した時期でもある。と同時に、近世における地域社会に依存した経験的な河川・森林管理から近代法治国家体制への転換を図るべく、国土保全に向けた河川法、森林法、砂防法などの立法化が相次ぎ、また、近代災害対策の学術研究も国家によって道筋が作られた時期でもある。

Ⅱ期（一九〇一〜一九三〇年）は、大火、風水害が多いことに特徴づけられる。最初の一〇年間を見ても、大火としては、一九〇二福井市三〇四一戸（死者六）、一九〇三秋田県横手一二〇〇戸、一九〇七函館八九七七戸、一九〇八年

三月・九月新潟市三〇〇〇戸以上、一九〇九大阪市一万一三六五戸（死者六）、一九一〇青森七五一九戸など、大量の焼失戸を出している。同じく一九〇一～一九一〇年間の風水害は、一九〇一遠賀川氾濫（岩崎炭鉱水没、死者六九）、一九〇二足尾台風（死者四〇〇以上）、一九〇三淀川洪水（死者四八）、一九〇五台風（珊瑚船遭難・列車転覆、死者五七二）、一九〇六台風（長崎珊瑚漁船沈没、死者一四五九）、一九〇七明治四十年大水害（死者／山梨二三三、京都三六など）、一九一〇明治四十三年関東大水害（死者一三八三）などで多数の犠牲者が出ている。大火に伴う死者の数のカウントが明らかになっていない場合が多いが、焼失戸数からは当該地域の相当広い範囲が焼失した場合であっても、死者はそれほど多くはないと推定される。一方、風水害に伴う死者は二次的災害発生に伴う事故死も含め、火災に比べれば多くの犠牲を伴ったと推定される。

つぎの一〇年間も、火災、水害については同様な傾向がみられるが、この時期には噴火災害が増え、一九一三浅間山噴火、一九一四桜島噴火、一九一五焼岳噴火などが起きた。桜島噴火（死者五八）では、桜島対岸の鹿児島市での火山性地震と降灰で死者も出たため、市民は大挙して避難、一時鹿児島市は無人状態になり、治安対策を兼ねて、陸海軍が出動し、救援活動を行った。近代の噴火災害に比較すれば、近世の噴火災害では、一万五〇〇〇人という犠牲者を出した寛政四年（一七九二）の雲仙普賢岳噴火がある。この災害では、山体崩壊によって土砂が有明海に流れ込み、津波を起こしたため対岸の八代辺りに及ぶ津波災害による大量死をもたらした。その一〇年前の天明三年（一七八三）の天明浅間山噴火では、鎌原村が火砕流によって全村埋没、さらに吾妻川に流れ込んだ泥流によって一五〇〇人の死者を出した。近代にいたると、磐梯山噴火を除き、火山噴火でこれほどの大量死を伴ったものは発生していない。むしろ、この間の災害件数の増加を押し上げているのは、地震災害である。一九一四秋田仙北地震（死者九四）、一九一六神戸地震、一九一七静岡地震、一九一八ウルップ島沖地震、一九一八大町地震など、大量死を伴うものではないが相対的に地震件数が増加傾向にあった。

つぎの一〇年間に、日本近代では最大の死者発生を伴った一九二三関東大震災（死者一〇万五三八五）が起きた。この後、地震災害が関西地域で、一九二五北但馬地震、一九二七北丹後地震が連続発生した。関東大震災同様、地震による火災発生で、城崎温泉、豊岡町の大半が焼失、災害復興の街づくりが行われた。これらのことは二節で詳述する。一九〇〇年代の著しい人口増加傾向は、工業化の促進要因となる労働者層の都市流入を促し、都市構造の改造構想が喫緊の問題となる。これを受けて一九一九年都市計画法の対象都市として、東京、大阪、京都、名古屋、神戸、横浜が指定された。関東大震災の復興は、まさに震災都市たる東京、横浜にこの都市計画法を適用、特別都市計画法としての帝都復興事業が実施されたことによる。

Ⅲ期（一九三一～一九四五年）は、東北で、明治三陸津波を受けた地域が再び津波災害で三〇〇〇人以上の死者を出した。また、関西地方を中心に台風災害、水害による大量死が発生した。一九三四室戸台風は三〇〇〇人以上の死者を出したが、とくに大阪の被害は大きく、午前中の登校時の木造校舎倒壊によって、多くの小学生が犠牲になった。翌年は京都で台風災害による洪水被害が出た。これを契機に両都市とも都市計画構想が練られることになった。近畿地方では、一九三八阪神大水害、一九四二周防灘台風などで一〇〇〇人以上の死者が出た。また、第二次大戦末期の一九四四年十二月には東南海地震、翌年一月には直下型の激震を伴った三河地震が発生、二〇〇〇人以上の死者が出た。これら戦時下末期の震災では報道管制が敷かれ、震災による被害は偽りの戦果の報道の蔭に隠され、国民に伝えられることはなかった。

Ⅳ期（一九四五～一九五二年）の占領期には風水害が多発し、カスリーン台風をはじめ、アイオン、ジュディス、キティ、ジェーン、ルースなど、台風にはアメリカ流の女性の名前がつけられた。また、一九四六年には戦災を受けた太平洋沿岸の諸都市が南海地震による津波災害に襲われ、戦災の被害に震災が重なり、それぞれの被害実態が明らかにならないとされる時期でもある。一九四六年十一月三日に公布された新憲法は六ヵ月を経て施行されることになったが、この間に発生した南海地震の救済を直接の契機として、これまでの罹災救助基金法を改正し、新憲法下の人権擁護思想に基づく災害救助法の制定へと動きはじめた。この災害救助法審議途上で首都東京を水攻めにしたカスリーン台風が発生、占領下の食糧欠乏による暴動を危惧する占領軍によってララ物資などの食糧救援が行われた。続く一九四八年には震度七の新しい震度階が設けられるほどの激震を伴った福井地震が発生、火災も発生して、四〇〇〇人近い犠牲者を出した。この震災では新しく制定された災害救助法がはじめて適応された。この災害をきっかけに一九五〇年建築基準法が制定された。

Ⅴ期（一九五三～一九九〇年）は、図1に明らかなように、相対的に自然災害は減少傾向にある。その一方で、災害対策、とくに防災立法がつぎつぎと制定された時期でもある。一九五三南紀豪雨、一九五四洞爺丸台風、一九五八狩野川台風と、いずれも一〇〇〇人以上の死者を発生させる風水害が続いたが、一九五九伊勢湾台風で五〇〇〇人以上の犠牲者が出たことにより、一九六一年災害対策基本法が制定され、災害をあらかじめ防止する発想が政策的に位置づけられた。また、今となっては「幻想」にすぎなかった「列島改造論」による国土開発構想が列島を駆け巡った時期でもある。たとえば、一九六〇年のチリ津波後の防波堤構想では湾内部で栽培漁業の安定経営を保障するものとして巨額の投資がなされた例などをあげることができる。また、電力供給拡大化と経済停滞地域の開発を兼ねると喧伝された原子力発電所の電力供給が、一九六〇年に一基、一九七〇年代に二一基、一九八〇年代に一六基、一九九〇年代に一五基で開始され、五八基のうちの五三基がこの時期に集中して建設されている点も象徴的である。災害減少期にあたり、自然災害によるリスクを自覚化せずに利益だけを占有できるという思い違いに国民全体が陥った時期といえる。

Ⅵ期、Ⅶ期について簡単にまとめる。一九九五阪神・淡路大震災から二〇一一東日本大震災発生にいたるこの二〇年間に、地震の活動期、リーマンショック以降の経済停滞期などで場面転換が図られ、わたしたちは、予想をはるかに超えた規模の被害をもたらす自然災害に直面している。地震災害ばかりではない。豪雨災害、温暖化しかりである。阪神・淡路大震災ではじめて被災者の生活復興を期すために被災者の住宅支援策が法的に整備されたものの、東北地方太平洋沖地震の津波被害による原発事故は、福島の双葉郡八ヵ町では居住制限がかけられ、家も故郷も失い、漂流する避難者を生み出している。東日本大震災は「想定外」の災害とされたが、じつは歴史的記録の無視によって見過ごされてきたことから、歴史災害を記録する資料への関心が高まる現状にある。

二　災害史の領域の可能性

災害研究で、歴史学の持つ利点を発揮できるのは、人間、社会を直接対象とする、救済・救援、復興の領域である。そこで、関東の地震災害ではあったものの、避難民が故郷に一時避難する動きが全国に広がり全国区の災害となった関東大震災の復興技法が、続く地震災害や津波災害に継承されていく点に焦点を合わせてみることにしたい。具体的に取り上げるのは、一九二五北但馬地震、一九二七北丹後地震、一九三三昭和三陸津波、一九三四室戸台風である。

関東大震災以降、関西と東北で発生した地震、津波、水害によって壊滅的打撃を受けたこれら四件の被災地では、いずれも救済・救援も含め、災害復興のスタイルは関東大震災がモデル・イメージとされた。

1　災害復興のスタイル

北但馬地震

大正十四年（一九二五）、兵庫県城崎温泉町の大半、豊岡町の市街中心部三分の二が焼失し、死者四一八名、負傷者九一六名を出した北但馬地震では、震災後、兵庫県知事を総裁とする臨時復興部が設けられ、豊岡町では、旧来の街区を商工業区、遊興地区などに区割りする事業案に基づき、区画整理、道路拡張をもって街区の再生計画が、町会議員、各団体などによって、検討された。この復興事業の実施に向け、政府、県の復興資金借入に起債をもって無利息五ヵ年の償還計画が立てられた（『北但震災誌』兵庫県、一九二六）。

この復興資金獲得のスタイルは、国家事業として実施された帝都復興事業対象地の東京市、横浜市以外の埼玉、千葉などの震災県において採られた復興資金捻出方法に由来する（前掲『北但震災誌』）。そればかりではない。豊岡町の場合には、「百年の大計を定め」る都市計画に基づき、町会議所、屋上に塔を抱く町役場、警察署、三階建ての小学校舎などを鉄筋コンクリート造りとし、道幅八間の道路とその両側に一間半の歩道を造り、街路樹を植え、さらに、隔離病舎、火葬場、公営屠場、塵芥焼却場などの移転改築を行い、都市公共インフラの近代的整備を施すなど、震災を契機に「大豊岡」に相応しい街づくりを実現させるべく、町の近代化が一気に促進された（『乙丑震災誌』下巻、兵庫県城崎郡豊岡町、一九四二）。おそらくは、関東大震災の復興イメージが地方都市の復興に大きく影響した事例とすることができる。この時建設された町役場は、現在も大正モダニズムの雰囲気を伝える豊岡市役所として利用されている。

北丹後地震

北但馬地震から二年後の昭和二年（一九二七）三月七日、再び関西の北丹後地方都市を激烈な地震が襲った。被害の中心は、現在の京丹後市、当時の峰山町と網野町を中心とする地域で、死者二八九八人、負傷者七五九五人、全壊家屋五〇〇〇戸、焼失家屋二〇〇〇戸以上に達した。地震に伴って明確な断層が出現、関東大震災後にできた東京帝国大学地震研究所や京都帝国大学、東北帝国大学などもすぐに地質や震源断層の調査隊を現地に送り、震災後早い時期に、地表断層の学術的意義が唱えられ、天然記念物指定の動きがあった。関東大震災後の地震に対する社会的関心の高まりが反映されたものと考えられる。

さて、この地震で被害の大きかった峰山町は、丹後ちりめんの生産拠点であったため、織物工場や数台の機織を抱えて家内工業として生産を支えた織屋が大きな打撃を蒙った。京都府は救援本部を設け、海上からの海軍による救援物資の送達、陸軍工兵隊による避難所の建設なども行われた。京都府は国費による復興事務所を峰山町に設け、政府に対して一五〇〇万円の復興資金貸付を要求、このうち三分の二の約一〇〇〇万円が認可された。復興への立ち上がりは早く、一年後には住宅復興率は峰山町で八二％、網野町で六九％などと、個人住宅のいち早い復興が見られた。峰山町の主要産業である機業も復旧され、生産量も地震の年の年末には地震前の水準に達したとされる。また、街づくりとしてもっとも早い動きがあったのは網野町網野区で、三月七日の震災後三日を経た段階で、区長が区画整理と埋立の実施を決断、住民の同意を翌十一日から取り付け、それまでの不衛生な街を震災復興にかけて一新する企画を打ち上げ、都市計画法が適用されていないため、耕地整理組合を結成して、昭和三年（一九二八）一月着工、三年弱を経た昭和五年十月には工事を完了させた（前掲『日本歴史災害事典』北丹後地震の項）。また、三〇〇〇万円余の義捐金の一部が割かれ、建設が進行していた関東大震災の震災記念堂に倣って、犠牲者の慰霊祭執行と震災記念物の蒐集・保存、地震の研究などを兼ねた財団法人が設置され、大正モダニズムを表象するような丹後震災記念館が建てられた（京丹後市教育委員会『丹後震災記念館―建築とその後の展開―』二〇〇九）。京都府の編纂にかかる本篇六四六頁、地震調査報告九〇頁、付表四六頁の大部な震災誌『奥丹後震災誌』（一九二八）が編まれている。

昭和三陸津波

昭和八年（一九三三）三月三日、三陸リアス沿岸を津波が襲った。明治二十九年（一八九六）の明治三陸津波から三七年を経て、日本海溝に沿う太平洋プレートの沈み込む地点の断層活動を震源とする地震が発生、三〇分後には津波が三陸沿岸に到達、もっとも高い津波を記録したのは綾里《りょうり》（現大船渡市）の二三㍍であった。津波に伴う被害は北海道から青森、岩手、宮城の各県に及び、家屋流失四〇三四戸、倒壊戸一八一七戸、浸水四〇一八戸、火災による焼失戸もあり、家屋被害はあわせて一万戸（棟）以上、三〇〇〇人以上の死者・行方不明者を出した。一世代の間に二度の大津波を経験した者も少なくない状況であったため、明治三陸津波の時とは違い、津波に対する警戒意識は一挙に強まり、津波に対する調査や津波予防警報、二度と津波災害で人命が失われないための高地移転の行政指導も積極的に行われた（前掲『日本歴史災害事典』昭和三陸地震津波の項）。

岩手県は三月七日に津波被害地の救済、復旧、復興を統括する本部を県庁に設け、国庫補助を仰がなければ到底復旧工事にも及ばないと判断、四月六日に復興事務局規程を設け、被害地町村の復興策を計画した。宅地造成地は、明治三陸津波の浸水線を標準にそれ以上の高所移転を基本とし、予定地確保が困難な地域は防浪堤で津波被害を防ぐとした。高所移転は四郡のうち二〇ヵ町村四五集落二二〇〇戸を集団的に移転するとした。工費三四万五〇〇〇円余は大蔵省貯金部の低利融資とし、土木事業三〇八ヵ所の、経費一七八万円には、国庫負担一五九万円余、県負担四万円余をもってあて、いずれも事業主体は町村、返済は五ヵ年据置、一五ヵ年償還とされた。この時の防浪堤経費七一万五七五〇円のうちの三三％が田老《たろう》村（現宮古市田老）の約一㌔に及ぶあの著名な防波堤にあてられた。東北地方太平洋沖地震津波では波がこの堤を越え、田老の街も津波にさらわれた。この津波による甚大な漁業被害には復興資金が投与されているが、昭和三陸津波の場合も多額の水産事業復興費が投入されている。復興費六五六万円余の三〇％が国庫補助、五〇％が国庫からの低利融資、残りの二〇％が被災者自己出資、返済は住宅造成費と同じく五ヵ年据置、一五ヵ年償還とされた。津波災害による漁村青年の精神的打撃が大きいとして、昭和八年（一九三三）八月宮古に設けられた青年道場に有意の青年が集められ、漁村復興の中堅人材となるべく精神復興、更正の教育振興が施された。関東大震災後解散した震災予防調査会を受け継いだ震災予防評議会は今村明恒《いまむらあきつね》が中心となって津波防災に力を注ぎ、東北帝国大学、中央気象台などにおいても津波の学術研究が本格化した（岩手県知事官房『岩手県昭和震災誌』一九三四）。

宮城県においては、明治三陸津波で三〇〇〇人以上の死者が出たが、この昭和三陸では、死者は約一〇分の一の三一五人であった。しかし、リアス式海岸沿いの桃生《ものう》郡十五浜村、牡鹿郡大原村、本吉郡歌津村、唐桑《からくわ》村などではいずれも六〇人以上の犠牲者が出た。こうした村々においても、高所への集落移転などが国庫からの借入資金の調達などで実施された。津波被災から二年を経た昭和十年（一九三五）発行の『宮城県昭和震嘯誌』では津波被害の実態とともに、復興、防災事業についての詳細な報告がなされた。それによれば、義捐金総額（青森、岩手、宮城）一四〇万円余のうち、宮城県では、配分された義捐金で津波防災を目的とした以下のような事業を行った。朝日新聞社は集めた義捐金二一万二九〇〇円余のうちから五万円を「災害記念碑」を建立することを条件として、宮城県を通じて一万三一一五円を六三被災集落に配分し、「地震があったら津浪の用心」などの津波警告文を刻んだ津波碑の建立が指定された。その結果、宮城県の昭和津波の被災部落には大きさ、石の材質、同じ警告文を刻した津波碑が残されたが、東北地方太平洋沖地震の津波で失われたものも少なくない（本書第九章参照）。また、この昭和の津波災害に際して、三《み》辺長治《なべちようじ》県知事による精神作興の告諭（昭和八年四月十日）、が発せられた。

……惟フニ災害復旧ノ事タル罹災町村民ノ自奮自励ニ俟ツ事最モ肝要ニシテ厳ニ浮華放縦ヲ誡メ民風ノ刷新教育

ノ充実生活ノ改善経済機構ノ統制ヲ策シ協力一致更正ノ郷土建設ノ為ニ邁進シ以テ所謂災禍ヲ転ジテ幸福ヲ招来スル永遠ノ復興計画ヲ確立セサルヘカラス宜シク勤勉力行産ヲ治メ業ヲ励実堅忍持久ノ精神ヲ振起シ戮力諧話家運ノ挽回ト堅実ナル町村再建ノ為努力精進シ速ヤカニ復興ノ大業ヲ成就シ以テ上ハ優渥ナル聖旨ニ副ヒ奉リ下ハ熱誠ナル国民ノ援助ニ報イムコトヲ期セラルヘシ（「精神作興ニ関スル件通牒」宮城県『宮城県昭和震嘯誌』第五章精神作興の運動、五〇五〜五〇六頁）

なお、宮城県強化聯合会の出資によって被災民の自力更生、再興の意気を高める目的で、ポスター三〇〇〇枚を配布、義捐金で三二ヵ所に震嘯災記念館建設（最大一〇〇坪〜最少五〇坪）を企画、将来の津波被害を避けるべき場所に図書閲覧室、講堂、炊事場などを備えるものとし、また、震災一周年事業として、震災地映画巡回、フィルム「自力更生」など復興精神の作興に適切な上映復興講演会を催したとされている（前掲『宮城県昭和震嘯誌』）。

室戸台風

東北で津波が発生した翌年、近畿地方を巨大台風が襲った。この台風は昭和九年（一九三四）九月二十一日午前五時頃高知県室戸岬に上陸、八時頃に再び神戸市付近に上陸、世界最低気圧九一二ヘクトパスカルを記録した台風として上陸地点の地名を取って室戸台風と呼ばれる。死者二八六六名、行方不明者二〇〇名に及ぶ被害を出した。大阪府では、死者がもっとも多く、一八八八名に及んだ。また、登校時の小学生が台風の直撃を受け、木造校舎一七六校が倒壊、登校中の小学生、学校教員、父兄などに多くの犠牲者が出た。強い風を伴ったこの台風は、大阪湾に甚大な高潮をもたらし、大阪城付近まで高潮が遡上した。大阪府では、この台風をきっかけに、暴風警報が一般の人たちにもわかりやすいものにするための改変が行われた。

台風の翌年刊行された『大阪市風水害誌』（大阪市、一九三五）によれば、大阪市の被害は死者九九〇人、重軽傷者一万六九〇八人、浸水面積四九〇万坪、浸水家屋は市内の住家の二五％にあたる一三万八六六四戸、船舶の流失は八〇〇艘に及んだ。大阪市の木造校舎倒壊による犠牲者は二六七名であった。大阪市はただちに救助活動を開始、バラック建設や避難所の設置、軍隊出動による救援・救助活動が行われた。また、大阪市は早くも十月一日、産業都市大阪の再建・復興計画を立て、技術専門家による協議会を開催、災害予知、建築物、上下水道、港湾設備などの調査に基づく大阪再建計画の方針を策定した。復興にかかる経費を算出、総額一億円の国庫補助を要請、約半分の五五〇〇万円が政治決着によって獲得された。昭和九年（一九三四）より昭和十四年までの六ヵ年の年度割予算の執行計画が立てられたが、このうち、小学校復興費二八〇〇万円、大阪築港の改修工事費二〇〇〇万円が主要な使途を占めた。なお、小学校校舎の倒壊によって犠牲となった児童、教員、父兄を悼む慰霊碑がそれぞれの学校に建てられている例も少なくない。最大のものは、大阪城公園内の教育塔で、当初は、室戸台風の犠牲となった児童、教員などの慰霊塔として発案されたものであったが、昭和十一年帝国教育会が全国規模の事業として拡大、その後の殉職・殉難者もあわせて供養の対象とすることになり、現在は阪神大震災の教育関係者も慰霊の対象とされ、碑文も現代社会に相応する表現に改修されている。

2　関東大震災の復興イメージ共有と復興促進策

以上、関東大震災に続く災害のいくつかの事例を、都市計画、街づくりに関する側面から取り上げ、具体的な展開を摘記した。関東大震災での帝都復興事業は都市計画法の適用を受けていた東京市、横浜市に限られてはいたが、その他の震災地である千葉、埼玉などでは、それぞれ復興委員会を立ち上げ、復興計画、復興資金の低利融資などが実施されている。後藤新平を中心とする帝都復興事業の政治抗争の蔭となってあまり明らかにされていない東京市、横浜市以外の復興事業ではあるが、大正十二年（一九二三）十月三日段階で、大きな被害の出た町村を抱える震災県は、復興費調達のための起債を臨時震災救護事務局に稟請し、市町村には県を通じて復興委員会の組織化が指示された模様である（『安房震災誌』安房郡役所、一九二五、「行政簿冊大一三県治部一五一九号」埼玉県公文書館蔵）。以上に見てきた四つの例のように、関東大震災に続く地震、津波、風水害など街の大半が壊滅し、街の復興計画が必須となったケースの場合、いち早く復興計画、復興資金獲得への方策などが立案されている点は、関東大震災の帝都復興事業が一種「成功」とみなされ、行政担当者だけでなく被災者にも、それがモデルケースとしてイメージされていたのではないかと思われる。そのことが議論百出して長年かかるはずの都市再生、都市拡大案が比較的すんなりと受容される要因となったとも考えられる。

とはいえ、「成功」と位置づけられた帝都復興事業も周知のごとく、政治的レベルでの紆余曲折を経つつ計画の実行が図られたのであって、もっとも重要視されたのは、復興事業を実際に担う被災地、あるいは国民全体に「国難」を克服しようという一体感を持たせることだった。このための政治操作として東京を「帝都」として復興すべしとする大正十二年（一九二三）九月十二日の詔勅、さらに十一月十日の精神作興の詔勅が出されたが、そうした上からの言葉だけで、国民の意志を総意結集するには限界があることは行政側も熟知していたはずである。そこで、被災地の悲惨な現実に直接触れ、それを克服、復興へと邁進させるため、国民を鼓舞することが重要であった。多くの犠牲者が出た災害後には、精神的弛緩、意欲の減退などによる復興事業の停滞、あるいは社会主義思想、それによって必然化する反天皇制イデオロギーなどによる社会的動揺が発生すると目されたから、これを阻止するため、絶えざる精神的緊張を国民に課しておく必要があった。それらに対する一つの方法として着目されたのは、災害現場の映像である。この点は、関東大震災で周到に手を尽くされていた。当時、写真は一般大衆に広まりつつあり、絵葉書の増し刷りは盛んに行われたが、映画はまだ先端的技術を必要とする仕事であり、それがゆえにまた、映画フィルムで災害現場を再現させてみせるメディアの意義は大きかったと思われる。こうした事態に対する国民教化の方策の一つとして、文部省は映画制作会社に震災映画を作らせ、これを各県に売りさばいた。この映画フィルム制作会社は東京府下西巣鴨六五七番地東京映画月報社、撮影者は東京府嘱託・撮影監督有坂錦太郎であった。震災から一ヵ月を経た十月中旬には文部省普通学務局から各県の社会課へ予約募集の通知がなされている。それによれば、「全五巻（六〇〇尺）、一尺ニ付キ十九銭ノ割（全巻一一四円）」（「大一四県治雑款一六七一号」埼玉県公文書館蔵）とあり、その内容は、第一巻「烈震に襲はれた各方面被害の状況」、第二巻「本所深川方面の罹災者避難」、第三巻「救護保安に全力を尽くす閣議の諸大臣、戒厳令下の軍隊の活躍」、第四巻「復興事業に儘瘁する青年団体の労力奉仕」、第五巻「皇后陛下の罹災地御視察」とされ、災害現場の映像が時系列的にまとめられている。おそらくは災害直後から撮りためたフィルムを編集したものと思われる（拙著『関東大震災の社会史』序章三節、朝日新聞出版、二〇一一）。なお、第五巻は、摂政宮の被災地視察状況は調整中であるが、希望者は申込を受け付けるというもので、埼玉県は第五巻のみを注文しているが、その活用事例は報告されていない。じつは映画フィルムの販売だけではなく、文部省からは「震災ニ鑑ミ国民精神ノ作興ニ関シ講演会」講師の派遣、「各町村ニ於学校青年会軍人会等ニヨリ之ヲ一般ニ配布セシムル」ための映画上映が通牒されている（「関東大震災関係（救護関係）」大一四-二b-一-三、長野県歴史館蔵）。十月二十九日の愛知県への通牒では、映画フィルムは一尺一九銭は変わりないが、全五巻（三九〇〇尺）と六倍以上の長尺となっている。

十一月十四日、愛知県内務部長から各郡市長・中等学校長宛て、内務部主事から各町村長・小学校長宛てに「震災善後救済講演会並ニ震火災ニ関スル活動写真ニ関スル通牒」が発せられ、文部省派遣の同省嘱託久留島武彦を講師に、愛知県第一高等女学校講堂、岡崎市広畑尋常小学校講堂、豊橋八丁尋常小学校講堂に参加する映写会希望者名の報告を要請している。愛知郡では鑑賞聴講者六〇名と回答している（「関東大震災関係書類」大正十二年、十三年、愛知県公文書館蔵）。関東大震災は避難者が全国に散ったいわば全国的災害と化していたから、動画による災害再現が可能な新しいメディアは、復興に向けての国民の一体感を生み出すのに十分な効果があった。天皇の告諭といった高い抽象性を持つものだけでなく、中間層から一般大衆への周知を図る方法として細かな配慮がなされた点も後続の災害に踏襲された。地方の災害においても、それぞれの地域の復興に向けて一体感を喚起するために、映画や訓話が繰り返し、人々の目、耳に届けられたのである（大澤浄「関東大震災記録映画群の同定と分類―NFC所蔵フィルムを中心として―」『東京国立近代美術館研究紀要』一七号、二〇一三）。

おわりに

災害史研究は個々の学問領域を超えた連携によって、新しい資料の読み方がつねに迫られる、学問的刺激の多い分野である。しかし、基本的にはそれぞれの分野における独自の領域からの問題発信がなければ学問的魅力に欠ける。まずは、自分自身の目で見た資料の読みを提示してみることが重要ではないかと思う。その意味では、街の復興は都市計画史や建築史の人々の見解を踏まえた上でなければ、上記で取り上げた北但馬地震、北丹後地震、昭和三陸津波、室戸台風などの復興史の歴史的位置づけはできない。したがって、ここでの報告はあくまでも暫定的なものである。また、映像フィルムについても、関東大震災以降、それぞれの震災で映画制作が行われたが、それらが、義捐金募集の際などに地域の人々にどのような印象をもって迎えられたのかなども、実際の映像から検証をしなければならない。ここでは、いくつかの災害を見通すことで探り得た一つの問題提起にすぎないが、個々の災害の資料を見直すことで、新しい意味が発見できる可能性のあることを示したつもりである。

災害史研究はいまだ個々の災害についての研究蓄積はそれほど高くないのではないかと思われる。隣接分野と連携して、新しい視点を獲得できる可能性の大きい災害史研究は、現在進行形の東日本大震災のなかで、社会に有用な学問的還元ができるか否かが問われている。

陸前高田の一本松は、いまや日本中、いや世界中が東日本大震災のシンボルと考える存在となった。なぜ、一本松は人々の関心を集めるのだろうか。

震災の痕跡はいまだあちこちに残されていて、その存廃をめぐっては地域のなかでもいろいろな意見が交わされていると聞く。たとえば、大槌町の民宿の屋根上に乗った観光船は、震災の痕跡として残そうとする強い意見もあるなかで、津波で亡くなった人も多いこの地では、当時を思い起こさせるものは避けたいという遺族の気持ちや、危険だという現実論が優勢となり、瓦礫になる処置となった。今回の震災では各地で津波によって思いもよらぬところへ思いもよらぬものが流されたために、こうした事例がいくつも出ている。しかし、高田の一本松は生き物だということがもっとも人々を感動させたのではないだろうか。あの美しかった高田の松原が津波によってすっかり消されてしまった後も、一本だけ生き残った松である。人々は、生き抜こうとする力に自らを重ね合わせて、この松を眺めるのであろう。すでに枯れてしまった松だが、寄付を募り、一億五〇〇〇万円を掛けて処理を施し、この松がここにあることを末永く記念碑として残す処置を採ることになったという。

災害による環境の激変のなかで、陸前高田の人々は、一本松を通して心にどういう風景を描くのだろうか。再び元の風景を取り戻すことができない今、この一本松が呼び起こす人々の心象風景とはどういうものであるのだろうか。

一　復興と供養

多くの人の命が奪われるような大災害では、その復興はなかなかはかどらない。そのことは東日本大震災から三年を過ぎた現在の被災地の状況からして、多言を要する事柄ではないだろう。復興したと胸を張っていえる時まで、人々はどうやって自分を支えていくのかを過去の災害の事例から考えると、復興と慰霊、供養は同義だということもできる。

津波にまつわる記念碑としては、今回の東北地方太平洋沖地震の津波で広く知られることになった津波記念碑があるが、この大震災によって倒壊したり、流されたりしたものも少なくない（本書第九章参照）。なぜ、記念碑を残すのかということについて、今回の津波までは、そうしたものに賭ける地元被災者たちの気持ちをわたしは十分理解していたとはいえなかった。しかしながら、今回、被災地で人々の話を聞いたり、関連記事を読んでいて気づくことは、多くを失い、これから先への展望をもつにもその条件が整わない状況にある人々にとって、今を支えるなにかが必要だということである。記念碑を建立する、あるいは建立しようと努める気概をもつこともそうした支えの一つになり得ることを知った。

さて、三陸の津波供養碑は明治と昭和、それにチリ津波の記念碑、その他を合わせると、かつての調査では、三一六基であった。このうち、明治二十九年（一八九六）の明治三陸津波の碑は一二四基、昭和八年（一九三三）の昭和三陸津波の碑は一五七基、昭和三十五年（一九六〇）のチリ津波碑は一一基であったが、それらが建立された時期にはかなり大きな違いがみられた。明治の場合には三回忌、七回忌、一三回忌、あるいは五〇年などの時を経た周年を記念して建立された例が多いが、昭和三陸津波の場合には、新聞社義捐金の使途が記念碑建立に指定されたため、津波の年、あるいは翌年など、早い時期のものが圧倒的多数を占めている（本書第七章参照）。

この二つの大災害に際しての記念碑建立の時期の違いにあらわれた問題について、建立の時期の違いとともに、明治の場合には集落ごとに建てられたものが多く、昭和の場合には県や郡役所が被害の大きかった村を指定して建立された事例が少なくないことがわかった。これらの事実を合わせて考えると、明治の場合には、それぞれの集落がある程度先への見通しもついた頃に、集落の同意を経て、周年を機に記念すべき存在として建立したものであろうと推定される。つまり、記念碑を建てるところまできたのだという感慨を村の人々がもつ段階に至ってようやく建立の運びとなったのではないかということである。

一方、昭和三陸津波の場合には津波の年、あるいは翌年などに集中することをどう理解すべきかということである。それは、二度の津波を経て、国も行政も被災地での住宅建設に指導性を発揮、行政指導の介入が大きく作用したからではないかということである。つまり、結果がどうであったのかはともかくも、早い段階から、「明治二十九年の津波被害の場所には家を建てない」という原則が徹底され、復興事業に村が総意を示すという事態が生まれていたからではないか。そのことは被災者の日常を大きく時間的にも空間的にも支配したのではないかと思われる。

つぎにそのことが推定される史料を紹介したい。

二　昭和三陸津波の復興事業

昭和三陸津波で被害を受けた後、国や県の行政サイドから、積極的な津波対策が施された。そもそも、明治三陸津

表１　義捐金の種類と総額（『巌手公報』より一部改変）

種類＼県名	青森県	岩手県	宮城県	合　　計
恩賜金	1300円 不明	10000円 2000円	3000円 1200円	14300円 3200円
地方備荒儲蓄金	4400＊	不明	(37125)	41525
中央備荒儲蓄金	3000	50000	10000	63000
第二予備金	17293	375680	59650	452623
国庫剰余金	0	0	0	0
義捐金	23000＊	441798	170865	635663
合　　計	48993	879478	281840	1210311

＊の数字は新聞記事による推測値．（　）の数字は予備荒儲蓄金から中央備荒儲蓄金を引いて逆算したもの．恩賜金で２段書きになっている下段は皇太后・宮家からのもの．岩手県の恩賜金に関しては明治29年『岩手県統計書』掲載の数値から，天皇皇后からと新聞報道された１万円を引いて推算．中央防災会議・災害教訓の継承に関する専門調査会編『1896 明治三陸地震津波報告書』（2005年），表4-7より引用．

波は昭和三陸津波の死者の数からしても約七倍であるが、被害を受けての対応策は、昭和の場合の方が遥かに迅速であった。明治三陸津波の圧倒的な死者数に、行政も社会も人の救済対策に終始せざるを得なかったのであろう。昭和三陸津波の場合には二度の被害を受け、後に紹介するように一村のうち、何軒もの家で再び死者が出たという悲劇が繰り返され、行政も住民ももはや津波防災に対する具体的で実効性のある対策を立てざるを得ないことが強く認識されたのである。

そこで、まず、明治三陸津波の対策について、どこに主眼が置かれたのかをみておくことにしたい。

明治三陸津波の救済事業

岩手県の災害対策資料をまとめた資料集に、当時の県知事服部一三《はっとりいちぞう》の県議会での方針演説の一部が掲載されている（災害関係資料等整備調査委員会編『岩手県災害関係行政資料Ⅰ』災害関係資料等整備委員会、一九八四）。それによれば、津波の被害の概要として、死者一万八一五八人、負傷者二九四三人、流失破壊戸数六〇三六戸、絶家戸数七二八戸。津波で生産力を失った戸数五〇二二戸、流失船舶四三八四艘、破損船舶二万一二九六艘という数値をあげている。次いで、被害を受けた地域の地方税、営業税の減収をふまえ、どう被災地が回復していくのかについては、政府から救済金三七万五〇〇〇円余、および当時の災害救済法である備荒儲蓄金法（明治十三年〈一八八〇〉太政官布告三一号）に基づく被災者救済の実施などが明らかにされている（明治二十九年七月二十九日）。義捐金を含む救助金の内訳もわかる。これらはすべて救済費として被災者の直接的救助の目的で配分されるものであり、土木救助費などが含まれていない。救済費の内訳を表2に示した。

復興予算の国庫補助

先に述べた服部岩手県知事の演説に続いて、津波災害に関する資料では、税徴収、備荒儲蓄金実施細目、救済金支給規定、恩賜金・義捐金配布、災後の衛生対策、死体処理・埋葬、被災耕地善後策、授産問題、学校教育補助にわたる県令などが列挙されているが、津波で破壊された護岸など、今回の東日本大震災でまず構想されているような村や地域を津波から護るための社会的基盤の対策については、ほとんど関連した事項の令達が掲載されていない。しかしながら、県庁に残された行政資料では、服部県知事と内務省土木局長古市公威《ふるいちこうい》との土木工事費国庫補助要請関係の往復書類によって土木費の国庫補助に関するやり取りが判明する。六月十五日の津波災害後一ヵ月を経て再び水害に襲われ、内陸河川沿岸地域の被害が一層拡大したため、土木復旧に関する国庫補助が懸案となった。この件について、まず工事費の概算を示すよう内務省からの要請があり、それに応じて「復築工事費概算調」が提出された（表3）。

表2　救済費の内訳

項　目	費額(円)	
海嘯災害費	452623.30	
	岩手	375604余
	宮城	59600余
	青森	17200余

内訳

項　目	費額(円)	受給者	細　　目
食糧	566433.30	49137人	1日米4合, 日数20日以内
被服	127500	8500戸	1戸につき平均15円
救助金	170000	8500戸	
医療費他	98000		死体埋葬, 片付費, 治療費

『岩手県災害関係行政資料Ⅰ』（1984年）より作成.

表3　復築工事費概算調（明治29年）

項　　目	第1緊急施行すべき工事費		第2緊急施行すべき工事費	
		計		計
国県道筋	—		169426.892	182981.043
同上雑費	—		13554.151	
海岸筋被害町村	127202.569	137378.775	17970.064	19407.669
同上雑費	10176.206		1437.605	
北上川・馬淵川流域被害町村	75836.163	81903.056	520308.829	561933.535
同上雑費	6066.893		41624.706	
総額　983604円7銭8厘	第1緊急工事費計	219281.831	第2緊急工事費計	764322.247

雑費は工事額8/100.

表4　復築工事費概算調項目別割合

項　　目	第1緊急工事費	第2緊急工事費
国県道筋	—	18.7%
海岸筋被害町村	13.9%	2.0%
北上川・馬淵川流域被害町村	8.3%	57.1%

「明治二十九年災害土木費国庫補助稟請書類」岩手県庁蔵より．総予算額983604円７銭８厘．各項目は工事費の8/100を雑費として含む．

これによると、第一次・第二次緊急工事費の総額は九八万三六〇四円余、このうち、第一次緊急工事費では海岸筋被害町村として一三・九%、第二次緊急工事費として二・〇%、あわせて工事費のうち約一割五分が津波の被害を受けた海岸筋町村の緊急復旧工事費として提示されたと推定される。これに加え、津波災害後一ヵ月を経た七月二十一日の水害復旧に関する「北上川・馬瀬川流域被害町村」費が挙げられ、その総額は表３の通りだが、第一次・第二次をあわせ概算額の約六割五分を占め、津波被害の四倍強の復旧概算額が示されている（表４）。この概算の前提には、各町村の復旧工事概算額の積み上げがあるが、その内訳は里道費・用悪水路費・樋管費・河川費・海岸費の五項目である。

この五項目のうちの被害三七ヵ村の海岸費のみに注目すると、その概算合計額は六万六一二六円であり、各郡の内訳は以下のようである。気仙郡（気仙・高田町・米崎・小友《おとも》・広田・松崎・大船渡・赤崎・綾里・越喜来《おっきらい》・吉浜・唐丹《とうに》）二万八七八三円余、南閉伊郡（釜石町・鵜住居《うのすまい》・大槌町《おおつち》）一万五二四四円、東閉伊郡（船越・折笠・山田町・大沢・重茂・津軽石・磯鶏《そけい》・宮子町・鍬ケ崎《くわがさき》町・崎山・田老）一万六四九九円余、北閉伊郡（小本・田野畑・普代）四六一円余、九戸郡（久慈町・宇部・野田・長内・夏井）四五五八円余、北九戸郡（待浜・中野・種市）五七九円（「明治二十九年災害土木費国庫補助稟請書類」岩手県庁蔵）。このうち、一〇〇〇円以上の海岸費補助を要請している町村に傍線を付しておいた。

さて、国庫へのこの復旧土木費の概算要求については、国から厳しい条件がつけられた。すなわち、国庫補助の対象となる工事は、土地の利害にもっとも重大な問題を惹起し緊急に工事を為すべき箇所、帝国議会の開催を待つことが不可の緊急を要する工事、工事の竣工期限に確たる見込みがあり責任が負えるものであるとされ、里道・用悪水路・樋管などは県市町村費で支出すべきもの、河川費についても土砂の埋塞、砂防工事の損害復旧などは県費などによるものとされている。結局、こうしたやり取りの末、十二月十七日、津波災害と七月二十一日の水害復旧費を合わせ、明治二十九年度災害修築工費国庫補助金として、二九万五〇〇〇円が内定した。

先の海岸費補助要請をした町村の額からは、漁港をもつ町村以外、防波堤・防潮堤など護岸装置をもつ村々はきわめて少なかったのではないかと推定される。したがって、土木復旧費は極めて限定的で、むしろ明治三陸津波の場合は被災者救助が災害対策の中心だったのではないかと思われる。

以上の予算配分から、明治三陸津波の場合は、被災者救助に向けられる備荒儲蓄金による救助策以外、国による集落の移転費などの積極策はほとんど展開されなかったと考えられる。

昭和三陸津波―明治における無策への反省

明治津波から三七年後の昭和八年（一九三三）に発生した昭和三陸津波の浸水域をまずみてみよう（明治・昭和三陸津波高比較図）。明らかに浸水域は明治の津波が大きいことがわかる。それは同時に、明治の壊滅的ともいえる被害に比

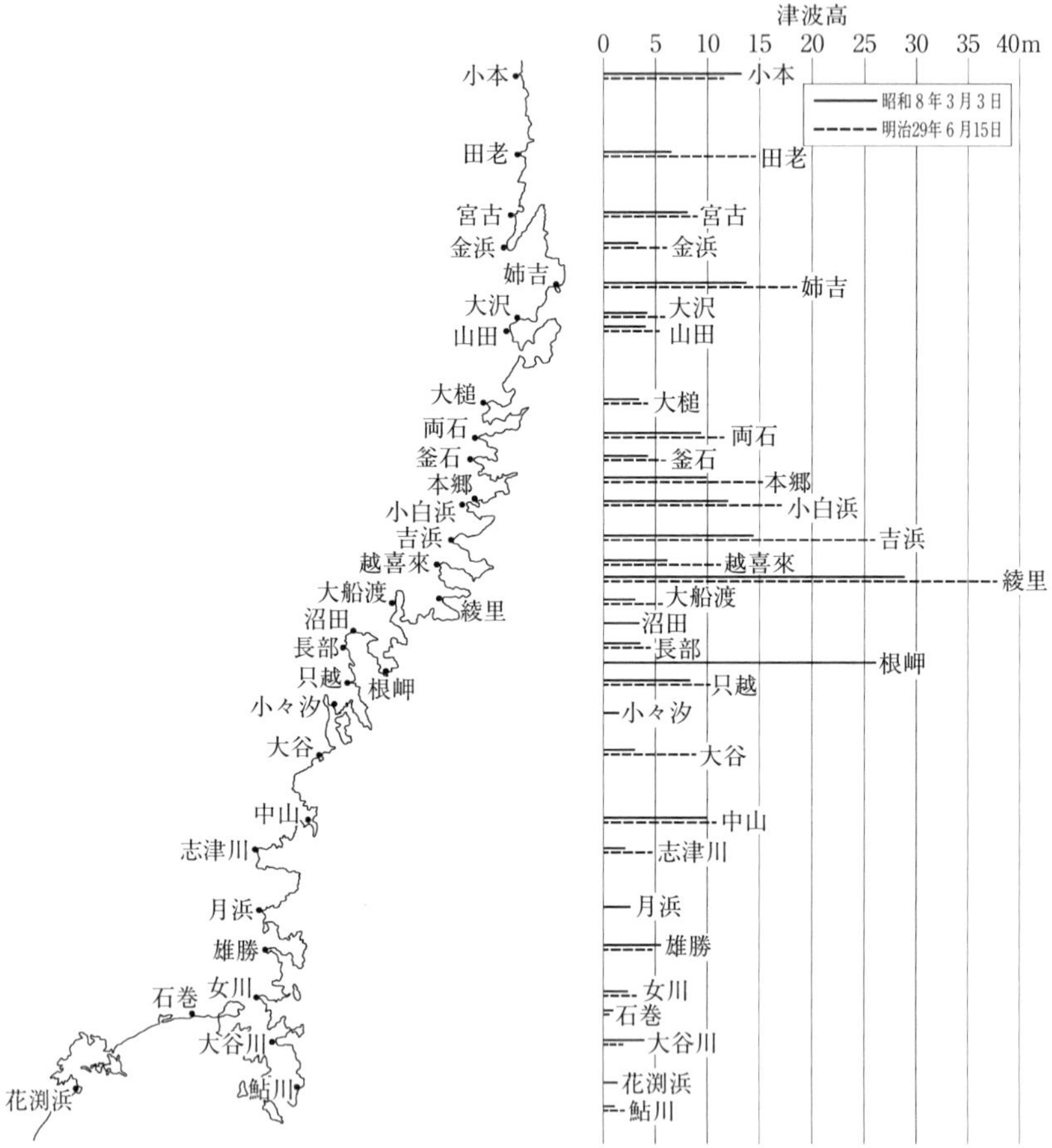

図　明治・昭和三陸津波高比較図

松尾春雄「三陸津浪調査報告」『土木試験所報告』24号，1933年から作成（今村隆正氏作図）

べれば、昭和の場合にはまだしも地元に災害への対応力が残されたことを意味している。

まず、岩手県の昭和三陸津波の人的被害に関する数値を挙げておこう（表5）。被害数値については、異なる数値も挙げられている。

昭和三陸津波の場合、救助・救済費は、明治期の備荒儲蓄金法に比べ、救済費の捻出と支給により自由度を認めた罹災救助基金（明治三十二年〈一八九九〉法律七七号）の規定に基づいて支給された。すなわち、凶荒時の農民救済を主眼とした種籾料、農具料補助などの規定はなくなり、突発的災害も考慮に入れた罹災救助基金では、食糧、小屋掛料などに加えて、避難所、治療費、就業費などへの支給項目が追加された。これに基づいて支給された岩手県の場合の救助費総額は現金交付、県費による補助も含め、五二万一五九五円であった。このうち、もっとも多額を占めたのは、小屋掛料一五万四九九四円余、次いで被服費一一万七八五七円余であった。津波により家や家財を失った被災者が大部分を占めたことが救助費の内容からもうかがわれる。

国も復興計画を立て、三陸地方の津波災害防止に本格的に取り組む姿勢を明確に打ち出した（内務大臣官房都市計画課『三陸津浪に因る被害町村の復興計画報告書』一九三四）。この復興計画書では、明治二十九年（一八九六）の津波災害対策は無策であったと断じている。

明治二十九年三陸津浪に際しては国家に於て恒久的災害前後措置をこうぜられたるもの尠《すくな》く、殊に生命財産の危険に最も多くさらさるる沿岸各部落地に対する津浪災害防止施設は、（略）数例を除くの外は、殆ど何等の対策をも講ぜざりしに等しき状態にて、原部落地に単なる復旧を遂げたる結果、昭和八年三陸津浪に依て沿岸部落地は明治二十九年の夫《それ》と殆ど同様の災害を繰り返してゐる。

そして、文中、津浪防止施設があった数例とされるものは、部落移転を実施した数ヵ村であり、海岸費として傍線を付した町村のう

表５　昭和三陸津波による岩手各郡の被害

（人）

被害状況＼郡	気仙	上閉伊	下閉伊	九戸	合計
罹災前の人口	28587	39976	47768	16915	133246
死亡	460	78	778	92	1408
行方不明	410	28	774	51	1263
重傷	76	26	57	11	170
軽傷	202	142	246	45	635
その他（避難者）	8522	13883	10299	798	33502
罹災者計	9670	14157	12154	997	36978

災害関係資料等整備調査委員会『岩手県災害関係行政資料Ⅰ』（1984年）より．

ち（三八〜三九頁参照）、宮城県四例、岩手県五例を挙げている。岩手県の村としては、越喜来・鵜住居・船越・吉浜・唐丹の各村を挙げ、昭和三陸津波に対してどういう効果があったのか言及している。越喜来（崎浜）については、被災一五五戸のうち流失倒壊三一戸、浸水一八戸、死亡五〇人を出したが、防潮堤などの防護施設があればこの被害は防げたとする。鵜住居（箱崎）については、明治の津波八・五メートルを受け、部落の大半が壊滅したため、大部分が自発的に高地移転をした。その結果、昭和の四・四メートルの津波については、家屋流失、被害面積は最小限に留められ、高地移転の効果があったとされた。船越村は六・六メートルの津波を蒙り部落全滅の危機に遭遇、部落は自発的に高地移転を遂げ、昭和の津波の被害を受けなかった。唐丹村（小向浜）の場合は、明治三陸津波の人的被害は五〇〇人以上に及び部落全滅の危機にあったため、自力で海岸より二〇〇メートル離れた高地に移転したが、大正十二年（一九二三）山火事で住宅が延焼、大半が旧低地に再び移転したため、一五八戸中、一〇四戸が流失倒壊の憂き目にあった。高地に留まれば、この被害は避けられたとしている。吉浜村（本郷）は二六メートルに及ぶ津波を受け、海岸に延長五二三メートル、高さ八・二メートルの防潮堤を設けた。この結果、昭和の津波一四・三メートルという津波襲来で防潮堤の一部が決壊、堤が流失したものの、自力で高地移転をしていたため、人的被害を免れた。

以上、各村の被害集落のうち高地移転を果たしたケースでは津波防災に効力があったと判断され、昭和三陸津波の国による復興策は、この方向性を推し進めていくことになる。

国の津波防災と復興策

昭和三陸津波の被害を受け、昭和九年（一九三四）に津波防護対策として国が掲げる具体策は次のようなものであった。

①部落の高地移転、②敷地の地上げ、③防浪堤、④防浪建築、⑤街路の整備、⑥埋立及護岸、⑦避難道路、⑧防潮

林、⑨防波堤、⑩津波予報装置の以上一〇項目である。これらがすべて実施され、その効果についての見直しがこの八〇年の間に行われていれば、東日本大震災の悲劇は幾分軽減されたのではないかと思うほどの万全策が構想されていたのである。

復興構想・計画

復興策を実現していくための事業計画、予算はどのような手立てがなされたのであろうか。

まず、計画の方針として、都市的集落と漁業、農業を中心とする小集落に分けてそれぞれ異なる方針を立てる。都市的集落（釜石・山田・大槌・大船渡など）は港湾などを備え、従来多大の投資をしてきた所であり、港湾施設などは「原敷地に復興をすることを本則」とし、住宅は後方の安全な高地に敷地を造成、移転する。道路は隣接市街地、付近集落との連絡を緊密にする路線を選定する。高地へ移転した住宅への日常の往復が不便を感じない程度の連絡道路を設ける。防浪施設として地上げ、港湾付近の建築物は耐震耐浪の建築とする。

漁業集落の移転の要件として、海浜に近く、過去の津波の最高浸水線以上の位置で、海を臨む場所であり、南面の高地、飲料水が得られることなどを挙げる。全部落が移転する場合は、町村役場・警察署・学校・社寺などの公共施設は造成敷地の最高所に置き、広場、集会所などを設けるとしている。高地の移転住宅地の連絡は、「再び津浪に襲はれたる場合、救援その他の後方連絡途絶し、部落民の糧道を絶つが如き事態を想起することなからしむる必要ある」とした。

上記計画事業は、宮城県一五ヵ町村六〇部落（実施は集団移転一一部落、各戸移転四九部落）、岩手県二〇ヵ町村四二部落（実施は三八部落集団移転）と指定し、復興計画箇所が指定され、航空写真を以て計画図が示された。後に触れる岩手県気仙郡赤崎村（現大船渡市赤崎町）では、宿集落が指定集落となっている。

復興事業費

国が構想した復興事業費は、国庫補助と低利資金利子補給であった。街路事業については、総工費一〇万円として、その八五％を国費で負担とした。住宅移転には住宅適地造成費五三万九六〇〇円を予定、これを低利資金で融通し、国が利子負担をする。義捐金を住宅造成費に充てることも考慮された。

以上が、明治三陸津波の際にはほとんど無策とする反省に立ち、昭和三陸津波においては、国の主導で津波対策が企画、実施されることになる経緯である。多くの犠牲を払ってようやく昭和三陸津波では東北漁村の資源的価値が認識され、国家的事業として復興が取り組まれることになった。

興味深いことには、国からの復興費補助獲得に対して、地元では「関東大震災の例に倣って」国庫から土木費補助を得ることを当然の権利とする動きが起きている（『岩手日報』昭和八年〈一九三三〉三月十一日）。内務大臣官房都市計画課による移転集落復興計画といい、復興資金獲得に関する被災地の動きといい、関東大震災が災害対応の歴史上、一つの画期をなすものであったことが改めて認識させられる。

建築史の青井哲人氏は東日本大震災後、明治・昭和・戦後・東日本大震災後のそれぞれ景観変容の画期をデータベース化し公開しているが、昭和三陸津波後の復興策が村の景観に与えた影響について、新しい論点を指摘している。まずは、津波災害は都市計画史や建築技術史の視野の外に置かれてきたとする前提に立って、はじめて国家が復興策に取り組み、市町村への巨額の事業費を産業組合を通じて低利融資で支援した結果、集団移転は景観の均質性を生んだという。また、それは村の社会関係に変化をもたらさずにはおかなかったが、特に、旧態然とした名子制度を崩壊させつつ、村の生活に改善をもたらしたとする（青井哲人「再帰する津波、移動する集落」『年報　都市史研究』二〇号、二〇一三）。

さらに、昭和三陸津波の復興計画には、内務省の都市計画課の震災復興計画に先行して農林省の昭和七年（一九三二）の「農山漁村経済厚生運動」が大きな役割に担ったことを具体的に実証する論文が発表された（岡村健太郎「昭和三陸津波後の岩手県大槌町吉里吉里集落の復興に関する研究―農山漁村経済更生運動と復興計画の関連―」『日本建築学会計画系論文集』第七九巻第六九八号、二〇一四年四月）。それによれば、昭和三陸津波発生以前に、すでに、昭和恐慌と東北地方の冷害、小作争議の頻発に危機感をもった農林省が昭和七年、農山漁村の自力更生を目論み、中央、府県、町村レベルの経済厚生委員会を組織、地域の事業実施の推進主体として各地に産業組合の設置を促したとする。昭和三陸津波の復興計画は内務省大臣官房が作成、宅地造成事業などを所管したものの、住民の住宅復旧や社会政策事業は農林省所管の産業組合を通じて展開されたことを大槌町吉里吉里部落のケースで実証した。

本章で、わたしは専ら都市復興、首都改造を目論んだ関東大震災の都市計画の技術的系譜から昭和三陸津波の復興事業を位置付けていたが、この復興は、実は、単に災害からの復興という次元にとどまらず、国家が地域の復興に取り組む契機となった点で、近代日本の災害復興事業の重要なターニングポイントであったことになる。そういえば、あの一〇〇〇頁を超えるような大部な岩手、宮城両県の昭和三陸津波の震災誌に盛られた記述の意味するところはその点にかかっていたのだと改めて認識した。災害復興の歴史的系譜を踏まえ、東日本大震災の復興が目前の課題となっている被災地現場を理解する上で、この岡本論文の示唆するところは大きい。

Ⅱ　明治三陸津波

第三章　明治三陸津波と山奈宗真

はじめに

東日本大震災の死者・行方不明者数は一万八五五〇人（平成二十五年〈二〇一三〉三月十一日現在）に上り、明治三陸津波（明治二十九年〈一八九六〉）にほぼ匹敵する犠牲者を出した。震源域も南北五〇〇キロ、幅二〇〇キロに及ぶ海底プレートの動きによるものだというから、震源域の大きさもさることながら、福島原発を直撃したこの津波は、明治とは比較できないほどの惨禍をいまなおもたらし続け、解決の糸口さえ見いだせない状況にある。いまや、わたしたちは、文明史的転換を迫られるほどの問題に直面しているといっても過言ではないだろう。

しかし、現段階では、死者の数の点からは、依然として、明治三陸津波のそれは、東日本大震災の人的被害を上回る規模であったことに変わりはない。家が絶える、村が消えるといった状況はわたしたちが現在想像することができないほどの衝撃を当時の東北の村々に与えたはずである。東日本大震災は、一〇〇年以上前の明治三陸津波の惨禍のなか、民間人として独自に津波調査を建言し、単独で調査を決行した山奈宗真の名を再び蘇らせた。彼は明治三陸津波が発生した明治二十九年（一八九六）六月十五日から一ヵ月半後の七月二十九日から九月十日までの期間、岩手県嘱託として、気仙郡気仙村から岩手県最北の種市まで沿岸被害地を踏破、津波被害の調査を行った人物である。東北地方太平洋沖地震津波の浸水域調査を逸早く行い、その成果をネットで公開した原口強氏を、山奈の明治三陸津波調査に因んで〝平成の山奈宗真〟と呼ぶそうだが、これは、山奈宗真が行った各集落の津波浸水調査になぞらえたのだろう。

さて、一〇〇年以上前の明治三陸津波直後に帝国大学から派遣された地質学の学生が津波調査に入っている。六月二十日から七月二十一日の間、理科大学地質学専攻の学生伊木常誠《いきつねなか》は逸早く調査地に入り、調査報告「三陸地方津浪実況取調報告」(『震災予防調査会報告』一一号、一八九七)をものした。この調査について、津波学の首藤伸夫氏は、「科学的調査として信頼できるが、残念ながら地名毎の痕跡高としてのみ与えられており、地形との関係がほとんどわからない」としている(1)。

同様に七月末、岩手県授産方法取調方として現地調査に入った山奈宗真の調査報告についても、首藤氏は、「一見信頼に足るものの様に見える」がとしつつ、以下のような疑問を呈している。

一、行程上の疑問として、「あれだけの日数(七月二十九日〜九月十日―注記引用者)で、災害直後に馬や徒歩で岩手県沿岸を踏査して測定したとは信じられない」。

二、報告書の用語の問題としては、各スケッチに添えられた「打上浪」などの定義が与えられていない。

三、山奈の測定結果を数値計算精度で検証する場合には、測定結果が過大になる可能性がある。

主として、以上の三点から、調査成果に疑問を呈しつつも、それぞれの災害直後の困難な中での調査に敬意を表し、利用する場合の注意を促している。

伊木の調査は津波の原因を海底火山の爆発としたが、四年後に、今村明恒が火山の爆発としては津波が広範囲に広がること、地震後に津波が襲来していること、鮎川に設置していた検潮器が捉えた地震の波形から、海底における大規模な断層が原因であるとして、断層発生の場所についての推定の方法を呈示、その結果、明治三陸津波は地震津波によるものであるとされ、学界の共通認識となった。(2)この経緯から、わたしたちは、明治三陸津波は津波学形成の黎明期に当る時期であったことを知る。逆の言い方をすれば、明治三陸津波の発生が、津波学の形成を促したと言い換えることもできよう。

しかし、ここで山奈宗真に注目する理由は、津波学としての成果を問題とするわけでなく、「岩手県授産方法取調方」としての彼の調査内容である。東日本大震災の復興が問われる今日、山奈の調査内容が多岐に及び、漁業再興に向けての提言などを含んでいたことは注目すべき事実であり、現代社会にそのまま適用できるというものではないにしても、その時点の復興の道筋を探ろうとした内容は、今日再び検討に値すると思われる。そこで、ここでは、明治三陸津波の各地の津波の高さや浸水域はさておき、まずは、山奈が残した調査資料から、彼が調査を通して何を明らかにしようとしたのか、わたしたちはそこから何を読み取ることができるのかをここで考えてみたいと思う。

一　山奈宗真の履歴

山奈宗真（一八七四～一九〇九）は南部藩遠野に生まれた。南部藩遠野は、盛岡の南部本藩から二万石を分地された八戸藩が南部本藩から遠野への移住を命じられた地である。南部八戸藩主が近世中期に遠野に陣屋を構えることになったが、八戸から遠野移住をめぐり内紛が絶えず、難しい藩経営を迫られた。しかも、遠野南部家当主は、南部藩御三家（遠野南部家、中野家、北家）の一つとして盛岡城に常勤し、遠野には家老職が置かれるという政治的位置にあった。宗真の父、長右衛門捷之はその遠野陣屋の勝手役を務めた人物であった。宗真は、父の死去後、慶応三年（一八六七）海岸防備小奉行を務めるなど父の跡を継ぐ仕事に就き、維新後は遠野城下の戸籍調べ、地租改正の丈量調査に関わるが、以降は民間にあって遠野町政に関わる道を選び、明治九年（一八七六）副戸長、明治十三年村会議員、明治二十二年遠野町会議員などを務めた。[3]この人物については、すでに田面木貞夫氏が『遠野の生んだ先覚者山奈宗真』において、詳細な年譜と生涯にわたる仕事について解説を施している。[4]この書は山奈の遺族が遠野市立博物館に寄贈した山奈に関する資料に基づいてなされており、山奈宗真の生涯にわたる多面的な履歴を明らかにした基本図書といえる。そこで明らかにされている事実は、もちろん津波調査のことばかりではない。というより、むしろ、津波調査は彼の生涯において一つの仕事にすぎず、馬の飼育などの牧場経営、綿織物工場経営など、維新期以降、士族授産のための事業展開などを進め、遠野という寒村において産業を興そうとする事業家の一面を持っていたことが紹介されている。多面的な山奈の活動の一部をなすにすぎないものの、津波という自然災害とそこからの復興は、近代以降何度も津波被害を受ける東北三陸沿岸地域にとっては避けがたい問題であるため、ここでは彼の調査内容を解読して、今に生かすなんらかの道筋があるかどうかを検討課題としたい（図1）。

図1　山奈宗真像（遠野市立博物館蔵）

二　山奈の津波調査資料

1　国会図書館にある山奈宗真津波報告書

山奈宗真が津波調査報告として残した成果は現在国立国会図書館（古典籍資料室）に所蔵されている以下の冊子である。この他に、「日誌」など遠野市立博物館には遺族から寄贈された関連資料が所蔵されている。必要な限りで遠野市立博物館所蔵の山奈関係資料に言及しつつ、まずは、山奈自身が明治三十六年（一九〇三）に東京図書館（現国立国会図書館）に寄贈した以下の関連資料について概要を簡単にみておくことにしたい。以下のA〜Eは明治三陸津波の調査報告であり、それぞれの内容は全体に関連を以て記述されている。まずはその概要、研究史上の位置付けなどを説明し、次いで、相互の関連性を指摘したい。

A「三陸大海嘯岩手県沿岸見聞誌一班」完（請求記号二二四―一二九）

B「岩手県沿岸大海嘯取調書」甲乙丙丁（請求記号四〇四―一七、関西　総合閲覧室）

C「岩手県沿岸大海嘯部落見取絵図」完（請求記号二二四―一三二）

D「大海嘯各村別見取図」（請求記号二二四―一三一）

E「三陸大海嘯岩手県沿岸被害取調表」（請求記号二二四―一三〇）

F「岩手県沿岸古地名考」全（請求記号二二四―一三三）

G「旧南部領岩手県地価沿革誌」全（請求記号二三六―一一）

以上の七冊のうち、明治三陸津波被害に直接関わるものは、A〜Eの五冊である。これらのうち、A、B、C、Dはすでに「三陸沿岸大海嘯被害調査記録―山奈宗真―」（『東北大学工学部津波防災実験所研究報告』第五号、一九八八）に卯花政孝、太田敬夫両氏によって翻刻され、内容はほぼ把握できる（津波デジタルライブラリー〈http://tdl.civil.tohoku.ac.jp/TSUNAMI/TDL_top.html〉によっても、テキスト化されたものが閲覧できる）。

2　山奈の津波調査に関する学界の評価

首藤伸夫氏が右の山奈の津波調査を紹介した論文の序文にこれら資料群についての研究史を述べている。それによると、これら一連の資料はすでに武者金吉《むしゃきんきち》が昭和十五年（一九四〇）に『地震』（一二―三）の「地鯰居士雑筆」に紹介しているにもかかわらず、その所在がなかなかわからず、菊池万雄氏による資料紹介（「私の本棚」『学叢』四一号、一九八六）によってようやく国立国会図書館にあることが判明した経緯が記されている。[5]

武者の「地鯰居士雑筆」は三頁半ほどの短い文章ながら、これまで山奈の津波調査が学界に紹介されたことがないこと、しかし、その内容は土地の言葉がわかる得難い人物によって周到に調査された内容を含むものであるとして、先に挙げたA、B、C、Eに就いての簡略ながら、要を得た説明を施した。さらに、これらが当の岩手県でも、学界でも利用されていない点について、つぎのような指摘をしている。

> この貴重なる復命書を県当局ははたしてどれだけ活用したであらうか。せめて〝地震長き時は津浪の前兆〟この心得だけでも民衆に徹底させて置いたら、昭和八年の津浪に際して少なくも人命の喪失を減ずる事が出来たのではあるまいか。昭和九年刊行の岩手県昭和震災誌にも一向氏の調査が引用されて居ない所を見ると、氏の報告書は事によると県庁の倉庫に塵に塗れて仕舞ひ込まれて居るか、……（『地震』〈一二―三〉、三三頁）

と歎じたのである。

その後、山奈の資料を引用、あるいは活用したものとしては、東日本大震災の津波に襲われ命を縮められた山下文男の『哀史三陸大津波』がある。[6] 山下は死亡人口の数値が諸書で区々であることに疑問を感じ、ようやくにして、山奈の「岩手県海嘯被害戸数及人口調表」に行きついた経緯を縷々述べ、著書の巻末付録資料として山奈宗真の資料のなかから「岩手県海嘯被害戸数及人口調表」を被害戸、被害棟数、被害人口などを抜書きした表とその他被害船舶調表などを簡略化して引用している。山下はこの被害数値は山奈の調査結果だとしているが、疑問が残るのは、山下が被害の基本統計とした「岩手県海嘯被害戸数及人口調表」が明治二十九年（一八九六）七月十日付であることだ。山奈の被害地実地調査は七月二十九日から開始されているから、日付から考えると、山奈による調査結果の数値とはいえないことになる。この点について、山下の解説はない。

先に触れた首藤伸夫氏が山奈の資料群の所在を知ることができたとする菊池万雄『日本の歴史災害―明治篇―』は、地理学の分野から日本の災害被害地調査の一環として明治三陸津波の被害と地形との関係を調査、山奈の調査の意義を学界に紹介する本格的研究の入口に立つものと位置づけられる(7)。しかしながら、菊池氏においても、明治三陸津波、昭和三陸津波の死者の数値に表徴される被害を、津波が遡上する地形との関係において追究することに主要な関心が置かれている。

さらに、『三陸町史』第四巻津波編（一九八九）は、市町村史のなかでは逸早く、「津波編」と銘打つ災害編を刊行している。津波発生機構について、当時社会的にはいまだ普遍的な理解が得られていなかったプレートテクトニクスによる津波発生のメカニズムに基づく理論的解説を施した本格的な津波編でもあった。そこにおいて、三陸町域（現大船渡市）の一三集落についての山奈の津波浸水域の調査図がC「岩手県沿岸大海嘯部落見取絵図」から引用され、山奈が調査した被害戸数、津波遡上高などの精度についても検討が加えられている。その後、約一〇年を経過して、大船渡市立博物館において、山奈宗真に関する展示が開催され、その図録『津波をみた男―一〇〇年後へのメッセージ―』が刊行された(8)。そこでは、山奈の履歴、津波調査の経緯・行程、調査の主眼（山奈自身が作成した調査項目）についての解説と、C「岩手県沿岸大海嘯部落見取絵図」のうちの気仙郡気仙村福伏から同郡吉浜村までの五三の見取絵図、それに相応する現在の地形図、平成九年（一九九七）当時の該当地の写真を掲載した。一〇〇年後へのメッセージとはなにかについて、図録の最後に、精緻な踏査記録、示唆に富む山奈の調査、特に住居と作業小屋の分離、魚付林、防潮林の有効性などを挙げている点を評価し、現在の防災に生かそうという言葉で結んでいる。ここでは、被害数値の問題には拘泥せず、むしろ、多彩な事業を手掛けた山奈宗真の人物像に焦点を絞り、気仙郡の津波被害集落の津波浸水域調査図を紹介した。

北原糸子・白土豊・卯花政孝「山奈宗真『三陸大海嘯岩手県沿岸見聞誌一班』他の資料的性格について」において、山奈が国立国会図書館に寄贈した七点の資料のうち三陸津波調査がどのような経緯でなされることになったのかを考察したが、それぞれの資料の内容について一応の考察をしたものの、極めて不十分なものに留まった(9)。

平成十七年(二〇〇五)には中央防災会議下の災害教訓の継承に関する専門調査会において『一八九六　明治三陸地震津波報告書』が刊行され、津波学者首藤伸夫、越村俊一両氏が担当したが、津波学の基本的知識に始まり、明治三陸津波の被害、行政の対応、復旧、産業、復興、津波対策などの全般にわたる明治三陸津波に関する問題が総合的に検証された。

以上、山奈の明治三陸津波の被害調査に関する著書を一覧すると、津波発生当初の明治期の現地調査を除き、戦前昭和十六年(一九四一)に武者金吉がその存在を指摘したもの以外には、ほぼ一九八〇年代になり、一挙に防災学、津波学、地理学などからアプローチがなされ、一〇年後には地元において展示で紹介される経過を辿ったことがわかる。そして、平成十七年(二〇〇五)には、明治三陸津波についての研究が総合的に再検討されるに至る。

しかし、東日本大震災によって、再び東北太平洋沿岸地域が巨大な津波に遭遇、これまでの津波防災に関する反省が迫られ、山奈宗真の仕事についての見直しも行われるきっかけとなったのである。

三　津波調査

1　「日誌」にみる津波調査への意欲

山奈が書き綴った津波調査に関する「日誌」によれば、調査については、自ら岩手県に調査の必要性を説く意見書を提出した模様である。岩手県庁が蔵する文書群にあってしかるべきものではあるが、二〇年以上前に同県庁の資料倉庫を調査をした折には発見できなかった。いずれにしても、その意見書によって、岩手県から「海嘯被害地授産方法取調トシテ沿海各郡巡回ヲ嘱托ス」との辞令（図2）を明治二十九年（一八九六）七月二十七日付で受けた。その経緯は「日誌」の以下の記述からわかる（図3）。

海嘯被害地巡回調査日誌

一、七月二十五日　曇　被害地調査ノ便ヲ本県へ建議セシニ済採用ノ模様ニ付（仮令採用無之時ハ自分ニテ巡回見込ナルトモ今日此度ニテハ被害繁忙町役場充分便利覚束ナキ為メ本県へ〈謀ル〉書造リ差出シ）（本月十五日遠野出発調査会〈罹災地〉出席后上京ノ見込の所二十二日洪水に付鉄道大破上京困難ニ付見合帰村ノ所本県嘱託トナリ）

七月二十五日から書き出される調査日誌では、七月十五日罹災地の調査会参加後、上京する予定であったとされているが、洪水のため鉄道不通となり帰村、七月二十五日に被害地調査の建議が県庁の採用するところとなったことを確認している。県庁が建議を採用しない場合でも自分で調査するつもりであったが、この段階に至っては被害地の役場は忙しく便宜を図る暇はないだろうから、一応、県庁へ建議を提出したと注記している。山奈は県の協力に対してはそれほど期待をしていない様子である。この辺の微妙な記述は、調査報告書の最終的献納の行方を示唆するものとして注目しておきたい点である。さて、そののち、岩手県庁に赴き、服部一三県知事に面会、北田第五課長より辞令の交付を受けた経緯が記録されている。その際に北田課長より、山奈の建議条項について取捨の指示を受け、旅費日当二四円九五銭を受け取り、いよいよ二十八日に出発の支度をした様子を以下のように「日誌」に記している。

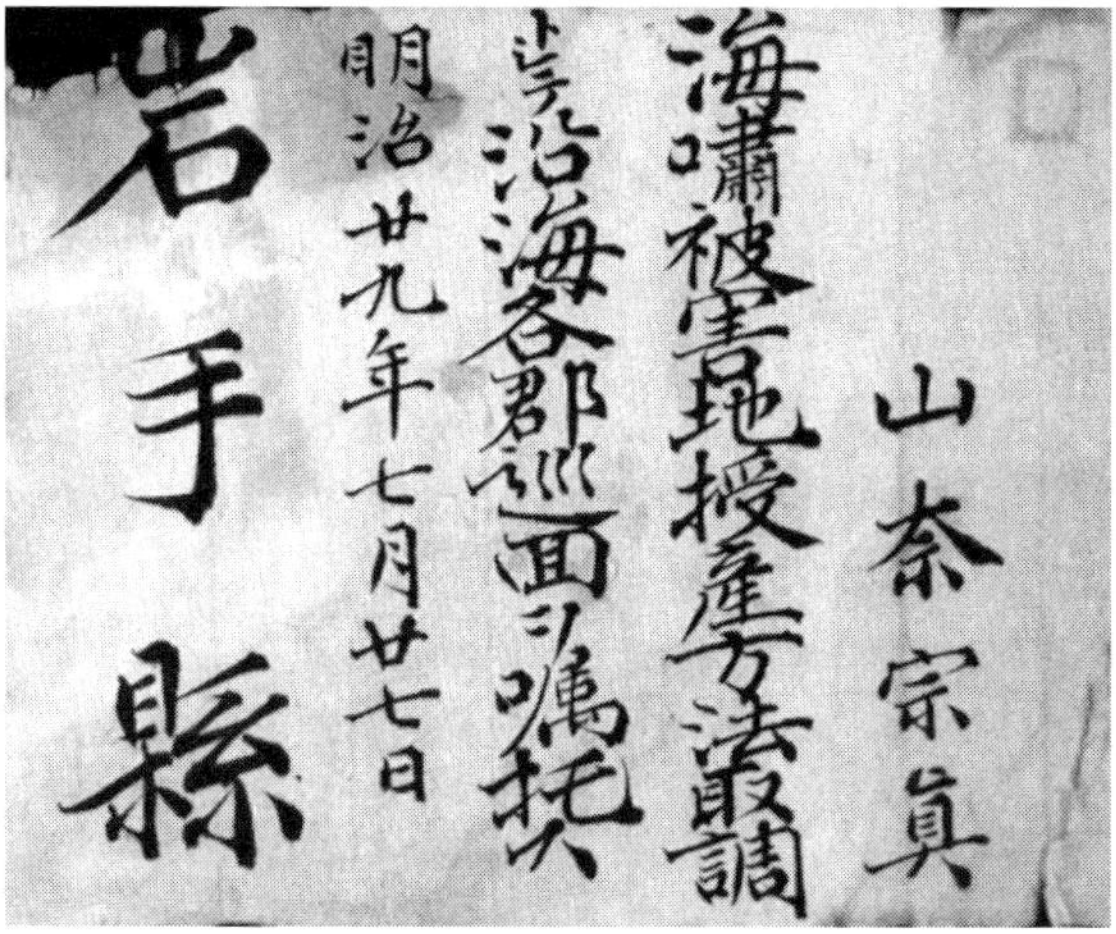

図２　山奈授産方方法取調辞令（遠野市立博物館蔵）

一、七月二十六日雨　本日物産陳列所及県庁へ行キ三陸ノ海岸地図写シ又タ大日本水産会員伊谷氏ニ依頼水路局地図払受ケ方依頼セリ

一、七月二十七日曇　午后北田第五課長ヨリ通知ニ付県庁へ出頭候県知事ニ面会建議ノ件必要ニ付採用嘱託ノ事トナリ五課長ヨリ取調条項取捨ノ上受ク又タ旅費日当二十四円九十五銭受取リ（用件モ受取リ）明二十八日出発仕度セリ

ここで注目しておきたいのは、二十六日に三陸海岸の地図を写し、水路局からの地図の購入を大日本水産会伊谷なる人物に依頼している点である。この人物とは途中まで行動を共にしているが、どのような間柄であるのかは今のところ不明である。地図については、全行程中にも、郡役所や役場などで地図類の有無について問い合わせを頻繁に行っており、すでに、津波浸水域などについ

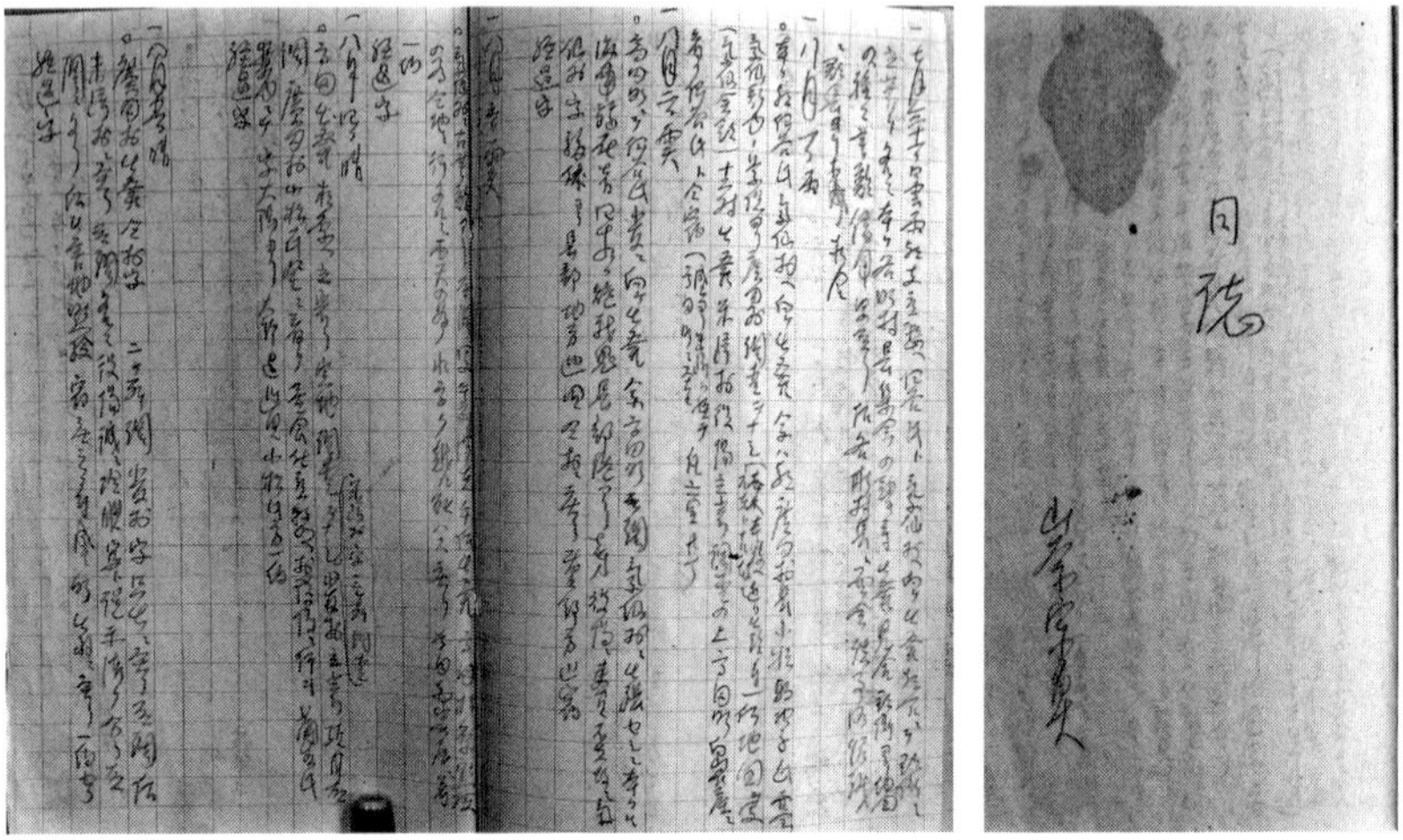

図3　山奈宗真「日誌」（遠野市立博物館蔵）

ての調査記録方法についても、一定の構想を持っていたことがうかがわれる。

つぎの七月二十七日の条では、山奈の調査条項について、県庁の北田第五課長よりの指示で、取調条項について取捨があった。その内容は不明ではあるが、山奈が提出した建議について岩手県側の取捨選択をしたのであろう。この点は、後に示す「三陸海嘯被害地調査目」なる内容に即して、実際の調査がなされているところからして、山奈が県庁に提出したとされる建議の調査箇条はほぼこの調査目を含むものであったと推定される。

さて、「日誌」を追っていくと、ほぼ山奈の調査行程が判明する。行程を地図上に示した（図4）。

七月二十九日は午後大雨となり、宮守から馬で遠野の自宅へ向かい、翌日、遠野から馬で大船渡の盛町へ行き、郡役所で打合せ、盛町の旅館出羽屋に宿泊、翌三十一日再び郡役所に立ち寄ったところ、郡下の町村長の会合があるとのことにより、地図や書類を調査、郡長、各町村長に面会、協議でこの日を終えている。さて、本格的出発は翌八月一日となった。この日「伊谷氏気仙村へ出発、余ハ広田村長小松駒次郎氏面会、気仙郡内景況ヨリ広田村調査ヲ

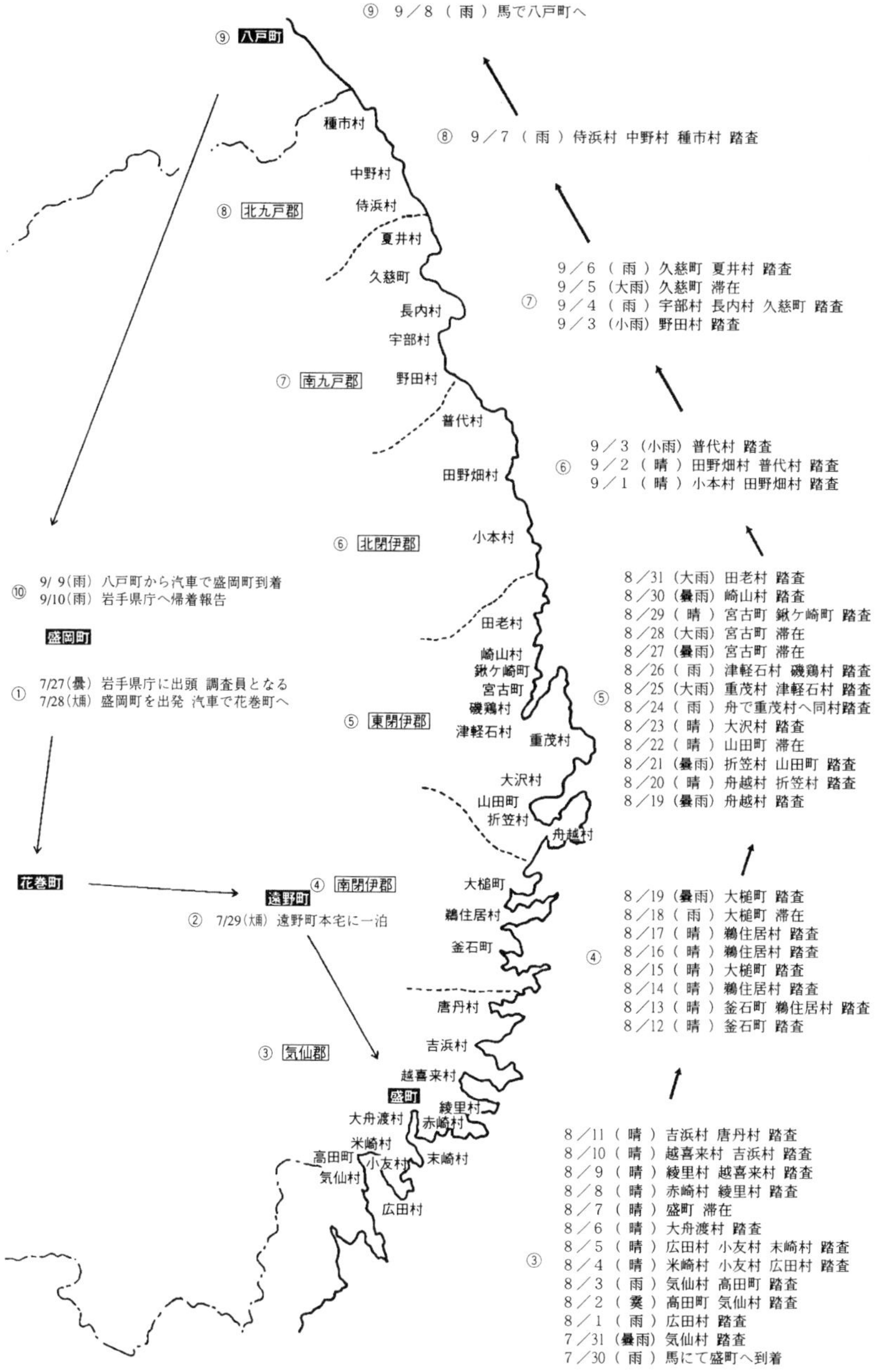
⑨　9／8（雨）馬で八戸町へ
⑨ 八戸町
⑧　9／7（雨）侍浜村 中野村 種市村 踏査
種市村
中野村
⑧ 北九戸郡
侍浜村
夏井村
久慈町
長内村
宇部村
⑦ 南九戸郡
野田村
⑦
9／6（雨）久慈町 夏井村 踏査
9／5（大雨）久慈町 滞在
9／4（雨）宇部村 長内村 久慈町 踏査
9／3（小雨）野田村 踏査
普代村
田野畑村
⑥
9／3（小雨）普代村 踏査
9／2（晴）田野畑村 普代村 踏査
9／1（晴）小本村 田野畑村 踏査
⑥ 北閉伊郡
小本村
⑩
9/ 9(雨) 八戸町から汽車で盛岡町到着
9/10(雨) 岩手県庁へ帰着報告
盛岡町
①
7/27(曇) 岩手県庁に出頭 調査員となる
7/28(大雨) 盛岡町を出発 汽車で花巻町へ
田老村
崎山村
鍬ケ崎町
宮古町
磯鶏村
⑤ 東閉伊郡
津軽石村
重茂村
大沢村
山田町
折笠村
舟越村
⑤
8／31（大雨）田老村 踏査
8／30（曇雨）崎山村 踏査
8／29（晴）宮古町 鍬ケ崎町 踏査
8／28（大雨）宮古町 滞在
8／27（曇雨）宮古町 滞在
8／26（雨）津軽石村 磯鶏村 踏査
8／25（大雨）重茂村 津軽石村 踏査
8／24（雨）舟で重茂村へ同村踏査
8／23（晴）大沢村 踏査
8／22（晴）山田町 滞在
8／21（曇雨）折笠村 山田町 踏査
8／20（晴）舟越村 折笠村 踏査
8／19（曇雨）舟越村 踏査
花巻町
遠野町
④ 南閉伊郡
② 7/29(大雨) 遠野町本宅に一泊
大槌町
鵜住居村
釜石町
④
8／19（曇雨）大槌町 踏査
8／18（雨）大槌町 滞在
8／17（晴）鵜住居村 踏査
8／16（晴）鵜住居村 踏査
8／15（晴）大槌町 踏査
8／14（晴）鵜住居村 踏査
8／13（晴）釜石町 鵜住居村 踏査
8／12（晴）釜石町 踏査
唐丹村
吉浜村
③ 気仙郡
越喜来村
盛町
綾里村
大舟渡村
赤崎村
米崎村
高田町
小友村
末崎村
気仙村
広田村
③
8／11（晴）吉浜村 唐丹村 踏査
8／10（晴）越喜来村 吉浜村 踏査
8／9（晴）綾里村 越喜来村 踏査
8／8（晴）赤崎村 綾里村 踏査
8／7（晴）盛町 滞在
8／6（晴）大舟渡村 踏査
8／5（晴）広田村 小友村 末崎村 踏査
8／4（晴）米崎村 小友村 広田村 踏査
8／3（雨）気仙村 高田町 踏査
8／2（霙）高田町 気仙村 踏査
8／1（雨）広田村 踏査
7／31（曇雨）気仙村 踏査
7／30（雨）馬にて盛町へ到着

図４　岩手県内踏査全行程図（『津波をみた男』12頁から引用）

ナシ、後地図ヲ写シ（気仙全部）十二時出発」とある。伊谷とはこの日は高田町泉州屋に同宿した。翌二日には小友へ出発する伊谷とここで別れている。大日本水産会に属する伊谷とは伊谷似知二郎《かちじろう》（一八六四〜一九三七）のことである。彼はこのとき、大日本水産会録事主任にして水産伝習所の製造実習科教授となっていた。七月二十五日付で、秋田県の海嘯被害地授産方法取調を委嘱されている。山奈とは調査地を異にしており、以降の行程は山奈単独の調査となる。(10)

「日誌」文面から判明することは、地図を郡役所などで写し取り、町村長から被害の景況を聞き取るなどのことが、山奈の重要な情報源であった点である。全行程中の宿泊先は旅館に泊まることができる場合もあれば、そうでない場合には村役場、あるいは個人宅などであった。九月十日、盛岡の岩手県庁に着くまでの間、山越え、船越えなどには雇人に道案内をさせるなど、道なき道を辿る苦労についての不平や苦言はほとんど記されていない。ただ、調査が理解されず、白眼視された経験一例が記されるのみであるから、この調査にかけた山奈の意欲は余程大きなものがあったに違いない。

2　調査内容について

ここでは、津波調査報告に関わるA〜Eまでの内容を検討し、それぞれの関連をみておきたい。なお、現在国立国会図書館では、以上の資料は閲覧できるが、デジタル化されて公開されているものは、B「岩手県沿岸大海嘯取調書」甲乙丙丁（請求記号四〇四―一七、関西　総合閲覧室）のみであるから、前掲論文「三陸沿岸大海嘯被害調査記録―山奈宗真―」の掲載誌の頁数を示しておくことにする。

A「三陸大海嘯岩手県沿岸見聞誌一班」完（「三陸沿岸大海嘯被害調査記録―山奈宗真―」『東北大学工学部津波防災実験所研究報

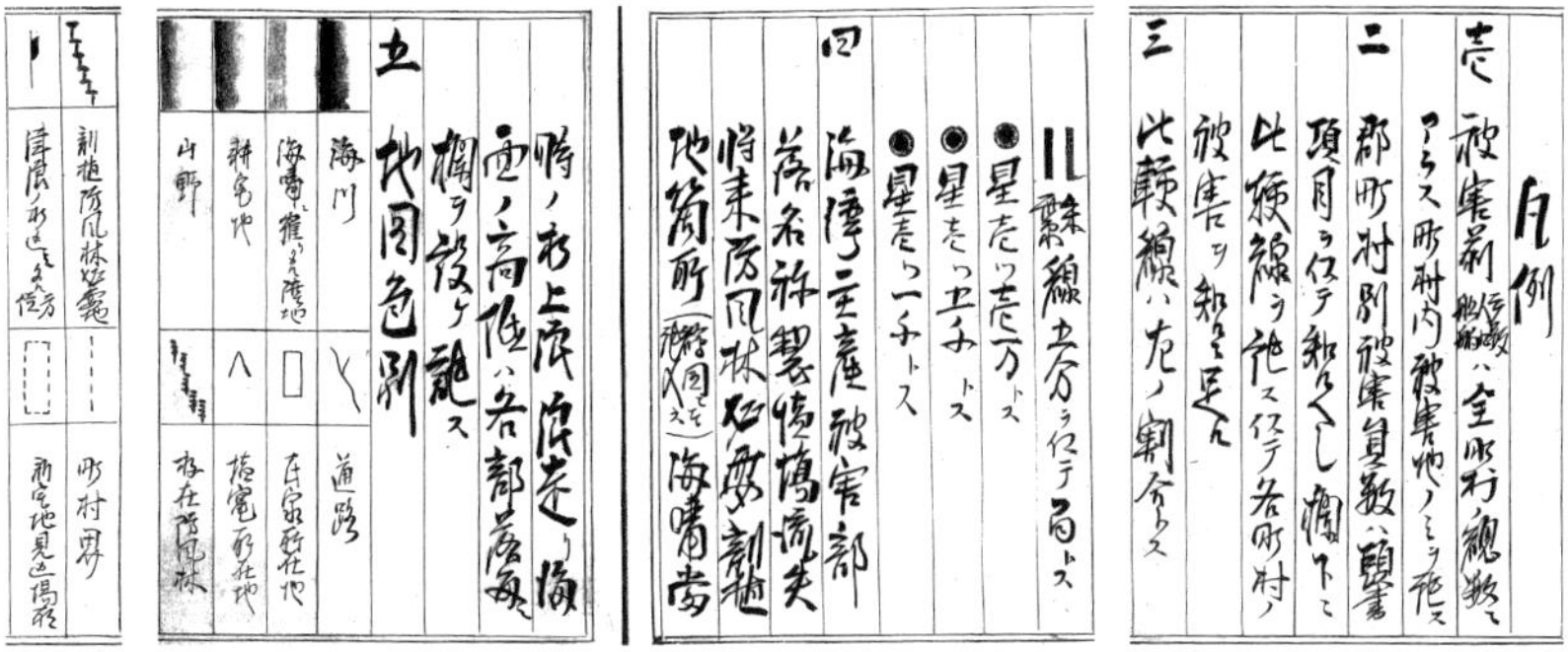

図5　三陸大海嘯岩手県沿岸見聞一班凡例（国立国会図書館蔵）

告』二二二〜二九〇頁）

序文が掲げられ、被害地の概略が挿図として紹介され、津波の来襲方向が矢印で示されている（本書巻頭口絵二頁）。「凡例」を図5に示す。凡例の序文はつぎのように記されている。

三陸大海嘯千古未曾有之大害　宗真　岩手県管内沿岸被害地四郡参拾七ヶ町村字壱百九拾壱部落数月間巡回視察セシ条項数十訴ノ内一班を記スモノナリ

明治三十年八月　　山奈　宗真

本書の構成は、岩手県の被害前戸数、人口、家数、船舶数を示し、戸数（流・潰）、家屋・土蔵（流・潰）、死亡人口（男女）、負傷人口（男女）、漁船（流・破）の順に数値と棒グラフで示し、岩手県被害地の略図を添える。次に、各郡別の被害戸、各郡下町村の被害数も同様な構成で数値を表と棒グラフで示し、各郡の概略図と津波浸入の方向を矢印で描く。次いで説明は各町村へと進む。まずはじめは、陸中国上閉伊郡下の各町村（釜石町、鵜住居村、大槌町）を取り上げ、概略図と表で被害概要を示す。表の項目は、郡の場合と同様な構成で被害数値と略図を添えるが、各町村の場合には、漁網、延縄などの流失、海での漁類、海藻類など、町村内小字の製塩所、防風林、打上波の高さ（遡上高）、波走り（浸水域）、海面高低の説明を数値で示す。このスタイルは以下の各郡にすべて共通している。陸中国下閉伊郡全図と各町村（舟越村、折笠村、山田町、大沢村、重茂村、津軽石村、磯鶏村、鯵ヶ崎町、宮古町、崎山村、田老村、小本村、田野畑村、普代村）、次に陸中国九戸郡被害数値と九戸郡略図、及び各町村被害数値と略図（野田村、宇部村、長内村、久慈町、夏井村、侍浜村、中野村、種市村）、陸前国気仙郡の略図、及び各町村（気仙村、高田村、米崎村、小友村、広田村、末崎村、大船渡村、赤崎村、綾里村、越喜来村、吉浜、唐丹村）の以上、四郡三七町村の調査の被害概略図と被害数値表である。ここでは、後に詳細をみる「気仙郡赤崎村」の場合を位置情報を添えて示しておく（図6）。

明治三十年（一八九七）八月の序文の日付からすれば、調査地に入り、実際に調査を開始した前年の八月一日から、一年が費やされていることになる。序文では、調査に「数月間巡回視察セシ条項」とあるから、現地調査を終えた九月十日後も、現地を巡回した形跡がうかがえ、執筆の期間をその後の数ヵ月と考えると、この被害調査復命書は周到に用意されたものであることが推察できる。なお、序文には「壱百九拾壱部落」とあるが、一九〇部落のまちがいであろう。

B「岩手県沿岸大海嘯取調書」甲乙丙丁（「三陸沿岸大海嘯被害調査記録―山奈宗真―」『東北大学工学部津波防災実験所研究報告』六〇～一九七頁）

本取調書は各郡を甲（気仙郡一二町村七二部落）、乙（南閉伊郡三町村二一部落）、丙（東閉伊郡一四町村六三部落）、丁（南北九戸郡八町村三四部落）の全三七ヵ町村一九〇部落の詳細な聞き取りが記され、山奈の調査の根幹をなす資料である。A「三陸大海嘯岩手県沿岸見聞誌一班」は全体のまとめの位置にあたる内容だが、B「岩手県沿岸大海嘯取調書」甲乙丙丁は調査時点の内容が最もよく反映されたものと推定され、作成時点はいずれのものよりも早くできたと考えられる。そのため、郡名にAとは異動が生じている。明治三十年（一八九七）四月一日に郡名が変更された。このため、Aの「三陸海嘯岩手県沿岸見聞誌一班」では、気仙郡は変わりないが、南閉伊郡は上閉伊郡に、東・北閉伊郡は下閉

平成5年編集1/200,000地勢図「一関」

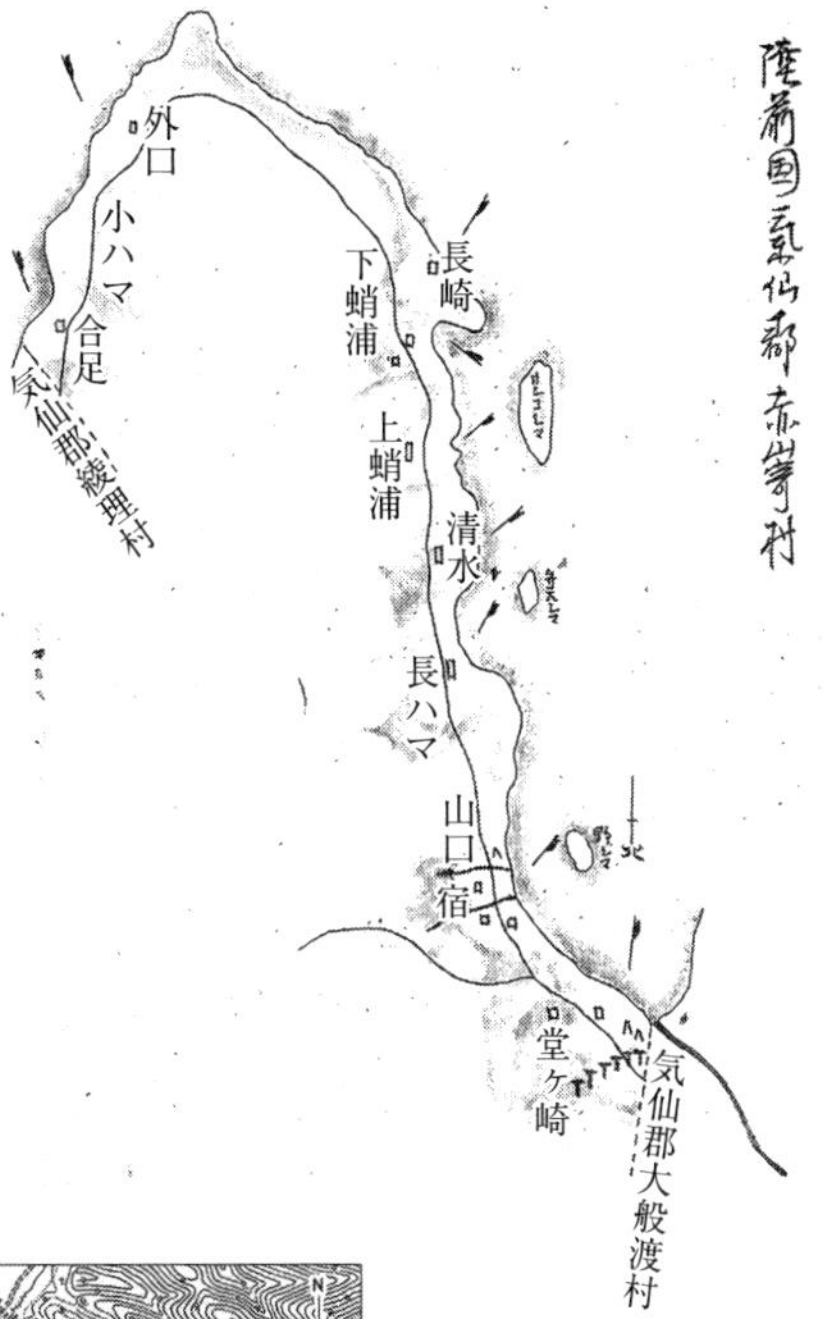

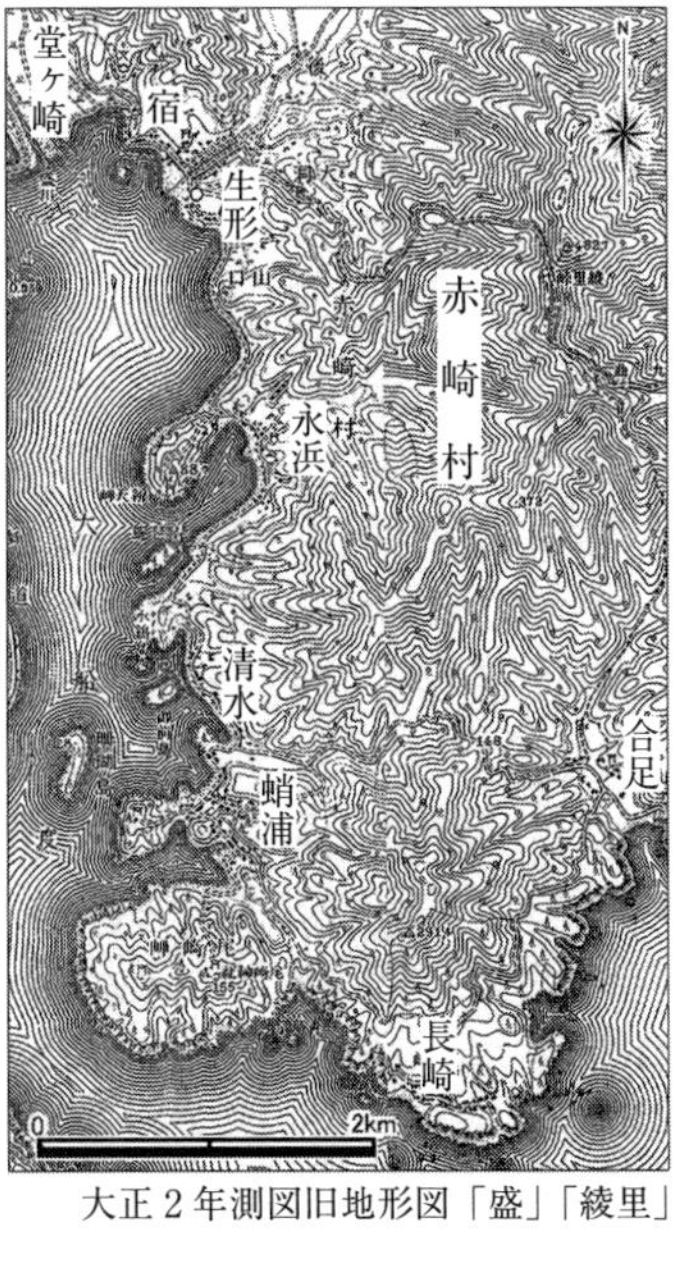

大正2年測図旧地形図「盛」「綾里」

図6　気仙郡赤崎村

伊郡に、南・北九戸郡は九戸郡一つとなっている。ただし、町村、部落の郡所属の異動はなかった。

さて、この調査項目については、遠野市立博物館の山奈関係資料には、「三陸海嘯被害地調査目」なる資料が存在していることは先に述べた。この調査事項にそって、各村の調査内容がまとめられている。その意味では重要な意味を持つので、ここでその項目を紹介しておく（図7）。

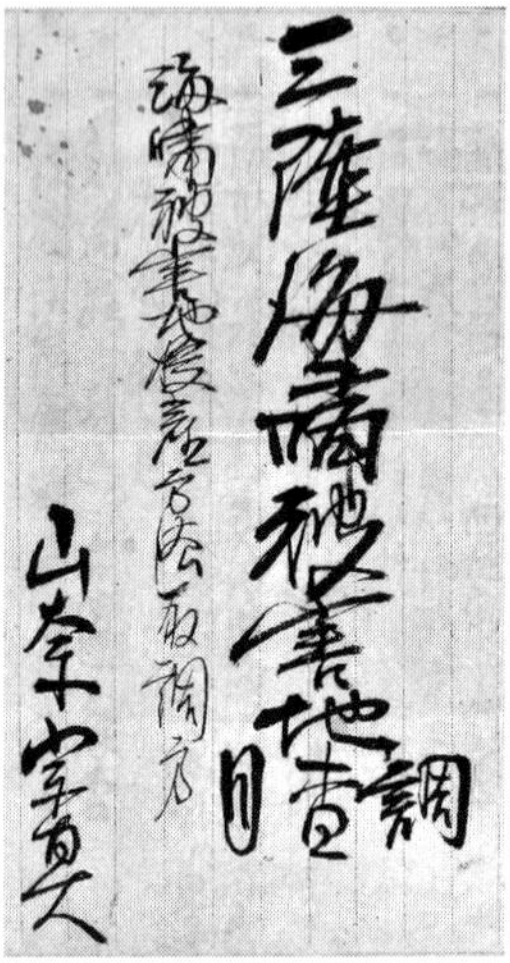

図7　「三陸海嘯被害調査目」表紙（遠野市立博物館蔵）

写真の表紙に明らかなように、これは岩手県へ提出したとされる津波被害地調査の調査項目にあたるものと考えてまずまちがいないだろう。県庁の北田課長が取捨を要請したという調査目である。この内容はほぼそのままB「岩手県沿岸大海嘯取調書」で実施されているところから、県の北田課長と折り合いをつけて定まった調査目である。

三陸海嘯調査目

一　漁村ノ新位置

1　新住家ヲ設クヘキ地及旧住家トノ利害

2　海面ヨリ高低及沿岸ノ地形方位

3　津浪ノ来タリタル場所

甲　満潮ノトキヨリ何尺

乙　干潮ノトキヨリ何尺

4　防風林其他堤防必要ノ有無

5　魚付場及海湾近傍山林原野ノ景況並林相ノ種目
6　新道路ノ見込及古道ノ便否
7　漁村沿岸運搬ノ便否
一　住家
1　海浜住屋ノ建造ノ方法
2　住家ト納屋ト離合ノ利害
3　海浜住家建造ノ違法ノ有無
一　漁民風俗
1　祭事婚姻家庭ノ状況
2　漁民ノ禁物（生死方言）
3　植物　平年／凶年
4　衣服
5　漁民衣食物供給ノ方法
6　被害町村漁民年々北海道及其他ニ出稼ノ状況
7　良習慣ト不良習慣戸ノ種類
一　漁村制
1　漁業組合ノ状況及改善策
2　漁民ノ労働及家業順序

3　漁場紛争仲裁法
4　漁民家業順序
5　藩政ノ当時ノ方法及税法

一　凶荒調査
1　海産物凶年ノ備荒品及製造
2　凶年ノ状況
3　凶年ノ際藩政ノ救助方法
4　凶年及津浪后ノ流行病

一　漁民需用品
1　海岸山林原野ノ状況及習礼ノ企望植付等ニ関スル事
但材木薪炭木ヲ云
2　竹木大麻薬物消費年額
3　造船ノ種類及年々造船ノ員数
4　造船ノ種類及年々（造船ノ員数）
5　木材ヲ需ムル便宜ノ場所
6　将来漁船漁具改良ノ方法
7　漁民衣食供給ノ場所

一　海湾

1　旧漁場ノ位置及変更ノ状況
2　海湾主産
3　海湾捕魚ノ種類及時期
4　沖合漁業ノ位置里程
5　製塩場ノ位置
6　海湾漁獲物ノ順序
一　海事考
1　四季ノ気候
2　起風雨前知
3　不漁前知
4　大漁前知
5　潮流ノ状況
6　海湾ニ関スル事応
7　固有漁場ノ変遷ノ状況
8　津浪ノ歴史
9　津浪ノ来ルヘキ前兆
10　海底ノ浅深
一　漁村挽回

1　迅速ナル業ハ何業ナルヤ
2　造船ノ前后職工雇入方法
3　漁具供給
4　小屋掛ケノ順序
一　漁民将来ノ企望
1　管内沿岸一致共同鞏固ナル漁業組合ヲ設ルカ如期方法
2　授産方法ニ付便利見込有無
3　他ヨリ団体造リ漁業来ル者アル時ハ如何スルヤ

では、これらの調査項目に対する結果はどのようであったのかをみておかなければならないが、一九〇部落すべてをここで紹介することはできないので、町村事例をいくつか具体的に取り上げて、山奈の意図する調査がどのようなものであったのかを、つぎに示す各町村のC「岩手県沿岸大海嘯部落見取絵図」と関連付けつつ、後にまとめて考察することにしたい。

C「岩手県沿岸大海嘯部落見取絵図」完（「三陸沿岸大海嘯被害調査記録―山奈宗真―」『東北大学工学部津波防災実験所研究報告』二九一～三七九頁）

さて、本書は各部落一九〇部落の簡略な絵図の集成である。B「岩手県沿岸大海嘯取調書」甲乙丙丁に対応する内容で、すなわち甲（陸前国気仙郡）、乙（陸中国南閉伊郡）、丙（陸中国東・北閉伊郡）、丁（南・北九戸郡）の各町村ごとの絵図を添えて、流亡戸数、潰戸数、流亡納屋、潰納屋、死亡人口、負傷人口、海面よりの高低、満干潮の差、打上波、波走りの項目について、それぞれ各部落の該当数値が記入されている。なお、見取絵図には津波の浸入した方向が矢印で示され、家屋の点在する様子などが簡略に書き込まれている。この波走りや打上波、津波の方向などがもっとも津波学的には注目されるところであろうが、その他の注目すべき点として挙げておきたいのは、津波後の家屋移転予定地なども書き込まれていることである。現地に赴いてこそ得られる情報であり、授産方法取調方としての矜持を持つ山奈にとっても各村で復旧状況を確認する上では聞き取るべき重要な項目であったに違いない。一般には、明治三陸津波の場合は、家屋移転などもほとんど行われていなかったため再び昭和三陸津波の惨禍を受けたと考えられているが、すべてがそうではなかった。このことは、村の集団移転の例は極めて稀であったものの、明治の時は浜の近くにいたが、上の畑に移ったなど、個々の家々の事情に応じて家屋の移転を図っていた事実は、東日本大震災後の津波碑調査の際にわたし自身が何度か聞いている。公に記録には残らないものの、被災した家々がそれぞれに危険を避けた事例は各所で見られたのである。ただ、四、五代前の家のことは次世代に伝えられていなかったり、記録に残されていない場合も多く、わずかながら伝承されている例を確認する程度である。

D「大海嘯各村別見取図」（「三陸沿岸大海嘯被害調査記録―山奈宗真―」『東北大学工学部津波防災実験所研究報告』一九八〜二一二頁）

本見取図は、結論からいえば、途中で執筆を中止したもので、未完成と考えられる。各町村の絵図を気仙郡各町村から始めるものの、気仙郡のうちの八ヵ村に就いてのみ、戸数、人口をあげ、被害の概要説明、防風林、魚付林などの有無、今後の津波を防ぐ方法、被災後の村の復興などの概略がまとめられているが、他の町村については、絵図が示され、まとめの文章が記されていない。恐らく、山奈はここにおいて各町村のまとめをするつもりでいた様子だが、執筆しながら、前三報告と重複する内容が多いため、途中で中止を決意したものと思われる。各市町村の絵図は種市まですべて残されてはいるものの、書きかけ項目であって、完成品ではない。

E「三陸大海嘯岩手県沿岸被害取調表」

表題の通り、本冊は被害数値表、①活版刷「岩手県海嘯被害戸数及人口調査」（明治二十九年七月十日）各町村下の部落（字）別の被害戸数、被害人口表（全六枚）、②活版刷「岩手県管内海嘯被害戸数人口調表」（明治二十九年七月十五日）全紙一枚、③木版刷「岩手県管内海嘯被害概数取調一覧表」（明治二十九年六月二十八日）全紙一枚、④木版刷「岩手県海嘯被害地略図」全紙一枚、⑤活版刷「岩手県海嘯被害調表」（明治二十九年七月十五日）社寺、巡査駐在所、学校、土地、船舶漁網、漁具、牛馬、製塩所の各項についての被害数値、全紙一枚、⑥活版刷「岩手県海嘯被害船舶及現存調表」（明治二十九年七月十日）全一一枚の合冊綴りである。この数値内容については、死者、行方不明者の数値に諸書で異同があるため、後述する。

F「岩手県沿岸古地名考」

これは地名についての考察であるが、明治の三陸津波に関連する事項も含まれてはいる。この書のみ、漢字平仮名交じり、墨筆で認められている。

序文において以下のように本書の執筆目的を著わしている。

大海嘯当時海浜の部落全体が流亡の後、地名がわからず杜撰の地名を付したるハ当然の事なるか如し故に余公務の余業として耳朶にせしものを筆記し後世学者の参考に供す

明治三十年八月

ここでは、古来からの地名沿革が述べられ、山奈の関心事の広がりを把握することができる資料である。日付からすると、報告書を執筆する傍ら地名について気づいたことを書き留めるものであったと推察される。しかしながら、山奈の仕事全体を考察する上では重要な意味を持つものではあるものの、明らかにしようとする本論の課題とは直接

的関連が薄いので、後日を期すことにしたい。

G「旧南部領岩手県地価沿革誌」全（請求記号二三六―一二）

本書は直接三陸津波に関わるものではなく、南部藩の旧検地による租税徴収に比べ地租改正によって「農民非常ノ困弊」を来している点を調査したものであり、序文に友人高室雅平なる人物が本書が著わされた経緯を述べている。山奈の国会開設期に関わる立場を著わすものとしても意味を持つと考えられるので、序文のみ引用をしておく。

帝国議会初年高知県選出衆議院議員林有造氏東北九州中国ノ一部ノ地価ヲ修正シテ之ヲ奮起シテ皇都ニ会シ是非ヲ駁シ世論紛々タリ此ノ時ニ当リ大日本農会員タル山奈宗真君旧南部領岩手県地価沿革誌ヲ著シ以テ反駁ノ志士ヲ助ケントス（後略）

明治二十四年一月

友人　高室雅平　識

南部藩旧記の租税率と地租改正後の租率を比較表に表し、旧検地による租税よりも地租改正による租税が高率であることを訴える内容である。この書自体は、山奈が国会開設に関連して、彼の政治的立場を強く主張するものではないが、旧体制の租税法に実際に携わり、維新期の政治的混乱を生き抜いてきた人物が国会開設期に立つ位置をこれによって推し量ることができる。

以上の七件のうち、直接津波被害に関わるA、B、C、Dの四点の関連をまとめると、以下のようになる。A「三陸大海嘯岩手県見聞誌一班」（以下では「一班」と略記）は、被害調査地の調査結果を町村ごとにコンパクトにまとめたものであり、B「岩手県沿岸大海嘯取調書」甲乙丙丁（以下では「取調書」と略記）は、被害町村下の部落に及ぶ聞き取り調査をした原資料として一連の調査報告の根幹をなすものであり、C「岩手県沿岸大海嘯部落見取絵図」（以下では

「見取絵図」と略記）において、Bの取調の内容を町村下の各部落ごとの絵図に波走り、打上高、被害数値を摘記するという相互に関連性を持った報告である。したがって、このA、B、Cはその関連を踏まえて読み取るべきものであることがわかる。更によりわかりやすく各町村の被害がわかるようにと構想したものの、重複の恐れありとして、執筆を途中で断念したものがDであろう。そこで、以下では、A、B、C、Eのそれぞれからその特徴がわかる事例をいくつか取り上げ、この被害調査について山奈がなにを明らかにしようと考えていたのかを考察しておくことにしたい。

ただし、以上のうち、被害調査の数値一覧をあげたE「三陸大海嘯岩手県沿岸被害取調表」（以下では「被害取調表」と略記）はこれまで述べた五点の資料が山奈自筆の鉛筆書き、ペン書きなどとは内容上異なり、被害数値が活版あるいは木版印刷されたものである。実は明治三陸津波の被害戸数、死亡者数については、必ずしも各界一致した数値が得られているわけではなく、E「被害取調表」の被害数値についても出所の検討が必要である。被害数値はA、B、C、Dの記述内容と関連もあり、見過ごすことはできないが、明治三陸津波の死亡者の数値が区々であるという重要な問題に関わるので、このE「被害取調表」については節を改めて論ずることにする。

四　山奈調査の目的を探る
―被害町村の事例から

ここでは、A、B、Cのそれぞれからその特徴がわかる事例として、釜石、綾里《りょうり》、赤崎の各町村を

九戸郡	気仙郡
1392	2677
10003	18787
913	2489
315(315・41)	1571(1427・144)
923(885・38)	2743(2607・136)
1001(461・540)	5676(2470・3206)
279(151・128)	552(296・256)
829(613・216)	1661(1409・252)

気仙郡
33(25・8)
10137(80911)
1826(2367)
14
12

表1-1　被害集計

	地　域	岩手県	上閉伊郡	下閉伊郡
被害前	戸数	12003	2751	5179
	人口	76114	17113	30164
	船舶	7084	748	2934
被　害	戸数(流・潰)	6034(5183・853)	1588(1456・132)	2521(1985・536)
	家数(流・潰)	7989(7275・714)	1833(1779・104)	2422(1986・436)
	死亡(男・女)	18158(8101・10057)	5393(2537・2856)	6088(2633・3455)
	負傷(男・女)	2943(1544・1399)	561(335・226)	1550(762・788)
	船舶(流・破)	5495(4411・984)	650(544・106)	2255(1845・410)

A「一班」より.

表1-2　郡ごとの被害集計, 漁船

地　域	岩手県	上閉伊郡	下閉伊郡	九戸郡
運送船(流・破)	61(42・19)	7(1・6)	3(0・3)	18(16・2)
流失漁網数(代金=円)	21196(409846)	104(81910)	7081(146156)	3144(99765)
流失配縄数(代金=円)	14311(17361)	1974(3204)	9566(11259)	945(1530)
流亡塩窯	81	11	24	32
被害部落	37	3	14	8

A「一班」より.

取り上げて、関連する事例を紹介することにしたい。

まず、A「一班」では、岩手県全体の被害前戸数、人口、船舶をあげ、沿岸被害地の概略図を示している。

岩手県集計、各郡単位の被害概要数値は表1-1、1-2にまとめた。

郡以下の各町村の被害数値も表1の項目に沿って掲げられ、町村下の字(部落)の漁業被害に関する数値、防風林新植地、打上波、波走り、海面高低の各項にわたる数値が挙げられている(表2参照)。町村以下の例として釜石町の例をみれば、表2のような次第である。表1、表2に掲げる数値の合計値などは各々合致しないが、原史料のママとした。

1　釜石町

以下の数値は、A「一班」の南閉伊郡釜石町の部落の被害をまとめ、表わしたものである。尺や間はメートルに換算して(　)内に記入した。

表2-1　釜石町の被害

被害前	戸数	1105
	人口	6986
	船舶	748
被　害	戸数(流・潰)	837(811・26)
	家数(流・潰)	651(625・26)
	死亡(男・女)	3765(1778・1987)
	負傷(男・女)	376(212・164)
	船舶(流・破)	650(544・106)
	運送船(流・潰)	7(1・6)
	流失漁網数(被害額)	34(14060)
	流失配縄数(被害額)	774(54)

A「一班」より.

表2-1から、死亡率は五四・二%、すなわち町の人口の半数以上が死亡し、家屋被害率、一一〇五戸（被害前戸数）中の八三七戸（流亡戸＋潰戸）は七五・七%であり、釜石町は岩手県沿岸でも有数の損害を受けた地域であることがわかる。

六ヵ所の字《あざ》を含む釜石町の絵図は、それぞれの部落の位置関係、道路、湾口、津波の襲来方向が矢印でしめされる。凡例によれば、枠線で囲われている箇所が、民家の所在地である。これによってもわかるように、釜石は単なる漁村ではなく、鉱山関係の労働者も多くいた人口密集地域であった。

では、釜石はC「見取絵図」では、どのような説明が付されているのだろうか。各六ヵ所の字の絵図がそれぞれ添えられ、適宜必要な解説が付されている。字のひとつ佐須の場合、この部落は流亡戸一一、流亡納屋九棟、死亡人口八四人、他村四二人、海面より高低四尺（一・二メートル）、満干潮の差五尺（一・五メートル）、打上波三五尺（一〇・六メートル）、波走り一二三〇間（四一六・三メートル、図9の点線参照）、流亡塩窯一棟とされている。絵図においては、海面に津波の打込みの方向を示す矢印が描かれ、赤浜（大槌町の字）村人の鮪網が設置される場所が描かれている。山手の方には「此山麓ニ植付杉津浪ノ為メ枯レ」と注記され、津波が上がった地点を示している。これは、例えば帝国大学から派遣された伊木の調査では、こうした痕跡が津波遡上の地点と認識されたように、津波襲来時の痕跡を留めるものとして、山奈のB「取調書」にも各集落図には頻繁に登場する。佐須の絵図に戻ると、陸地には「白浜初左衛門持主」、「此辺九十間大川源蔵」の所持する土地が示され、

「新居宅地見込地」移転予定地が記されている（図9）。また、実施されたか否かはこの段階では不明であるにしても、明治津波後に集団移転は少なかったものの、個別に自助努力により高い所へ住居を移した例が少なくなかったことがわかる。

表2-2　釜石町各集落の被害，津波打上，波走など

部落	製塩所	防風林新植地	打上波(尺)	波走(間)	海面高低(尺)
佐須	1	5	35	230	4
白浜	0	1	55	160	9
平田	2	0	35	120	4
嬉石	0	1	20	60	6
松原	0	1	20	60	3
釜石町	0	1	50	230	6

A「一班」より．

釜石町の一部落である字釜石町はC「見取絵図」に流亡戸数、死者、負傷者などの数値の書込みはなく、海面より高低六尺（一・八一メートル）、満干潮の差六尺（一・八一メートル）、打上波五〇尺（一五・一メートル）、波走り二三〇間（四一六・三メートル）が記されるのみである。ただし、例外的に、字釜石町についてはB「取調書」の末尾に被害戸数などの数値が書き加えられている。字釜石町は、図から判断すると、佐須などと比べ、屋根が多く描かれることで人家密集地であることが示されている。釜石町の他の字白浜、平田、嬉石、松原などでは、流亡戸、流亡納屋、死亡人口、負傷人口などは記されず、海面より高低、満干潮の差、打上波、波走りの数値のみ書き込まれているにすぎない。こうした例は各字、すなわち各部落では多く見られ、必ずしも字（部落）レベルの被害戸数、死亡人口などが明示されているわけではない。あるいは、山奈においては把握されていても、町村レベルにおける被害総数との整合性が問題となるので、部落レベルの被害数値を書き込むのは止めたとも考えられなくもないとわたしは推定する。

では、B「取調書」においては、どのような説明が付されているだろうか。A「一班」から引用した表2-1の数値と合致しないが、釜石町は字ごとの記載はなく、「釜石町」として、すべてまとめて記される。表2-2のごとく六ヵ所、流亡戸数八一一戸、

平成５年編集1/200,000地勢図「一関」

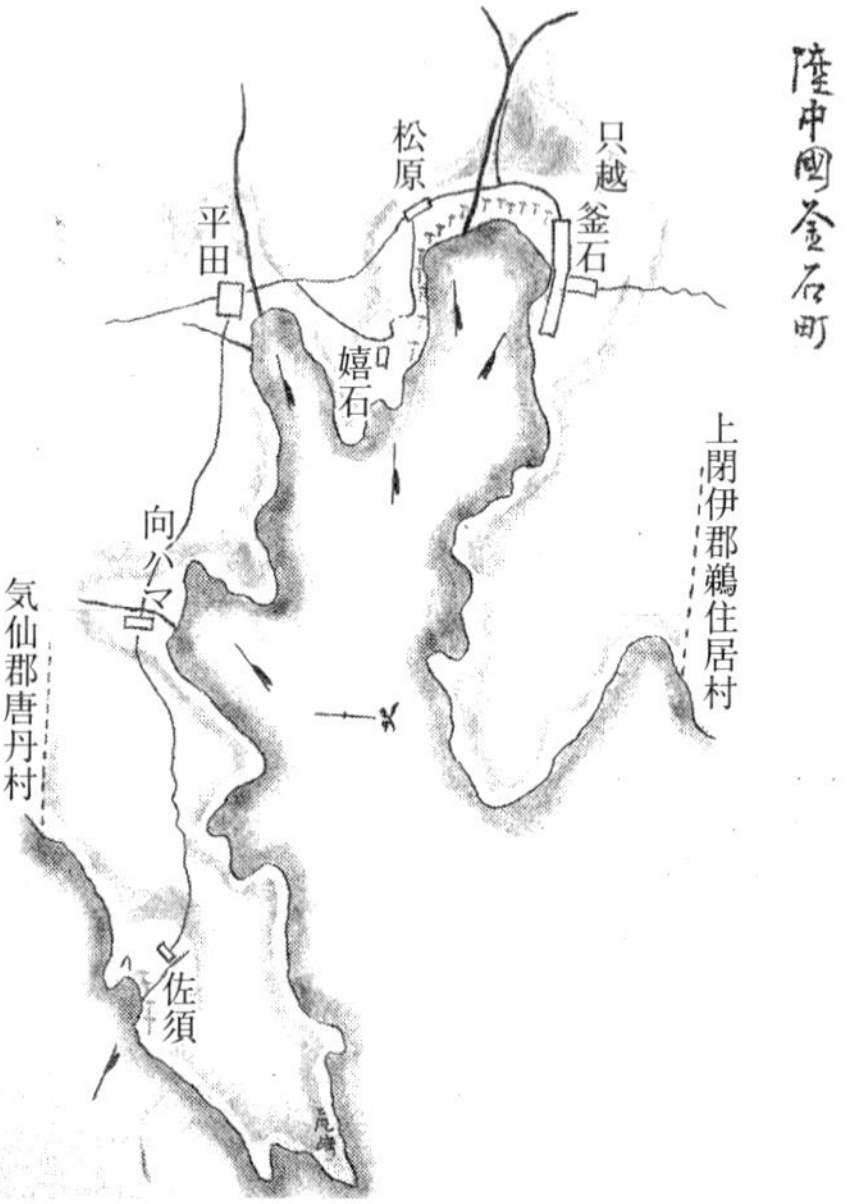

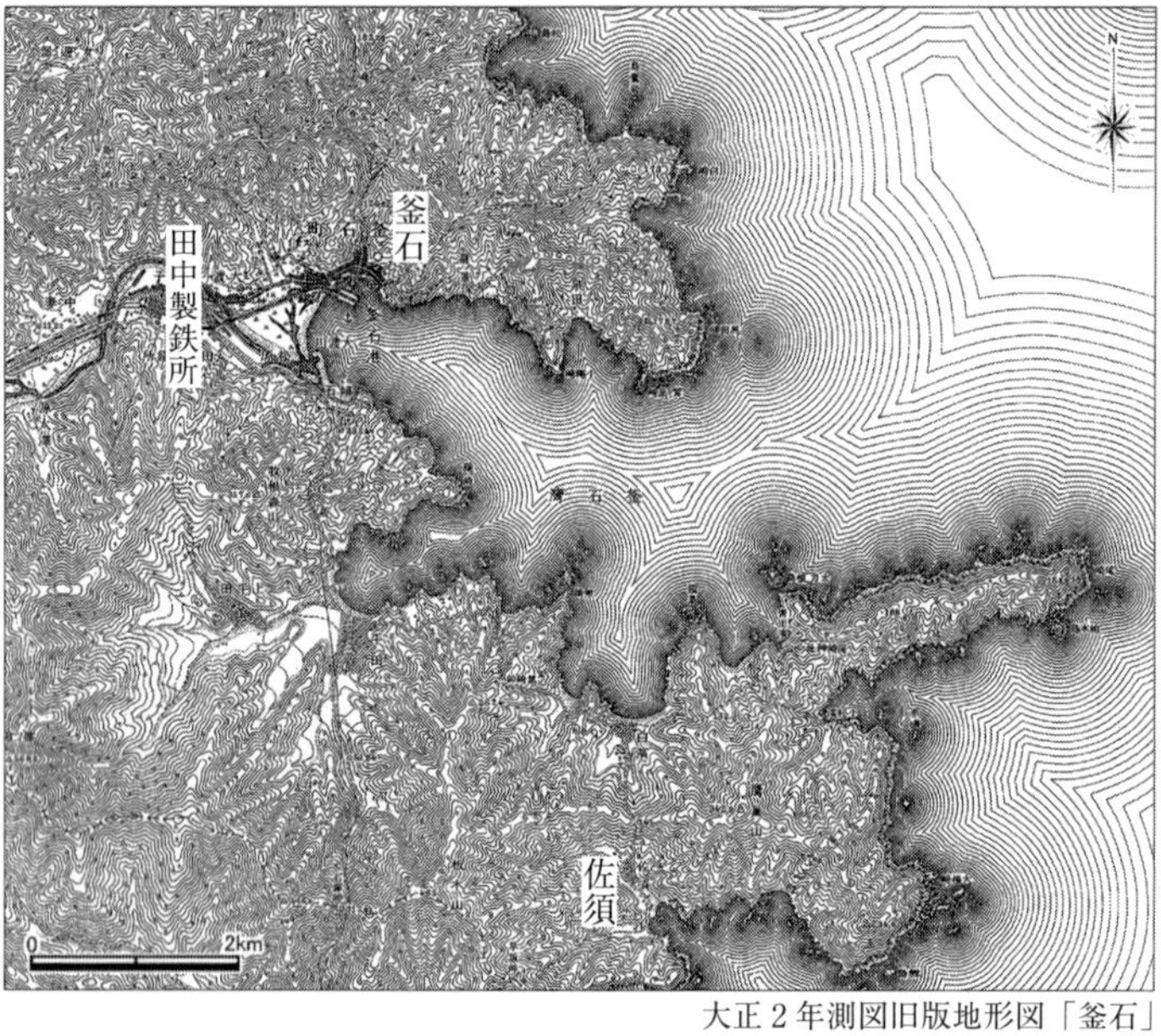

大正２年測図旧版地形図「釜石」

図８　南閉伊郡釜石町

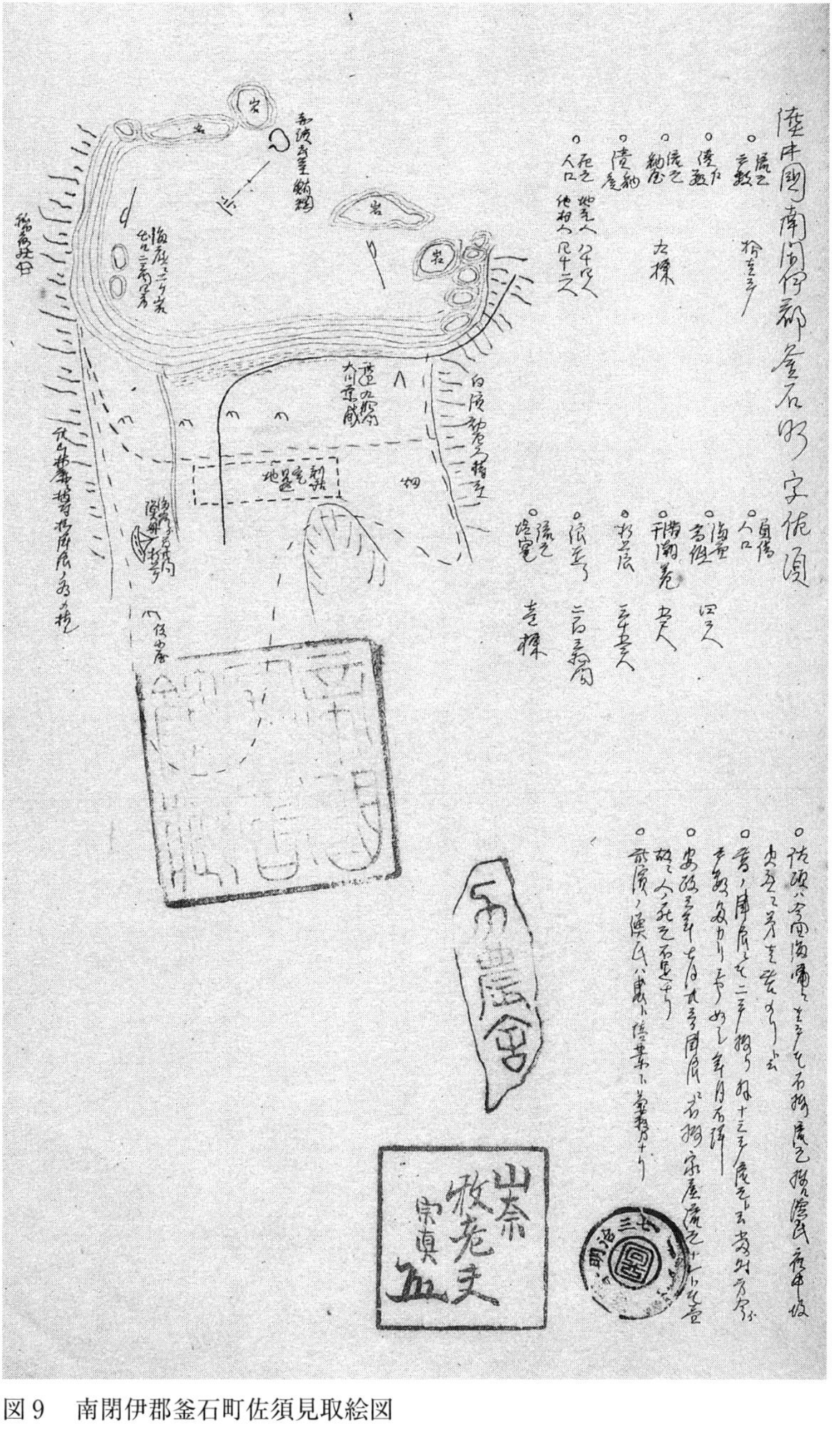

図9　南閉伊郡釜石町佐須見取絵図

潰戸数二六戸、流亡納屋五八二棟、潰納屋一三五棟が挙げられ、死亡三七六五人、負傷人口三七六人としている。この数値から判明する点は、流亡戸、潰戸は住家と捉えてよく、「家数」と表記される内容は流亡納屋、潰納屋と解釈すべきであろう。現在の分類に従えば、「非住家」にあたる。

なお、B「取調書」末尾の字釜石町の津波前の戸数九五六戸、流亡戸七二九戸、潰戸二八戸、生存人口二七八〇人、死亡人口二九七〇人と記されている。この数値が示すところから、字釜石町以外の五ヵ部落戸数は三七六戸（一一〇五戸から七二九戸を引いた数）となるから、ほとんどの家が字釜石町に集中し、そのため、字釜石町の家の被害率は七九・一%と高かったことがわかる。死亡率は四八・五%であるから、字釜石町の家屋（住家）の被害は町全体より相対的に高く、死亡率は町全体のなかでは相対的に低かったと推定される。

次いで、各質問項目の全体をそのまま引用することは避け、全体の要点として特に注目すべき記述を挙げておきたい。B「取調書」にみられる共通の聞き取り項目として、つまり山奈が重視している点の一つとしては、津波に流された住居地に再び家を建てるのか、移転するのかという点である。佐須の場合は、元の宅地が陥落、流亡したので、元地での再興の見込みがない。そこで、海岸より一〇〇間（一八一メートル）ほど山手の方に宅地を設ける予定とした。しかし、先にみたように、佐須のみは移転候補地が村絵図に示されていたが、釜石町を含め他の五ヵ所では移転予定地は絵図に示されていない。釜石町は海岸を六尺（一・八メートル）築立、高潮の害を避けるため、小路を更正し市街に盛土をする予定であると報告されている。

森林の伐採の有無も聞き取りに共通した項目である。これは海岸に面する森林については、防風林、防潮林としての意義のほか、魚付林と称して、魚類が海岸近くに生息する条件として欠かせないためであり、その有無が今後の漁業を生業とする場合の盛衰を決定づける要因だからである。多くは「御一新以来乱伐」などの表現があるが、釜石の場合は、かつては魚付森林は共有、私有とも伐採は禁じられていたが、「一新以来釜石鉱山官業ヨリ民業田中鉱山ノ為メ今日ニ至ルマデ海浜ノ森林伐採不少、遠山ノ樹木（目標山及沖漁魚付場）伐木ノ為メ沖漁ノ位置近来変更セシト云」として、田中製鉄所による石炭産出のための森林伐採が漁業に影響を与えたとする。

釜石町の場合には鉱山があるため、他の漁業村落、半農半漁の村落とは異なり、鉱山雇夫が多く、他所のように各戸の特徴をまとめることは困難としながらも、釜石においても漁民は北海道へ毎年出稼ぎに行くと指摘している。

明治の津波以前の体験として、釜石では、寛政五年一月七日（一七九三年二月十七日）、安政三年七月二十三日（一八五六年八月二十三日）の津波の経験、被害を聞き取っている。釜石においては寛政五年の津波で釜石湾全体が流失、安政三年の津波では大地震があった。山奈はここで寛政四年四月一日（五月二十一日）の雲仙普賢岳噴火について言及し、引き続いて安政三年七月の津波被害を次のように記している。人畜は無事、釜石では家屋二三軒、戸数二四戸が流失、津波の打上高は一〇尺（三メートル）、波走り三五間（六四メートル）であったとしている。しかしこの被害状況は、明らかに寛政五年の被害とすべきところであり、筆が走ってしまったと思われる。(11) 飢饉や流行病については、明治十五年（一八八二）コレラで四〇〇人、同十九年コレラでは一〇〇人程が死亡したという。また、元禄頃は釜石町中町辺は海面であったが、その後、追々埋め立てた土地であると聞き取っている。

被害漁村にとっての生業の挽回（復興）方法として漁民が希望することは、迅速に鯣舟《するめふね》、沖漁舟、鰯網を製造することだが、造船職工が欠乏して困惑しているとする。なお、すべての町村において、津波が襲来した方向については、湾口の形との関係などを勘案しつつ聞き取りが行われているが、絵図に矢印を以て津波の方向が記されるものの、これによって震源の方向を推定するというところには至っていない。伊木常誠の調査が海底地形や津波の発災地点を究めようとする学術の世界の方法を示したが、被災からの復旧をどう構想するかに思い悩んだ民間人の調査方法との差

表3-1　気仙郡綾里村の被害

被害前	戸数	367
	人口	2251
	船舶	222
被　害	戸数(流・潰)	296(276・20)
	家数(流・潰)	273(242・20)
	死亡(男・女)	1269(553・716)
	重傷(男・女)	57(37・20)
	船舶(流・破)	175(165・10)
	運送船(流・潰)	5(5・0)
	流失漁網数(被害額)	45(7,465)
	流失配縄数(被害額)	0

A「一班」より.

がこうした点に鮮明に出ていると思われる。

2　綾　里　村

表3-1、3-2はA「一班」に記された綾里郡の被害概要と津波打ち上げ高などの書上げである。気仙郡綾里村は字八部落から成るが（図10）、ここには明治三陸津波でもっとも津波が高かった三八メートル余とされる綾里白浜がある。しかし、首藤伸夫氏が指摘するように、山奈の聞き取り調査では、白浜の波高はいずれの記録よりも高い五〇メートル以上とされている。C「見取絵図」では、綾里白浜は一三〇～一八〇尺（三九・三～五四・五メートル）と記され、この部落での波高が明治三陸津波の場合には最も高かったとされる根拠の一つになっている。C「見取絵図」による綾里村白浜の図を示す（図11）。この部落の説明では、流亡戸数三二（元戸数三六）、死亡人口一七四人（男八〇人、女九四人）元人口二四〇人、生存者三六人、海面より高低八尺（二・四メートル）、満干潮の差は六尺（一・八メートル）、打上波は先に書いた通り一三〇～一八〇尺と記入されている。ほかの町村の部落の死亡人口、流失戸数などが記入されている例は多くはないが、この綾里白浜での住家の流失率八九%、死亡率七二・五%という異常に高い被害率については、津波の打上高とともに注目した結果であろう。

C「見取絵図」綾里白浜の説明を解読すると以下のようである。

○白浜海岸図ノ如、砂石川原トナリ、元宅地ニ見込無シ、常ニ荒浪ニハ宅地内ニ海面ヨリ十五尺モ高キ所マテ逆浪打上ル故ニ朱点ノ所ヘ移転セシト設計中、此土地海面ヨリ三十尺モ高シ

表3－2　気仙郡綾里村各集落の被害，津波打上，波走など

部落	製塩所	防風林新植地	打上波・尺(m)	波走・間(m)	海面高低・尺(m)
石浜	1	0	110尺(33.3)	200間(362)	4尺(1.2)
港	0	0	60尺(18.1)	700間(1267)	2尺(0.6)
田浜	0	0	50尺(15.2)	120間(217.2)	3尺(0.9),10尺(3)
野々崎	0	0	120尺(36.4)	90間(163)	9尺(2.7)
白浜	0	1	180尺(54.5)	60間(108.6)	8尺(2.4)
砂子浜	0	0	20尺(6.06)	20間(36)	7尺(2.1)
小石浜	0	0	30尺(9.1)	150間(271.5)	6尺(1.8)
鬼ヶ沢	0	0	40尺(12.1)	50間(90.5)	7尺(2.1)

A「一班」より．

○此海浜ハ険阻直立ナル所故ニ打上浪殆ト二百尺ニ達セリ、若険阻ニアラス
斜面ナルトキハ字宮野迄浪走ルヘシ、海岸ヨリオヨソ三丁計アル

異常に高い津波打ち上げ高についての説明を施しているのである。津波数値計算上はそれほどの津波はあり得ないとの見解もあるようだが、ここでは、現地に立った山奈の見解として尊重しておこう。さて、図には「新居自宅見込地」と記入されていることに注目しておきたい[12]。B「取調書」の綾里村の報告には、元宅地を変更した字として石浜、港、向浜を挙げ、港は本村第一の輻輳地で市街を形成したところとする。綾里湾の沖合六ルマイの所にいた漁船は大砲のような音を二回聞き、明方戻ったところ、目も当てられない残酷な光景を見たとする。

漁民の出稼ぎ先は春は牡鹿辺へ二〇人位、秋は釜石辺へ一〇人位、北海道へも一〇人位が出稼ぎするが、釜石地方への出稼ぎ者で帰還しない者がいることに村は困惑するとしている。当該地方の漁業慣行では、カッコ漁は旦那より仕込金を借用して漁の収穫を以て返却する仕法であるため、沖にて漁獲物を売却して漁民自らの懐に入れ、旦那には「不漁」を訴えることを秘かにやっていると指摘する。本村は、カッコ舟一〇〇艘、サッパ舟三〇艘、鰹舟二〇艘、流舟二〇艘、計一七〇艘あり、年々この一〇分の一程度を更新して新造船とする。漁村の挽回にはカッコ舟を造る事が急務、しかし造船大工は老人一人が残っただけで、他はみんな死亡した。他府県より雇入れを企画しているという。

平成５年編集1/200,000地勢図「一関」

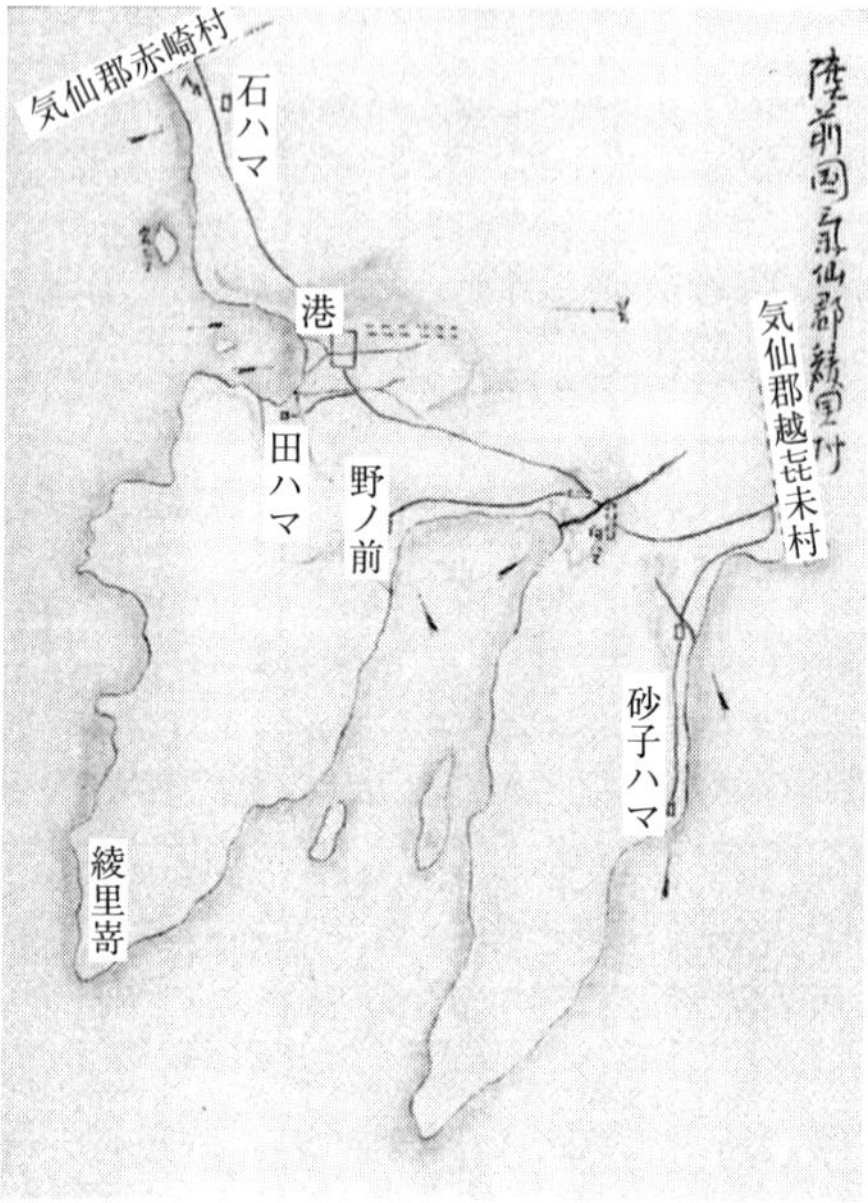

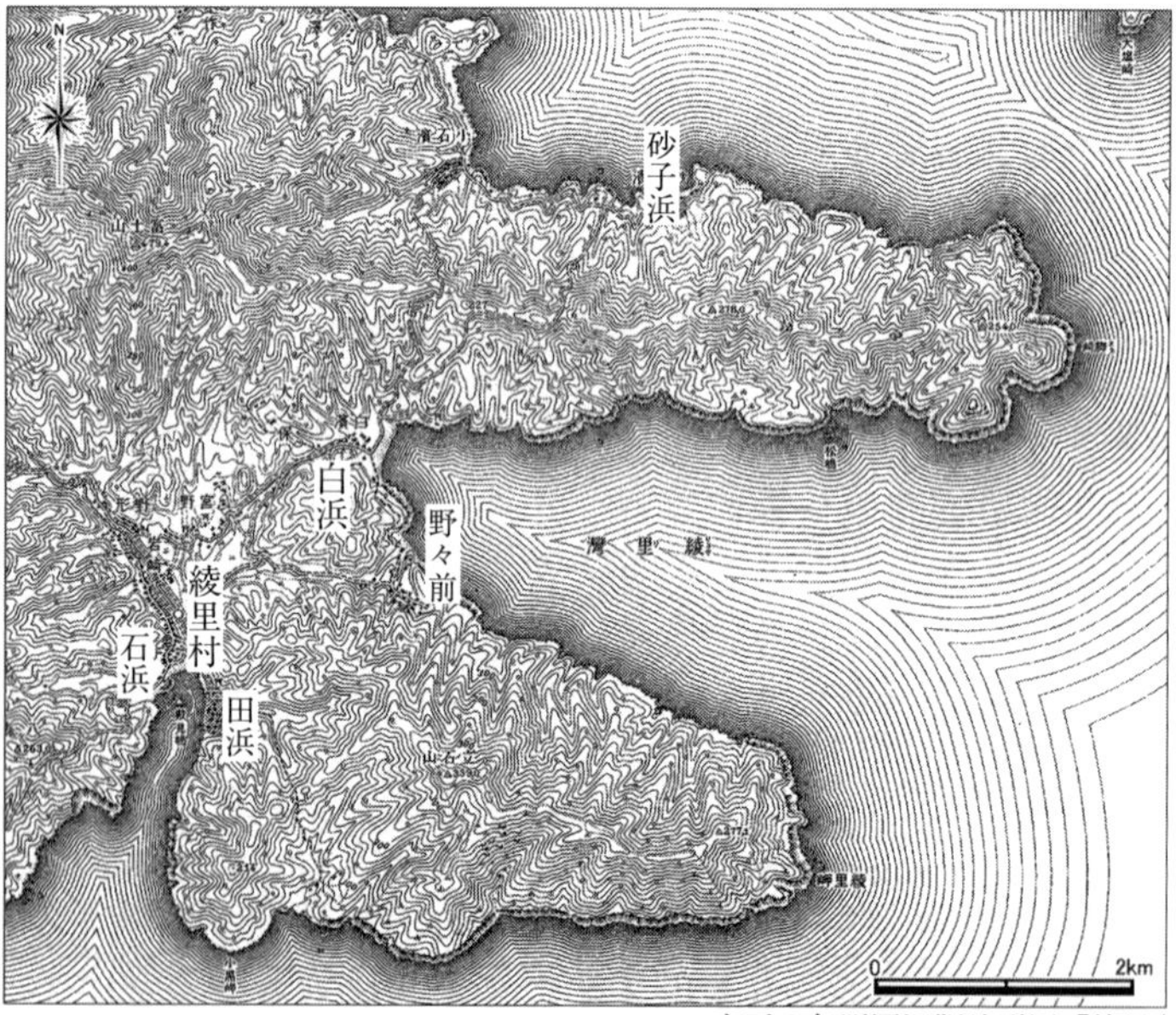

大正２年測図旧版地形図「綾里」

図10　気仙郡綾里村

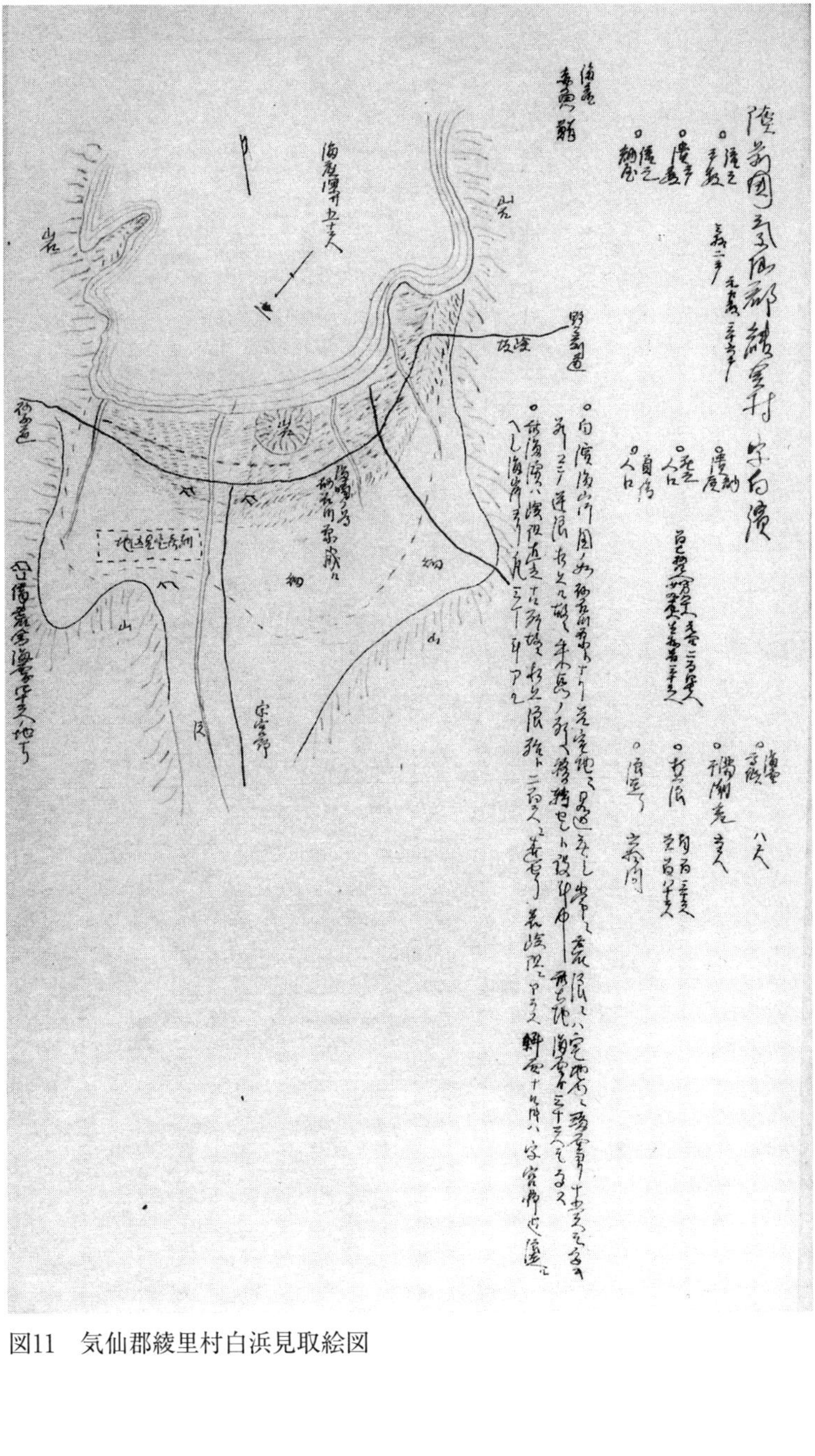

図11　気仙郡綾里村白浜見取絵図

3　赤崎村

次に陸前国気仙郡赤崎村の場合をみることにする（図6、六三頁）。まず、A「一班」では、次のような赤崎村絵図と被害総数が表で示される。表4-1から、赤崎村の死亡率は一四・五％と高い。家（流亡戸+潰戸）の損壊・流失率は三九三戸中の一八五戸で、四七％であるから、村の半分ほどの家々が失われたということになる。

表4-1　気仙郡赤崎村の被害

被害前	戸数	393
	人口	3136
	船舶	397
被　害	戸数(流・潰)	185(158・27)
	家数(流・潰	367(330・37)
	死亡(男・女)	455(204・251)
	負傷(男・女)	105(46・59)
	船舶(流・破)	197(139・58)
	運送船(流・潰)	0
	流失漁網数(被害額)	73(13550)
	流失配縄数(被害額)	44(176)

A「一班」より．

C「見取絵図」から赤崎村の字堂ケ崎の絵図を示しておこう（図12）。図に盛町の停車場が図示されているが、この停車場は台地上にあり津波に襲われることはなかった。この部落は大船渡湾の湾奥に位置しているが、図にみられるように、海浜の塩田を囲う石垣一八〇間（三二六メートル）が流亡し、塩田が破壊されたことが記されている。流亡戸数二戸以外には、海面より高低二尺（〇・六メートル）、打上波二〇尺（六・〇六メートル）、波走り六〇〇間（一〇八〇メートル）と記されている。塩田は明治四十四年（一九一一）になくなり、大正十三年（一九二四）に大船渡セメント会社の用地となり部落は消滅した（『大船渡市史』第二巻、一九八〇）。

次いで、湾に沿って堂ケ崎の右手の部落である宿（図13）は赤崎村の中心地であり、海浜の道路に沿う場所に村役場があったが、流亡し、仮の役場が山手の金野源四郎宅に移転していることが描かれている。この解説図によって、宿は近接した生形地区と一体と認識されていた様子だが、被害戸、その他の情報が詳細に記されている。

このほか、図の解説には後入川《あといりがわ》の左右堤防六〇間（一〇九メートル）と元村役場前の海岸石垣三六間（六五メートル）が破壊され

表4－2　気仙郡赤崎村各集落の被害，津波打上，波走など

部落	製塩所	防風林新植地	打上浪・尺(m)	浪走・間(m)	海面高低(尺)
堂ヶ崎	1	1	20尺(6.06)	600間(1086)	2
宿	0	1	20尺(6.06)	260間(471)	3
山口	1	0	20尺(6.06)	100間(181)	3
永浜	1	0	20尺(6.06)	200間(362)	3
清水	0	0	15尺(4.55)	400間(724)	4
上蛸浦	0	0	30尺(9.09)	60間(109)	6
下蛸浦	0	0	18尺(4.83)	180間(326)	6
長崎	0	0	70尺(21.2)	80間(145)	7
外口	0	0	65尺(19.7)	40間(72)	8～20
小浜	0	0	30尺(9.09)	170間(308)	6
合足	1	0	100尺(30.3)	500間(905)	10

A「一班」より．

たが、海面の海苔場一五町歩（約一五ヘクタール）は無事であったとされる。山奈の「日誌」によれば、この村の村長宅に宿泊し、村長と懇談した模様であるから、この部落の被害の詳細について情報を得る機会があり、その結果を記したものと思われる。C「見取絵図」の個々の部落について被害戸、死亡数値などが挙げられる例は極めて少なく、宿・生形の場合は例外的である。

赤崎村においてもっとも被害率の大きい合足《あつたり》（図14）については、詳細を次章で後述する。この部落についての解説では、この浜は裏浜だとし、一五～一六尺（四・五～四・八メートル）程度の津波（この場合は高潮）がある時には宅内に浸水する、安政の津波では二〇尺（六メートル）ほどの波走りがあったこと、塩窯一棟が流亡したが、これを再興するには六〇〇円かかるとする（窯三〇〇円、家屋二〇〇円、雑費一〇〇円）。塩釜のあった場所は図中にΛで示されている（凡例による）。

では、この赤崎村についてB「取調書」では、どのような聞き取りがおこなわれたのだろうか。まず、被害家屋が出た部落において家の建物の再建場所をどうするのかという点について、宿、山口、合足の三ヵ部落は在来の宅地に見込みはないので、少々引上げて宅地を設けることを漁民は考えているという。地図には新居住予定地などは示されていない

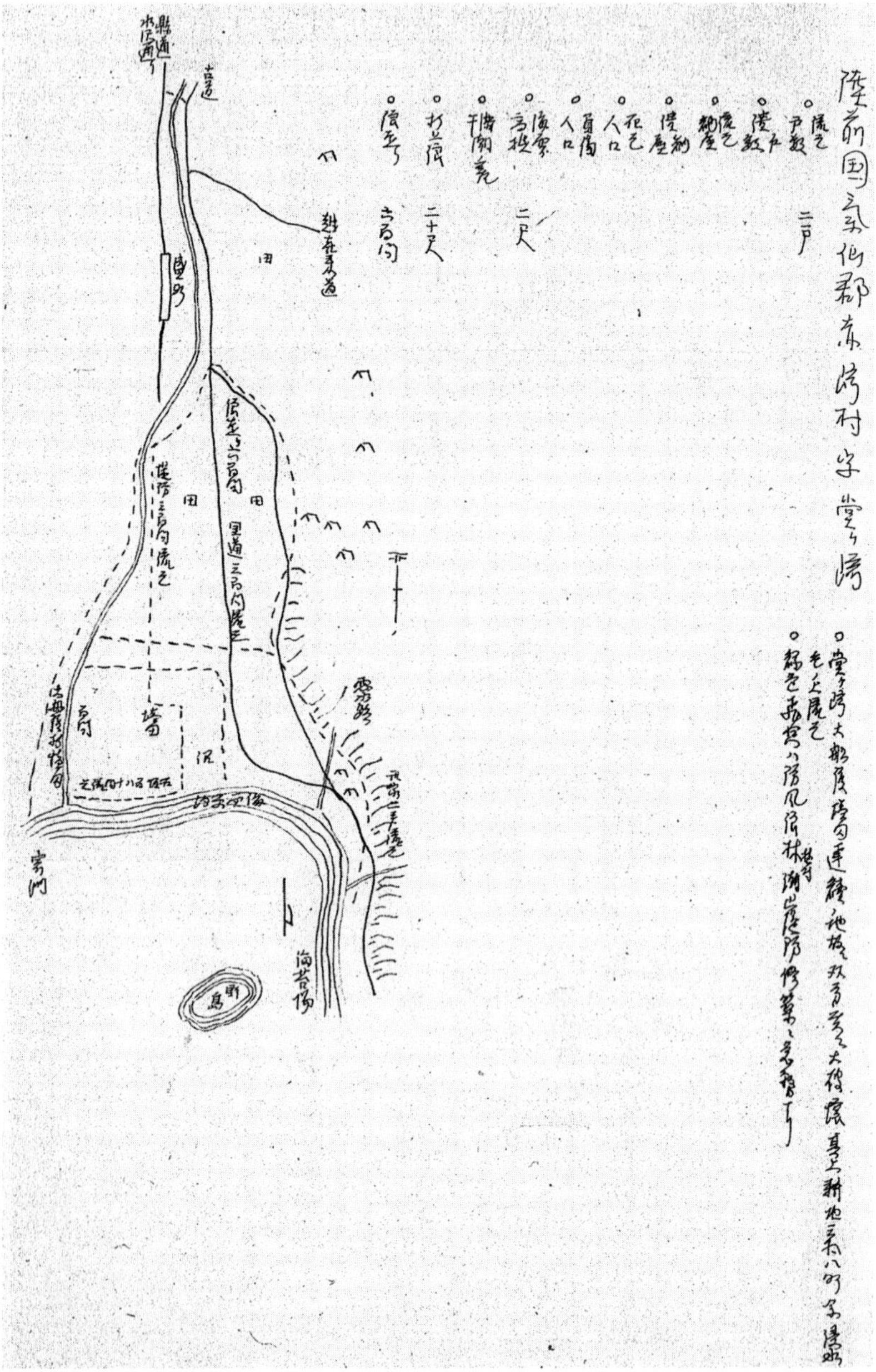

図12　気仙郡赤崎村堂ヶ崎見取絵図

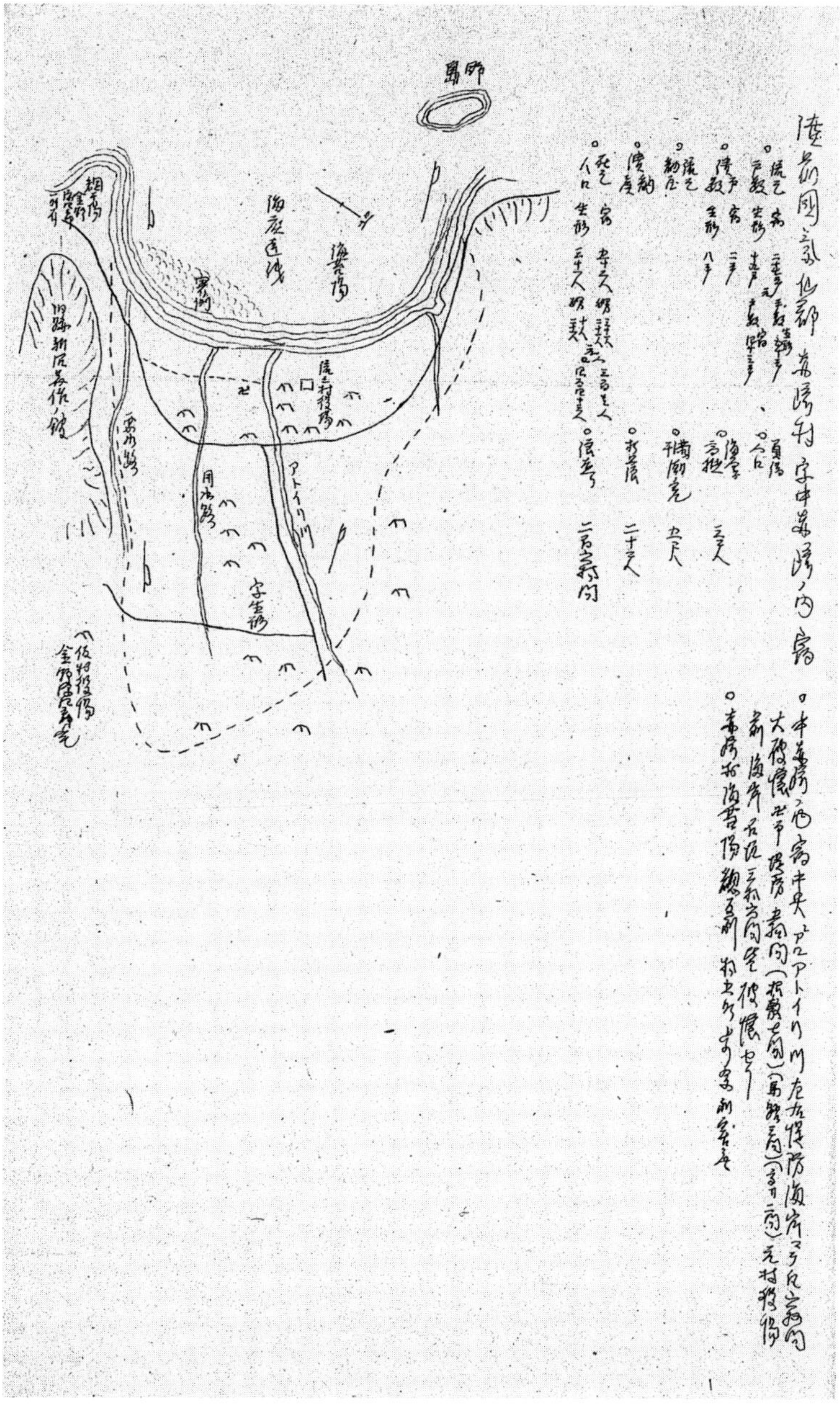

図13　気仙郡赤崎村宿・生形見取絵図

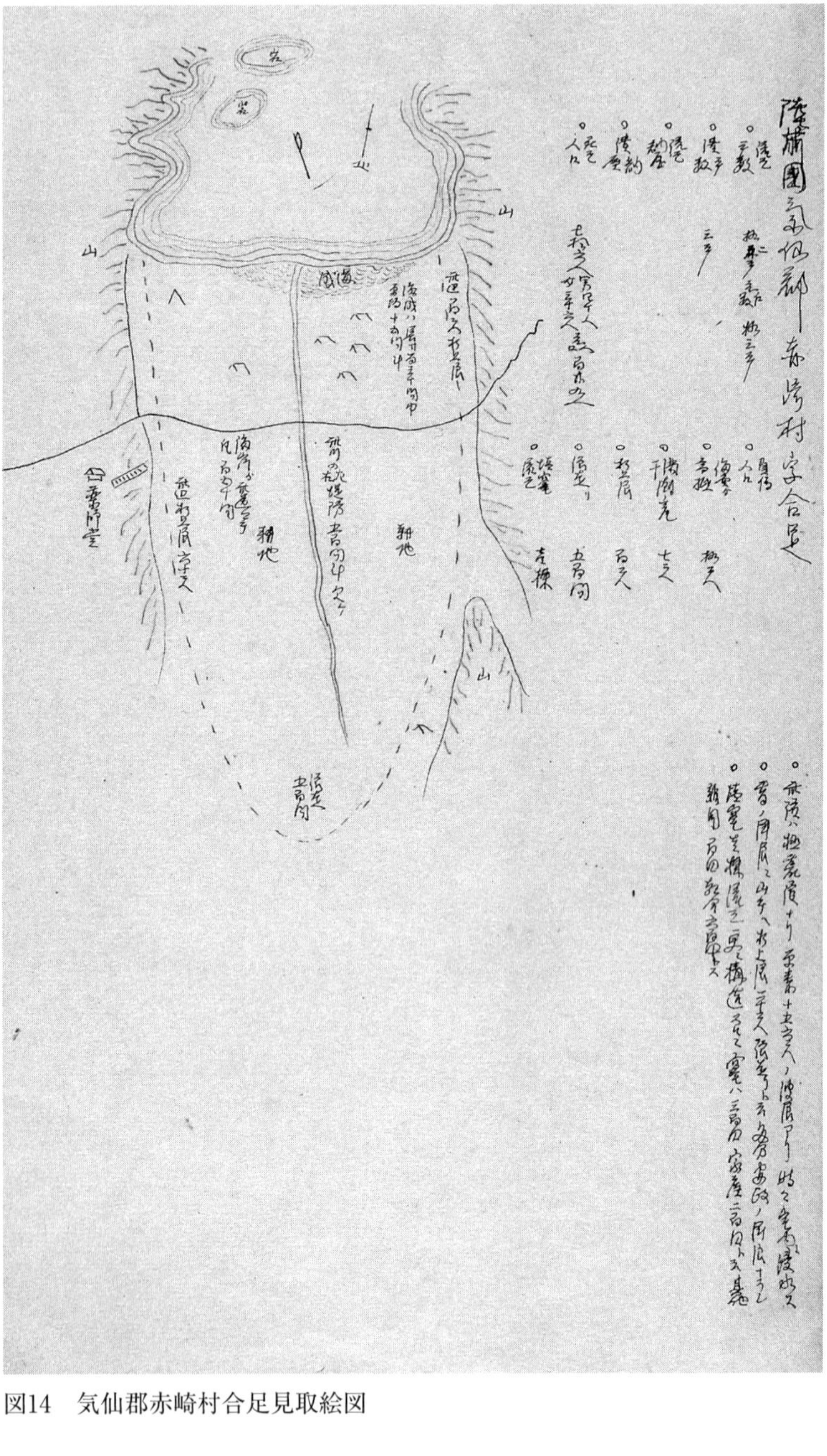

図14　気仙郡赤崎村合足見取絵図

から、それぞれが自分の所有地の畑などへ移るということだろう。堤防が破壊され、修繕は急務。海岸の魚付森林は従前乱伐が多く、魚付場は沖に寄ってしまったが、魚付林の植付も急務とする。

漁民風俗として、次三男は壮年になると鰹舟に乗らせ、船頭に仕立てていく。長男は家の相続を考え、漁師にしない。年々春は石巻地方へ五〇人、秋は釜石地方へ三〇人、鮪網の出稼ぎをする。気仙郡全体では五〇〇人位が出稼ぎするという。

村内で家を建てる場合に相互に助成をする風習があり、屋根替えには萱葺は萱一五〇、柾屋根は金一〇円を助成、一七年に一回とする。部落共有地については、荒蕪地を払い受け、沼地を埋立、共有として部落の基本財産に組み入れる。また、部落内の不如意の者が不動産を売却の時には部落が普通より一～二割高値に買い入れ、部落共有地に組み入れる。共有林は三五～四〇年を一期として、地主六分、植付主四分の取り分とする定めがある。一新以来乱伐のため木材は乏しく、自今気仙郡にて七五〇〇石目の杉を切り出すに過ぎない。

捕獲魚類を沖合で販売することは違法行為とされるが、宮城県下唐桑辺の者が来て、沖合漁獲物の買い入れ行為が横行、水上警察と漁業組合での取り締まりを必要とする。

明治十五年（一八八二）のコレラで一〇〇人位が亡くなり、同十九年のコレラでは一二九人が亡くなった。

村民の漁村挽回への希望は、海苔採り揚げ場を早く復旧すること、小舟を作り、納屋を早く立て直すこと。

この村の聞き取り内容は摘記した内容からみても実に多岐にわたることが知られる。山奈は、現状の被害調査もさることながら、被災した村々が現状をどう把握し、どのように立て直そうとしているのかを見出そうとしていると読み取れることができよう。早急に結論を出して、それを被災に押し付けるというスタイルではなく、現状で可能な改良を加え、漁業復興をどうするのかに深い関心を寄せている様子がうかがわれる。

五　山奈調査と死者数値の異同

1　さまざまな調査項目

さて、E「被害取調表」を論ずる段階に至った。これは表題が示すように、被害戸数、被害家数それぞれに流亡、全半潰、死亡（男女）、重症、軽傷などの被害数、それに漁業関係の被害を表にしたものである。大半が活版印刷、一部木版刷りが含まれる。ここに綴じられているものと同一の印刷された被害数表が遠野市立博物館所蔵の山奈関係資料の中にも見出される。それらには、印刷されたものの他、山奈による手書きの被害数表が残されており、これらを含めて、被害数値の異同の問題をみておくことにしたい。

表5　宿・生形・合足部落の被害数値

部　落	宿	生　形	合　足
流亡戸	27	19	12
潰戸	2	8	3
津波前	43	50	13
死亡(男)	31	10	40
死亡(女)	21	21	36
計	52	31	76
津波前	301	443	129
海面より高低	3尺(0.9m)		10尺(3m)
満干潮の差	5尺(1.51m)		7尺(2.12m)
打上波	20尺(6.06m)		100尺(30.3m)
波走	260間(468m)		500間(905m)

C「見取絵図」より.

まず、被害戸、被害人口に関わるものについては、集計の日付を刻したものとして、すでに述べたように六月二十八日、七月十日、七月十五日のほかに、日付はないものの「海嘯遭難者救済方法調査会」が刊行したもの一点があり、それぞれ被害数値に若干の差がある。

前項ではE「被害取調表」として綴じられた順に紹介したが、ここでは、被害数が順次実態に近いものに近づいていくと理解して、日付順にその差異を見ておこう。

まずは、③木版刷「岩手県菅内海嘯被害概数取調一覧表」（六月二十八日付）には、備考として「人口戸数ハ警察署ノ戸口調査ニヨル、被害数ハ到達次第訂正スルヲ以テ時々増減スルコトアルヘシ」と注記があり、暫定的なものである断り書きがある。実はこの調査項目は、調査項目が七月以降のものとは異なり、町村ごとに、人口（人口、死亡、負傷、健在者）、戸数（戸数、流失家屋、半壊家屋、存在家屋）とされ、ここにおける人口、戸数は津波前戸数として挙げられていると推定される。先に挙げた釜石町の例をとれば、津波前人口六五五七人（表2-1では六九八六人）、死亡四〇四一人（表2-1では三七六五人）、津波前戸数一二二三戸（表2-1では一一〇五戸）、流失一〇八〇戸（表2-1では八三七戸）と大幅な開きがあり、被害数値が当初の方が多く打ち出されている傾向が極めて強いことがわかる。

上記の項目③の人口（人口、死亡、負傷、健在者）、戸数（戸数、流失家屋、半壊家屋、存在家屋）とする項目はE「被害取調表」の他の刷物には認められないが、『官報』（三八九五号、明治二十九年六月二十四日）には「岩手県管内海嘯被害ノ概数ヲ本月二十日午後六時調査スルニ即チ左ノ如シ」として、掲載される項目と一致する。ただし、被害数値などを釜石町の例でみると、死亡者四七〇〇、流失一〇八〇などとされ、六月二十八日付の数値よりも少ない。二十日の調査より約一週間後の数値であるから、被害の全貌がやや明かになりつつある時のものとしてよいだろう。岩手県報告に基づく官報の被害数値項目と一致するという点から、恐らくは③の木版刷六月二十八日付の被害数値は岩手県において調整されたものと推定される。なお、『官報』に最初に三陸津波被害の報告が掲載されるのは、六月十八日で、この時点では、北海道、宮城、岩手、青森に海嘯があったこと、委細取調べ中として、詳細な記事が掲載されず、追々、侍従派遣、内務省県治局長、警保局長、日赤看護婦の派遣などの関連記事がほぼ連日出てくる。津波被害に関する最終記事は三八九八号（明治二十九年六月二十七日）雑事欄ほぼ一頁半ほどを占め、救済関係と岩手県各町村の被害数値を表にしたものが掲載された。被害項目は六月二十八日付のものと同様であるが、被害数値には異同がある。

表６　三統計数値の比較

	7月10日表			7月15日表			海嘯遭難者救済調査会表		
町　村	男	女	死亡計	男	女	死亡計	男	女	死亡計
気仙村	19	23	42	19	23	42	19	23	42
高田村	0	1	1	11	11	22	11	12	23
米崎村	10	15	25	10	15	25	10	15	25
小友村	78	133	211	78	132	210	78	133	211
広田村	220	298	518	220	298	518	242	328	570
末崎村	270	406	676	270	406	676	240	448	688
大船渡村	44	66	110	44	66	110	33	57	90
赤崎村	204	251	455	204	251	455	195	248	443
綾里村	553	716	1269	552	716	1268	601	732	1333
越喜来村	225	235	460	225	235	460	225	235	460
吉浜	83	121	204	83	121	204	83	121	204
唐丹村	753	931	1684	752	931	1683	758	950	1708
	*2470	*3206	5655			*5676		*3295	5790
釜石町	1778	1987	3765	1778	1987	3765	1778	1987	3765
鵜住居村	486	542	1028	486	542	1028	486	542	1028
大槌町	273	327	600	273	327	600	273	327	600
			5393			5393			5393
舟越村	353	451	804	353	451	804	353	451	804
折笠村	30	42	72	30	42	72	30	42	72
山田町	283	545	828	283	545	828	283	545	828
大沢村	158	257	415	158	257	415	158	257	415
重茂村	343	421	764	343	421	764	343	421	764
津軽石村	10	6	16	10	6	16	10	6	16
磯鶏村	34	66	100	34	66	100	34	66	100
鍬ヶ崎町	59	66	125	59	66	125	59	66	125
宮古町	38	32	70	38	32	70	38	32	70
崎山村	60	69	129	60	69	129	60	69	129
田老村	946	921	1867	946	921	1867	946	921	1867
			5190			5190			5190
小本村	165	199	364	165	199	364	165	199	364
田野畑村	88	144	232	88	144	232	88	144	232
普代村	66	236	302	66	236	302	66	236	302
			898			898	319	579	898
久慈町	76	136	212	76	136	212	76	136	212
宇部村	102	89	191	102	89	191	102	89	191
野田村	116	144	260	116	144	260	116	144	260
長内村	9	11	20	9	11	20	9	11	20
夏井村	17	24	41	17	24	41	17	24	41
			724			724	320	404	724
侍浜村	14	9	23	14	9	23	14	9	23
中野村	30	38	68	30	38	68	30	38	68
種市村	97	89	186	97	89	186	97	89	186
			277			277	141	136	277
	8101	10057	18158	8101	10057	18158		*13346	21472

*は計算値と合致しない原史料の数値.

次に、Ｅ「被害取調表」に綴られる①「岩手県海嘯被害戸数及人口調査」（七月十日）、②「岩手県菅内海嘯被害戸数人口調表」（七月十五日）を比較する。なお、遠野市立博物館にある山奈関係資料のうちには、日付はないものの、「海嘯遭難者救済調査会」なる組織が行った被害表が残されている。ここでは、以上の三件の表のうち、死亡者欄のみの比較をし、それぞれの表の調査日の関係を勘案しつつ、数値の異同などをみることにしたい。

七月十日表、七月十五日表、「海嘯遭難者救済調査会表」の死者数（男女別）を並べてみると、異同が認められるのは、気仙郡内の各村の数値である（表6）。七月十日表に記された集計値には計算上の誤りがあり、計算値は気仙郡集計死者（男）二四五九人、（女）三一九六人、この合計は五六五五人であるにもかかわらず、表記されている合計は（男）二四七〇人、（女）三三〇六人とされ、その結果合計は五六七六人となる。この数値は、七月十五日の気仙郡死者集計結果と同値となる。その他の南閉伊、北閉伊、東閉伊、南北九戸の各郡の数値は一致する。もっとも広域の気仙郡の被害数値はなかなか調査が行き届かなかったという事情が存在するのかもしれない。比較表によって七月十日付の被害表には集計計算の誤りがあることが明らかであるから、七月十日の数値を以てもっとも信頼できるとした山下文男の主張は検討されるべき内容を含む。しかしながら、七月十五日の数値が結果的には表計算上は正確だとしても、この表には町村以下の部落の被害数値が記されていない。したがって、七月十日表を以て岩手県における明治三陸津波の死者数とするという点は首肯しなければならないだろうと考えている。

2　岩手県による被害確定数値

『岩手県統計書』明治三十年には附録として、明治三陸津波の被害数値が掲載された。ここに掲載された被害は、被害区域（郡名と町村名）、被害戸数、被害人口、負傷者救護、死亡者死体処分、被害土地反別及地価、被害寺社学校、小学校教員及び生徒死亡数、厩舎牛馬、被害船舶、被害道路橋梁、製塩所、被害漁網漁具、漁業者・船大工生存数、恩賜金、救済金、罹災者救助小屋掛料他、義捐金品など、岩手県のこの災害に関するほぼ確定した被害数値報告とみなされる。戸口、人口の郡別の統計被害数値については、七月十日付の郡別合計数値、及び七月十五日付の数値と照合すると、北九戸郡を除いては被害数値の一致をみる。北九戸郡については、戸数人口ともに少なく、また、被害も少ないから、当初は被害が不確定であった可能性が高い。とすれば、残された被害数値の経緯を辿るという限定した状況を前提とはするものの、山奈宗真が被害調査に出発する以前にすでに七月十日段階で、少なくとも被害戸数（流失・全潰）五六一七戸、死者一万八一五八人の被害数を、岩手県はほぼ確定数としていたということになる。

その上で、これが山奈が調査した数値だという点はなお検討すべき問題があると考える。というのは、山奈が調査に出発する七月二十九日以前に七月十日付、十五日付の活版刷被害数値は山奈は手にすることができたからである。したがって、山奈はこれを頼りに、被害部落巡回の導きとしたということも考えられる。

次に、⑥「岩手県海嘯被害船舶及現存調表」「岩手県海嘯被害漁網漁具種類別員数調表」（明治二十九年七月十日）を見ておこう。これは、町村の字別に被害前船舶数、日本形船舶（漁船、小廻船）、西洋形船舶（風帆船、蒸気船）、同上損害額、現存船舶数、日本形漁船（漁船、小廻船）、西洋形（風帆船、蒸気船）の各項目に分けて被害数値を記す。この数値はA「一班」の郡集計、各町村集計の漁網被害、船舶被害に一致する。これは、すでに表2-1、2-2に示した数値のうち、漁船（流・破）、運送船（流・破）、流失漁網数（代金）、流失配縄数（代金）などにあたる。⑥「岩手県海嘯被害船舶及現存調表」「岩手県海嘯被害漁網漁具種類別員数調表」が、七月十日付の漁業関係の被害数値であることを考えると、山奈のA「一班」に記された郡集計、各町村集計の漁網被害、船舶被害は、ここから引用された数値であることが確認される。では、山奈自身が調査によって得た被害数値はなにかといえば、それは、製塩所、防風林、新植林、打上波、波走り、海面高低ということになる。これらの項目については、すでにB「取調書」で解説したように、各部落において山奈が聞き取りを行ったものであった。

ところで、表1-1に示した被害戸数、死亡人口などの数値は、山奈のA「一班」から引用したものである。その数値と『岩手県統計書』明治三十年附録に示された「海嘯」被害の数値は一致する。ということは、繰り替えすことになるが、山奈の調査によってはじめて明らかにされた被害数値ではないということである。山奈は津波報告書を作成するに当たっては、県の統計が示す被害数値を引き写しているのである。彼の調査は、むしろ、被害数値には現れない沿岸漁村の現状と今後の漁村挽回、すなわち復興の仕法を見出すことを託され、また、山奈自身もそこに主眼を置いた調査を遂行したのだと結論付けることができる。

以上によって、ほぼ山奈が東京図書館に献納した明治三陸津波関連の調査報告書五点の相互の関連が明らかになった。この津波による岩手県の被害数値、特に行方不明者を含む被害数値については、山奈がはじめて明らかにした被害数ではなく、七月十日付の活版刷印刷物に掲載された被害数値に基づくものであるとしてよいことになる。

では、七月十日付の被害数値の出所はどこかということになる。当然、岩手県が取りまとめたと推定して誤りはないだろう。恐らくは、山奈の「日誌」に登場する岩手県庁第五課北田課長との話し合いでは、七月十日付の人的被害、漁船関係被害に関する数値を現地において再確認することは求められただろうが、津波の波高や浸水域など、沿岸被害町村の現状と回復の見込みについての調査の依頼が主たるものだったのではないだろうか。それが、彼がA「一班」で被害部落ごとに一覧表にされた製塩所、防風林・新植林、打上波、波走り、海面高低などの数値を記す具体的な調査成果であり、また、各部落ごとの絵図に記された津波の襲来の方向や、打上波、波走り、あるいは新住居の移転予定地ではなかったかと思われるのである。だからこそ、部落の漁民の出稼ぎの人数、あるいは津波後失われた人材を補うために他所から流入する漁民を受け容れるかどうかなどの聞き取りを行っている。つまり、言い換えれば、山奈宗真に託された仕事は津波被害を数値で確かめることではなく、復興の手掛かりをどこに求めるべきかを調べることではなかったかということである。したがって、被害数値に山奈の津波被害地調査の意義を置くことは彼の本来の意図とは異なるものなのである。

しかし、なお、疑問が残るのは、では、なぜ、山奈は津波被害調査に出かけた明治二十九年（一八九六）七月末から足掛け四年をかけ、明治三十三年に完成させた報告書を本来復命書として提出すべき岩手県に納めずに、東京図書館に献納したのかという点である。現在なお、原本が岩手県庁のどこかに仕舞いこまれているという可能性が全くないとはいえないが、岩手県庁では、結果として、この報告書を尊重しなかったことは確かなことである。

山奈の調査内容はいずれもハード側面の組織的な復興指針を示すものではなく、行政上この報告書を生かす道筋を県当局は立てられなかったという一語に尽きるのではないだろうか。漁業の復興を企てる流通網は未形成といってよく、鉄道はようやく東北線が東日本に敷かれたものの、太平洋沿岸沿いを通る路線はこの段階では望み得るべくもなかった。

被害地への国家的救済は岩手県の場合、救助金三七万五六八〇円、小屋掛け料、農具料、炊出などの災害法の規定に基づく備荒儲蓄金六万九三〇九円、恩賜金一万二〇〇〇円、義捐金四四万一七九八円（他に未配当六万円余、明治三十年十一月現在）が支払われた（『岩手県統計書』附録「海嘯」の各表による）。しかし、道路、港湾、堤防の復旧費は、同年七月から八月にかけて発生した北上川などの洪水による堤防修復費などへの支弁もあり、津波災害からの防災を含めた復興費は構想もされ得なかった。したがって、被害漁村では個々の自助努力によって海浜から生業に重大な差し障りを生じない高台へ居宅を移転させた程度の対応が採られたにすぎなかった。本格的な津波対策を企てた漁村振興策が採られることになるのは、再び津波災害に見舞われた三七年後の昭和三陸津波後の復興策を待たなければならなかったのである。

注

（1）中央防災会議・災害教訓の継承に関する専門調査会編『一八九六　明治三陸地震津波報告書』二〇〇五、二五頁。
（2）今村明恒「三陸津波に就て」『地学雑誌』一二輯五巻、一九〇〇。
（3）『遠野市史』二巻第四編第二章、一九七五。
（4）『遠野の生んだ先覚者山奈宗真』遠野教育文化振興財団、一九八六。
（5）「三陸沿岸大海嘯被害調査記録―山奈宗真―」『東北大学工学部津波防災実験所研究報告』第五号、一九八八、序文（首藤伸夫）。
（6）『哀史三陸大津波』青磁社、一九八二。山下は二〇〇〇年にも「明治（一八九六）三陸津波の死者数と文献上の混乱、更に、服部一三・岩手県知事の被害報告について」『歴史地震』一六号、八九―九八頁において、同様の点を強く主張、特に学界に基本データを提供する『理科年表』や宇佐美龍夫『被害地震総覧』、増訂版『被害地震総覧』においても死者総数を二万二五六五人としていることを厳しく追及した。この結果、二〇一三年刊の『被害地震総覧五九九―二〇一二』は明治三陸津波の被害戸数、死者数について山下の主張を受け容れ、被害数を改めている。
（7）『日本の歴史災害―明治篇―』古今書院、一九八六。「山名宗真の明治三陸津波調査記録」『地震ジャーナル』二三号、一九九七。
（8）『津波をみた男―一〇〇年後へのメッセージ―』大船渡市立博物館、一九九七。
（9）『月刊海洋』号外一五号、一九九八。
（10）大日本水産会は一八八二年に創立された漁業関係者の団体で、現在に引き継がれるこの業界の最大の団体である。社団法人大日本水産会編『伊谷以知二郎伝』（一九三九）の年譜によれば、伊谷は大日本水産会が設立した水産伝習所の第一回生徒募集に応募、入学、明治二十三年（一八九〇）二月卒業。翌三月二十四日大日本水産会録事に採用され、明治二十七年五月二十四日大日本水産会録事主任に就任している。明治二十九年四月には水産伝習所製造実習科教授主任となった。この二ヵ月後、明治三陸津波の際しては「秋田県下海嘯被害地水産授産方法取調」の委嘱を受けた。大日本水産会から派遣されたと推定される。なお水産伝習所は明治三陸津波の年の翌明治三十年農商務省水産調査所付設水産講習所となる。第七〇代首相となる鈴木善幸（一九一一～二〇〇四）

は水産講習所に学び、大日本水産会会長を務めた伊谷の秘書になった。この辺の事情については、やはりここで伊谷に学び、のちに東洋製缶を創業した高碕達之助（一九一一～二〇〇四）の伝記に詳しい（牧村健一郎『日中をひらいた男高碕達之助』朝日新聞出版、二〇一三）。水産講習所は戦後の昭和二十四年（一九四九）に東京水産大学となり、平成十五年（二〇〇三）、東京商船大学と合併、現在の国立大学法人東京海洋大学となる。

(11)『日本被害地震総覧　五一九～二〇一二』（東京大学出版会、二〇一三）によれば、寛政五年（一七九三）一月七日の津波はM八～八・四とされ、陸中、陸前、磐城沿岸、銚子などに津波被害をもたらしたとされ、その被害範囲（図二一七―一）と、各地の震度が図示されている。なお、山奈のB「取調書」の各地の津波の歴史の聞き取りでは、その項目が空白の場合も少なくないが、安政三年（一八五六）の津波被害を語る場合の方が多い。しかし、寛政五年一月の津波については、大船渡村では、明治二十九年（一八九六）より一〇〇年前に津波があったことを聞き取り、「寛政五年ノ大海嘯アリ、此時ノ津浪ナランヤ」と注記、鵜住居村については、「字両石過般流」れ、五八軒、一六人流亡、水海にて家一四軒、塩釜流亡したと聞き取っている。また、山田町では、「別而七日四つ時頃大地震、川筋に沿って水が上がったが、「家痛不申」と、家が流れることはなかったという。しかし、両石は「別而大塩ニテ五拾八軒壱波ニ取ラれ、人も一三、四人も死ス、内水海拾四軒、塩一面ニ差シ上リ壱浪ニ取ラれ大騒キナル事」と記述している。寛政五年の津波の規模の大きかったことが聞き取りからも推測されるが、すでに一〇〇年を経たこの時点では、体験者も生存していた安政三年津波の記憶が頻繁に登場する。

(12)綾里白浜において、東日本大震災後に聞き取りを行った（平成二十五年一月）。綾里白浜の熊谷常孝氏（元大船渡市市会議員）に白浜での津波経験をうかがったところ、地図にみる様に、野々前を襲った津波が陸地を打ちあがり、白浜の湾に押し寄せた津波とぶつかって、異常な高さを示した結果だと言い伝えられているという。明治の時には海岸近くに大半の白浜部落の家があり、津波に遭い、熊谷家は一家全滅した。両養子で家を再興し、その後再び昭和三陸津波に遭い、住居が津波に襲われ、高台に移転することになったが、本家により高い所に家を建てることは出来なかったという。なお、津波が半島の括れたところに双方向から流入、ぶつかり合って異常な波高を示した例は少なくない。リアス海岸の複雑に入り組んだ地形のため、船越村田の浜でも船越湾と山田湾の双方から入った津波がぶつかって異常な波高を示した例などがある。

第四章　明治三陸津波と村の対応

——青森県三沢村の場合——

はじめに

青森県の明治三陸津波被害については、岩手県の被害があまりに大きいので、見過ごされている気配がある。しかし、青森の三戸郡、上北郡の沿岸に集中的に発生した被害は地域的に限定されたものであるが、被害が軽度とは決していえない。幸いに青森県上北郡三沢村役場から引き継がれた行政文書「三沢村役場大海嘯関係書類」（以下では「関係書類」と略記）によって、データに基づく確かな被害の実像に迫ることができた。

そこで、罹災後一ヵ月程度の期間の動きに限定した中間報告ながら、史料紹介を兼ねて青森県の被害、行政の対応などの実態に迫ってみることにする。参考とした資料は、『東奥日報』（以下では『東奥』と略記）『官報』の範囲での限られたものであり、現地の聞き取りなどを踏まえた全般的な調査は今後を期すことをあらかじめお断りしておきたい。

一　明治三陸津波における青森県の被害

まず、津波による死者数から三県の被害を比較すると、岩手県一万八一五八、宮城県三四五二、青森県二九九、こ

表1　青森県の被害

郡・村名	被災前戸数（人口）	死亡者	家屋流失（破潰）	魚粕	鰯釜	漁網	船損害
上北郡三沢	487(2598)	126	187(83)	16821	103	14	30
上北郡百石	234(1299)	141	145(25)	7137		114	27
三戸郡市川	222(1522)	28	22(19)	1585			29
三戸郡下長苗代	76(612)		(2)	300			
三戸郡小中野	486(2786)			50			32
三戸郡湊	352(2456)	4	(46)	1581		12	149
三戸郡鮫	374(2722)	4		2785		405	257
三戸郡階上	119(916)	13	3(2)			364	73
計	2350(14911)	316	357(177)	30259	103	909	597

「震災予防調査会報告」11号，付表より．

れに青森県の行方不明者四四人を加えて三四三人となる（「震災予防調査会報告」一一号、付表、一八九六）。岩手県の行方不明者は八〇〇〇人、青森県の死亡者は三一六人とされ、行方不明者を区別して掲げていない（『岩手県統計書』明治三十年附録）。確かにこの数値がもたらす印象は、青森県の被害は軽微だということである。しかし、突然の津波で家族を失った者たちのその後はそれぞれの数値だけからでは比較できない要素を孕んでいる。ここでは、行政史料の一部と当時の新聞など限られた史料から、青森県の津波被害に対する社会的対応はどのようであったのか、まず事実に即してみておくことにする。

青森県の被害は表1にみるように、上北郡三沢、百石の二村に犠牲者、家屋の流失、漁船、漁具流失ともに集中している。上北、三戸郡の被害地は岩手県境に接する約一〇里（約四〇キロ）の海岸線沿いの部落ではあるが、被害の甚大な岩手県より離れた北部の村々の方がより岩手県境に近い南部よりも犠牲者の数が多い。『官報』に載せる被害の数値は、津波前の漁具などの実数が不明であるから簡単な比較はできないが、少なくとも上北郡に関しては漁船、漁網類もほとんどが流失した模様であると推定される。南部より北部の被害が大きい理由は鮫湾による湾入地形によって南部は津波の衝撃が和らげられたことによると推定される。しかし、これだけの被害を蒙り、村落にとっては津波罹災からの回復は容易なことでなかった。

さて、資料から追うことができるのは、青森県の被害激甚地の上北郡三沢村である。この村は、三川目、鹿中、四川目、五川目、淋代、細谷、六川目、折笠、塩釜、砂が森、天ヶ森の一一支村（部落）からなる。それらの諸部落の被害数値を表2に示しておく。

表2　三沢村被害　6月24日調査

支村名	溺死	負傷	流失	全潰	半潰	大破	小破
三川目	37		50		4	3	
鹿中	2	2	7	1	2	1	
四川目	3	5	37			3	
五川目	16	3	18	2	4	2	
淋代			2			10	
細谷						2	1
六川目						1	2
折笠	23	3	12	4	5	13	5
塩釜	23	22	6	2		10	1
砂が森	22	8	18		4		
天ヶ森			1			1	
計	126	43	151	9	19	46	9

三沢村役場「海嘯関係書類」１号より.
溺死者は127人とあるが，計算値は126人.

「関係書類」で明らかになる村の対策を軸に津波後の被害地及び対応の特徴点などを加味して時期を区分すると、

第Ⅰ期　六月十五日～二十一日間、津波後の現地を中心とする初期対応

第Ⅱ期　六月二十一日～六月下旬、政府による被害の視察、実態調査

第Ⅲ期　七月上旬～七月中旬、政府レベルの緊急対応策、復旧対策の課題と具体案

第Ⅳ期　七月中旬以降、具体策の実行過程と未解決の問題

細部の動きは複雑ではあるが、以上のような過程を経過しつつ救済策や復旧策が講じられた。以下、それぞれの時期を特徴付ける出来事を中心に経過を簡単に説明する。

二　津波後の初期対応―第Ⅰ期

津波発生の第一報は六月十五日「本日午後十時に二川目ヨリ五

川目海岸非常之大海嘯之為家屋七八部倒潰其惨状実ニ甚敷……」と郡役所宛に急報された（「関係書類」一号）。翌十六日には交通途絶状況を踏まえて馬車による食料（白米六俵）の送付要請が郡役所宛に出されている。十七日には『官報』に北海道、宮城、岩手各県に被害という簡単な報告が雑報欄に掲載された。『東奥』も十七日に三戸郡湊村の被害概報を載せた。しかし、三戸郡湊村以外の地域については「上北郡海岸にも被害ありし由にて目下取調中なりと」と報じられるにすぎなかった。十八日には『官報』に内務省発表の青森県三戸、北上郡の被害概報が載る。『東奥』には八戸警察報として、十六日第一報から六報までが一挙掲載された。これによって津波による被害地の概要が世に周知されることになった。以後被害報は日を追って詳報が報じられる。

最も早く義捐金表明をしたのは、十八日濃尾地震で突発的な大規模自然災害を五年前に経験している岐阜県会と同県の治水会であった。翌十九日には上北郡の有力網主野辺地村野村治三郎による米一〇〇俵の義捐が出され、また中央政府内においては内務省県治局長から各大臣一〇〇円ずつ計一一五〇円の義捐の報があった。十九日、日本赤十字社は救護員派遣要請に応じて、三沢地方に医員二、看護人四名の派遣を決定した。二十一日東園愛基侍従の現地派遣が決定された。県庁に海嘯事務取扱委員（県吏九名）が置かれた。ここで、罹災救助、諸官庁との往復事務、官報他の報告事務などを取り扱うことが定められている（『東奥』六月二十一日）。『東奥』は記者の現地派遣による報道体制を取るとともに、義捐金募集を開始した。一口一〇銭、七月二十日限りとして、新聞紙上への義捐者氏名の広告を以て領収書に換えるという、それまでの新聞社による義捐金募集を踏襲したものであった。

以上、発災より一週間の間は、被害発生の連絡、救援、救護、報道、行政の対応、義捐募集など、災害発生と同時に採られる初期対応の定番がほぼ出揃った時期と捉えることができる。

三　行政の緊急対応策—第Ⅱ期

この時期は災害への対応策全体を決定する実態調査が行われ、それに基づく救済策の方針が練られた重要な時期であった。

まず、二十二日に青森県内務書記官大田峰三郎の被害地巡視が郡役所から三沢村へ伝達され、あらかじめ、一、自助の見込みある戸数と救助必要戸数、二、救助必要日数、三、漁具など必要概数とその金額の三項にわたる調査項目が示された（「関係書類」一号）。東京では板垣退助内務大臣が被害地視察のため、まず岩手県へ向けて出発した。二十三日の『官報』には現地二十一日発の電報として、三戸郡、上北郡の被害戸数、死亡者数が報告され、「死亡者中ノ未タ其死体ノ知レサル者多シ」とされた。二十三日、内務省県治局長、参事官、書記官が現地に派遣された。同日天皇より一〇〇〇円が青森県に下賜されることになった。二十三日青森県庁への義捐金高が『東奥』に掲載され、以後逐次紙面に報告された。この段階での義捐者一五名の住所、氏名、義捐額および合計額三八円と報じられている。また、大日本水産会支部陸奥水産会の義捐金募集の広告が出され、以後紙面に義捐者氏名、額などが継続的に広告されはじめた。この時期、岩手県知事は情報途絶の沿岸村落への調査、救援のための軍艦、工兵一小隊の派遣を要請している。二十四日付『官報』には、佐和正《さわただし》青森県知事の被害地巡視の結果、「三沢村字天ヶ森以南岩手県界ニ至ル沿岸一帯ニシテ多少ノ軽重アルモ概シテ惨状ヲ極メタリ」との概報（二十二日電報）が掲載された。二十四日は三沢村海岸に漂着した身元不明死体を埋葬の上、『東奥』に村名で広告を掲載する取り決めが行われている（遺体広告掲載は七月十日付『東奥』初出）。

二十五日には青森県出身の代議士が救済活動を支援する目的で「罹災人民救助事務所」が東京芝南鍋町に設置された（『東奥』六月二十五日）。同日、日本赤十字社は幹事の男爵小沢武雄を派遣、患者の病衣を岩手一五〇〇、宮城五〇〇、青森二〇〇枚ずつ配布した。二十六日本願寺は三県に一七〇〇円の義捐金を送ることになり、そのうち、青森県へは二〇〇円の配分となった。青森町役場による義捐金募集も開始され、新聞紙上に義捐氏名が広告欄に掲載されはじめた。二十七日旧藩主南部家は岩手県へ米三〇〇俵、旧領民へ一〇〇俵の救助米を出した。三井家は三県へ一万五〇〇〇円の義捐金を送り、青森県へは一五〇〇円の配分となった。二十八日、板垣内務大臣が軍艦で八戸に入港した。この日、岩手県からの要請によって、備荒儲蓄金五万円、宮城県へ一万円が支出されることになった（以上『東奥』）。二十八日に古間木駅に公衆電話が設置され、公電、私電の使用が可能になった（「関係書類」一号）。なお、二十六日には震災予防調査会より理科大学地質学生伊木常誠が派遣されることになった。この調査結果は震災予防調査会報告第一一号として、いまなお、明治三陸津波の基礎資料である。

二十八日に弘前本行寺、また、七月一〜三日に青森常光寺において法要が営まれる広告が出された（『東奥』六月二十五日）。また、この時期から『東奥』紙上には派遣記者による現地ルポが掲載されはじめ、百石、三沢、各部落の惨状が伝えられはじめた。そのなかでは、六月下旬に至っても海岸に打ち寄せる流材の散乱によって漁業の再開できる状態ではないことが報告されている。

被災後一週間を経た時期から、県の調査、県知事の視察、内務大臣の視察など行政の責任の地位にある人々が被害現場に赴いた。被災地の事後処理に軍隊、近隣村の労力が投入された。また、天皇による下賜金の告示、義捐金、救援物資など、その慈善の意志の有無が社会に及ぼす影響の大きい立場の人々を巻き込む段階となった。青森県主催の義捐金高も日増しに増えた。この時期を特徴付けるのは、救済費算定のための被害調査と被災地片づけなどの事後処

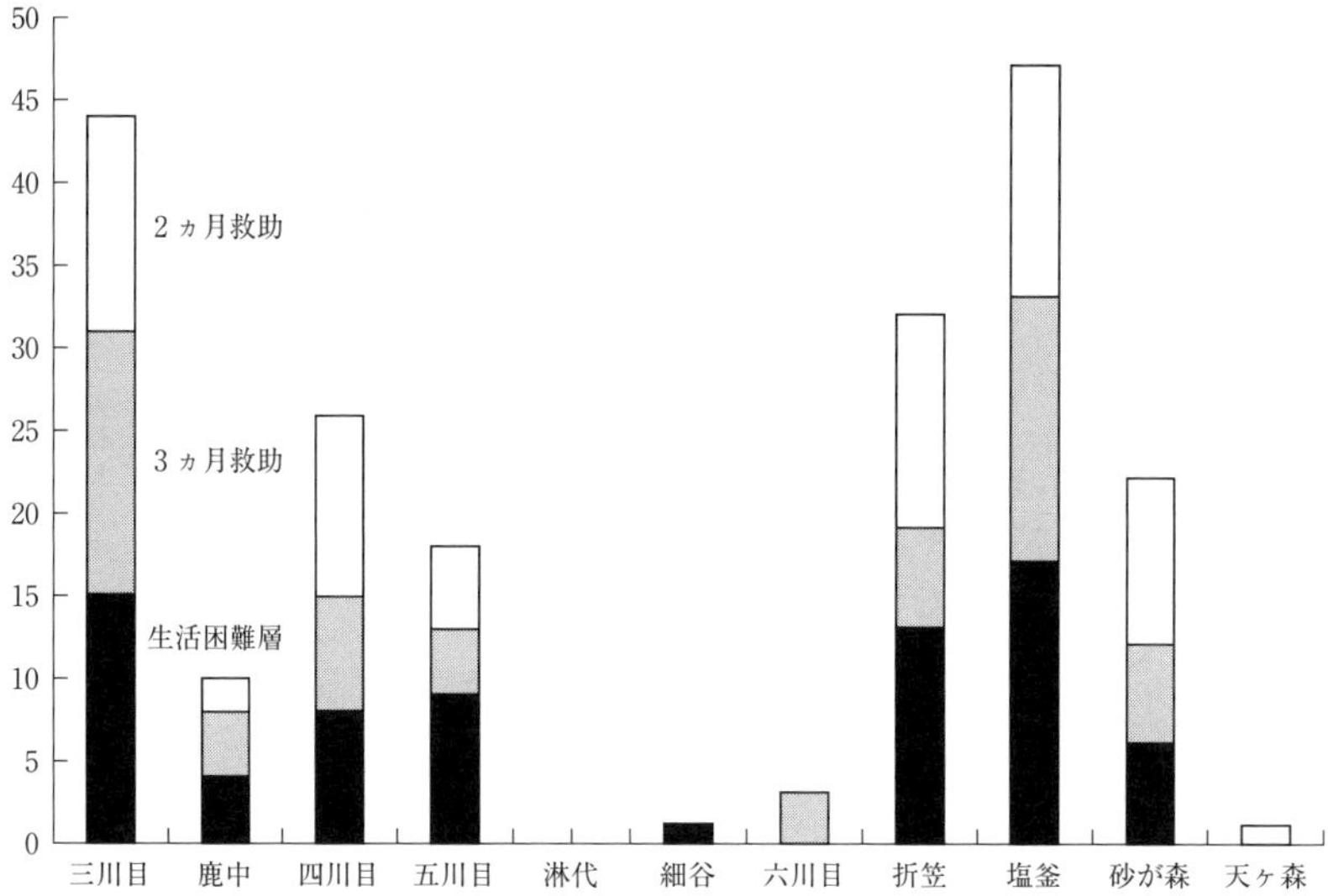

図1　三沢村救助戸数調査

6月22日大田県内務書記官による救済戸数調査，生活困難層は災害によって恒常的な窮民となる可能性がある層，以下3ヵ月，2ヵ月救済者となる．対象者がいないのは，淋代のみ．

理、義捐金の一層の拡大などである。

なお、第Ⅱ期を特徴付ける先に紹介した六月二十二日の大田内務書記官が示した調査項目に基づく結果を図1に示した。これによって、救助を必要とする戸数は各部落間で大きな差があることがわかる。さて、次の段階はこうした調査結果に基づく実際の救済活動の展開である。

四　救済活動の展開―第Ⅲ期

災害から約半月を経過し、各地の寺院での法要、漂着遺体の始末、あるいは慈善幻灯会なども開催される段階に至る。孤児引き受け、職工募集、義捐金募集の拡大など民間での救済活動が一層活発化する。さらに、この時期のもっとも重要な動きは村の復旧、特に津波に襲われた漁村の再興に向けての方策の財政的裏付けを政府に求める動きである。

漂着した遺体はすでに津波直後から発生していたが、身元不明者の広告が新聞紙上に掲載されはじめるのは七月中旬に入ってからである。三戸郡鮫村役場、三沢村役場、津軽郡平舘村役場名で、遺体の特徴、漂着した場所、仮埋葬済みなどを告知するものであった（『東奥』七月十日、十一日、十六日、十七日）。七月三日慈善幻灯音楽会が青森町で開催され、八〇〇人が集まる盛況を示した。この好評に応えて七月七、八日再び催され、収支広告で、収益金一五〇円余が三県に五〇円ずつほぼ均等に義捐された（『東奥』七月十六日）。この慈善幻灯音楽会は外国人の拙い日本語での慈善訴え、外国婦人の合唱、濃尾地震の幻灯写真、米国風景画など一般受けに狙いを定めた点が効を奏した（『東奥』七月九日）。震災孤児収容、職工募集の動きもいくつか見られる。大阪帝国慈恵女学院で、三歳から一二歳までの三県罹災女児一〇〇名引き受け（『東奥』六月二十八日）、栃木県那須野暁星学園では開墾事業を掲げて天涯孤独の孤児募集（『東奥』七月十日）の他、大阪北区真砂町授産所経営の小林佐兵衛が孤児引き受けを申し出ている（「関係書類」一号）。また、山梨県北都留郡絹業組合天野薫平が震災救援として女工（一二～一六歳）、三重県三重紡績の紡績女工（一五～三五歳）募集などがあった（「関係書類」一号）。

義捐金募集は、七月中旬段階、青森県庁によるものが一万八一八五円余、青森町役場八九四円余、東奥日報社五二七円余（『東奥』七月十七日）などである。

救済制度に基づく施策はどうであったか。備荒儲蓄金などの災害対策費として法的根拠に基づく政府支出は、青森県の場合、海嘯救済費が県の備荒儲蓄金高の一〇〇分の五以上の支出とならないために規定により政府の中央儲蓄金からの支給はないとされている。事実、明治二十九年（一八九六）段階で青森県備荒儲蓄金高一九万六七六三円三銭二厘、その一〇〇分の五は九八四八円一五銭二厘余であるが、規定による海嘯救助金は四五四一円三一銭であり、一〇〇分の五を超過しないと報道された（『東奥』七月三日）。しかし、窮民を対象とする備荒儲蓄金で災害救済が充分であるはずはなかった。したがって、七月上旬、更なる救済費支給が被災地において目下の急務として浮上した。七月五日板垣内務大臣は内務省県治局長を交えた臨時閣議の席上、災害地救済策を協議し、財源として第二予備金を考慮、濃尾地震のような土木費は今回不要とした。岩手県の多数の死亡者数は北海道への出漁者二〇〇〇余人がそのうちに含まれ、実数は減少するなどのため、救済人口確定に三県知事の上京を要請した旨の報道が流された（『東奥』七月十日）。新聞紙上では既に七月始めより善後策の財源第二予備金九〇万の放出が報じられ（『東奥』七月三日）、青森県は片づけの大半が終了し善後策を講ずる段階として罹災者の七、八割の漁民救済、漁具の整備が緊急だと論じられた（『東奥』七月五日）。七月七日には村役場に村会議員三、公民二で構成される海嘯善後策委員が設置された（「関係書類」一号）。三県知事は政府の要請により上京し、岩手県三〇万、宮城県五万、青森県二万の中央儲蓄金の支出を要請した（『東奥』七月七日）。七月八日には政府において善後策内定、第二予備金七〇万が放出され、一、鰥寡孤独、二、不具廃疾、三、生業なき壮年が対象、三については漁具農具を与え将来の自立を図る施策とされた（『東奥』七月十二日）。しかし、十日に決定された救助費は、第二予備金から三県へ四五万二六〇〇円（海嘯救済費）、事務関係費として二万五〇〇〇円余（旅費通信運搬傭人費）の総計四七万七六〇〇円余であった（『東奥』七月十四日）。この救助費支給に際して各県知事への訓令では、救助支出の目的は自活の道を失った者を対象とする。すでに備荒儲蓄金の農具料、種穀料を受けた者は対象外とする、個人へ救療費は支給せず一般医療に宛てる、死体埋葬料は遺族に与えるものではない、土木事業に支出しないなど、使途は生活困窮者に向けられたもので、罹災者であっても自活の道の立つ者は対象外とする極めて限定的なものであった。表3に各県の配分額を示しておく。

表3　三県救助費

救助対象	岩手県	宮城県	青森県	三県合計
救助費(円)	375600	59600	17200	452400
流潰家屋	7427	1367	484	9278
死亡人員	23309	3346	326	26981
救助人員	70000	17500	6500	94000

『東奥』7月24日より.

罹災後一ヵ月という時期が一連の施策をともかくも具体化させる契機であったと推定さ

れるが、備荒儲蓄金、第二予備金による救助が自活の目途の立たない罹災民を世帯別に把握するものであったため、曳子と称せられる被雇用漁民が多く存在した三沢村の漁業再興には固有の困難な問題をもたらした。

五　具体策の実行過程と未解決の問題—第Ⅳ期

この時期以降、懸案の問題がすべて解決されたわけではない。しかし、取りあえず資料的にフォローできた時期の展開に限れば、罹災後一ヵ月間に浮上した問題の実際処理の段階に突入したと捉えることができる。七月十五日、救恤物資、すなわち義捐金、義捐物資などの配分については委員が役場吏員一、区長一、臨時委員一の計三名で構成され、分与規則が定められている。それによれば、救恤物資は、まず救済対象者を三階級に分け、もっとも生活困難な者から分与していくなど、簡単明瞭な、緊急時に対応力のある原則であった（「関係書類」一号）。青森県は訓示二〇号を以て「救恤品取扱手続」なるものを定めているが（『東奥』七月十八日）、これが役場吏員による不公正な取り扱いを県庁レベルで抑止する目的とすれば、村で行われる実際の配分は三沢村が独自に定めた分与規則が活かされたと推定される。第二予備金の支給により、国庫より罹災窮民に七月十六日から三〇日間の食料支給が開始され、三沢村では一〇戸が食料追給を受けることになった（「関係書類」一号）。また、天皇・皇后の下賜金一三〇〇円が五二五戸に配分されることになり、県参事官がこの手続きのため被害地へ出張している（『東奥』七月二十二日）。下賜金は濃尾地震までは他の救済金に組み込まれて与えられていたが、宮内省の強い抵抗によってこの段階の災害では全く別途の支給体制が採られた。青森県主催の義捐金は一万八一八五円、このうち青森県配分一万七七二四円余であったが、他と合算して総額約二万円にのぼる義捐金の各戸あたりの配分は、義捐金を受けない戸数を除外すれば、一戸あたり一〇〇円ほどの配分になると『東奥』紙上では推算されている（『東奥』七月十八日）。八月二十三日、義捐金配分の上申書が被害者より提出されている。十二月二十一日まで計三回にわたり村内該当者三三四戸に配分された。第四回は翌三十年（一八九七）十一月二十六日であった。ただし、各戸の配分金額を明示する資料は現在のところ見出していない。

この段階で未解決の問題は、津波によって倒壊、或いは大破した小学校校舎（三川目、淋代、折笠の三分校）の新築、修復工事費の調達と漁具調達資金と漁民生活再建問題であった。前者の小学校新築経費は罹災民が全村の大部分を占める現状では村税を以て賄えないとして、郡費補助を願うことがすでに七月九日の村議会で討議されていた。しかし、学校建築に関わる郡費補助、国庫補助は郡長より該当する法律的根拠がないとして拒否され、決着が付けられなかった。

さて、三沢村各部落において漁業の復興は最大の問題であったが、七月二十六日、関係者三六名が漁業者相談会を開き、流亡漁具漁網などの官費支給の強力な運動を起こすことを申し合わせ、政府・県が指導する共同網購入や魚粕製造釜の共同購入による漁業復興は、それぞれの納屋主に小前漁民が密着している当地には馴染まないとする原則が確認されている（「関係書類」二号）。詳しい経過は紙数の都合で省略するが、共同網、共同魚粕製造釜設置は、網主や納屋主が主体となる漁業復興の動きの中では反対が根強く、各部落ごとの結束が乱れ、結局解決を見たのは翌年三十年六月中旬である。一二三五円の漁業復旧資金は、一組約八五円の割合で三沢村の一三の漁業復旧組合へ配分され、決着した模様である（「関係書類」二号）。

元来、備荒儲蓄金制度は明治十三年（一八八〇）後半から実施された地租の安定的徴税を目指して凶作に備えた一種の農民保護策であり、支給対象は罹災後一ヵ月の食料、小屋掛け料、農具料、種穀料に限定されたものである。しかし、明治三陸津波の罹災地は漁業によって生計をたてる漁民が圧倒的な数を占めるため、農具料、種穀料などの費目は該当しない。津波災害の救済策上、最大の問題はそこに存在した。岩手県で率先して罹災地調査に身を挺した山奈宗真の最大の努力も救済規定のない漁民を如何にして制度のうちにおいて救済するかであった（『津波をみた男―一〇〇年後へのメッセージ―』大船渡市立博物館、一九九七。本書第三章参照）。純農村の復興でさえ、現場での工夫が講じられてはじめて有効に活用される救済資金であった（拙著『磐梯山噴火―災異から災害の科学へ―』吉川弘文館、一九九八）。災害からの復旧は被災地の個々の困難な条件を克服することでしか成し遂げられない。特に北上郡三沢村に合併された各川目集落は地引き網の季節的漁業民が沢の出口に徐々に定着して形成された集落であり、かつては定住家屋はなく、網主に雇われる曳子の季節的な納屋住みからはじまったという（山口弥一郎『津波と村』恒春閣出版、一九四三）。世帯を形成していない罹災の曳子に対する救助金は雇用主を通じてに支払われる規定であり、実際にはどのように執行されたのか今後追究すべき課題である。漁業依存度の高い青森県の被災地では、網主の主張が問題の解決を長引かせていたようである。

Ⅲ　災害と家族

第五章　災害と家族

はじめに

明治三陸津波（明治二十九年〈一八九六〉）と昭和三陸津波（昭和八年〈一九三三〉）の二度にわたる大被害を受けて、沿岸地域の村や町はどのように立ち直っていったのか、その過程を具体的に追跡し、そこに作用していた復興の論理とはどのようなものであったのかを検出することが本章の目的である。

さて、ここに言う復興の論理とはどのような内容を指すのかをまず明らかにしておかねばならない。

一般に自然災害は、地震や津波などの外力の規模の大きさで災害の規模を一応は測定できる。また、社会が受けた被害の総量は数値に換算できる死傷者、家屋倒壊数、耕地被害面積などでこれまた一応の把握は可能である。そこで、これらをもって災害を等級化することもできよう。そこから、逆にどのような条件下においてどのような災害が起こりうるのかを予測し、防災科学に役立てようという発想が生まれるのも当然のことであろう。そうした傾向を代表する最近の新しい研究として、河田惠昭氏の仕事をあげることができる。河田氏は「比較自然災害論序説」(1)において、都市に起きた災害が歴史を通じて極めて甚大な打撃をもたらしたことから、被害が甚大化する要因が人口密度の大小にあることをあげ、巨大都市災害発生の予測への科学的筋道を立てようとされた。さて、被害を受けた社会がどのようにして立ち直るのかについても、そうした予測を立てることができれば、防災への取り組みの方向はより具体性を増したものとなるはずである。それには単に防災の技術レベルに留まらない、復興過程で個々の人間がどのように立ち働くのかをも視野に収めねばならない。そのためには、各々の社会を成り立たせている固有の価値観までを見通した分析が必要となる。私はこれを災害社会史と呼ぶが、いままでのところ、わが国において、災害史は存在しても、災害という異常事態から通常の社会的日常を回復するまでの社会の総過程を具体的な災害に即して分析した仕事はそれほど多くはない。その理由の一つは、災害史が量的把握をもって災害を史的に位置づけていくのに比し、個々の時代に応じた社会構造を踏まえて社会回復の総過程を分析することは、一人の人間のなしうる領域を超えているからであろう。とすれば、当面なにを成すべきか。

まず、個別の分析を数多く蓄積することであろう。そして、個々の成果を貫いて見えてくるであろう災害に際しての社会的対応の共通性と異質性を摘出し、わが国における災害と社会の関わり方のあり様を明らかにすることではないかと考える。これを、「災害文化」研究と呼ぶことにしてもよい。

さて、本章では、表題を「災害と家族」と定めた。明治三陸津波で壊滅的打撃を受けた村が三七年を経て、再び昭和三陸津波による被害を蒙った。人の世代で言えばようやく一世代を経過した時期、すなわち、出生、成長、結婚、出産といったライフ・サイクルの半ばを経過した時点で再び同じ災害に遭遇したのである。この二度にわたる災害を克服する過程は、家族の再形成史おいてもっともよく把握できると考えたからである。もっとも、わが国の近代家族の場合、三陸沿岸においては津波の被害もさることながら、日清戦争、日露戦争、第一次大戦、満州事変、日中戦争、太平洋戦争といった戦争による出征兵士の問題が与えた影響は決して小さくはない。事実、昭和三陸津波の前々年に勃発した満州事変に出征中であって、それがために家族の中でただ一人津波による流死を免れ、現在にいたる家系を伝えるという例も聞いている。したがって、純粋に自然災害による影響だけを家族構成のレベルで抽出することは不可能であるし、また正しくもないだろう。しかし、満州事変による出征は、岩手県気仙郡赤崎村の場合、八名の出征、このうち罹災戸は四戸であるから、全体の動向を左右するほどには至っていない。また、昭和三陸津波の場合は復興資金が日中戦争開始への動きに伴い充分には配慮されなかった経緯もある。しかし、家族の歴史を単純に外在的要因に結び付けて考えることには問題がある。災害の有無にかかわらず、人の生死の間には病気、事故（明治期の三陸漁村では溺死など）などにより個人レベルの厄災がもたらされる。これらを包み込んで家族構成は一定の周期を辿る。こうした点を考慮すれば、家族構成については、災害・戦争などの外在的要因による影響と、人の一生に普遍的に想定される出産・結婚・病気などの内在的要因による変化、変貌を分別して考えることの方法的難しさも予測できる。本章は、明治二十九年（一八九六）の津波災害を家族史レベルで検証することに終わるが、引き続いて分析を予定している昭和三陸津波の場合には、これらの問題を視野に入れて災害と家族を考察する際の方法的問題の提示をしたいと考えている。分析対象を、岩手県気仙郡赤崎村（現大船渡市赤崎町）に求めた。

一　赤崎村における明治・昭和三陸津波被害

表1は、昭和三陸津波の後、農林省防潮林調査班による各村巡回調査に際して作成された、赤崎村の明治・昭和両度の津波の被害比較である。これによって、明治・昭和三陸津波の赤崎村の部落毎の被害の把握が概ね可能である。なお、赤崎村には表1に挙げた部落の他、堂ヶ崎、外口、小浜の小字があるが、堂ヶ崎において二戸の家屋が流された他は人的被害はなかった。表1のもとになる資料には部落の人口・戸数が記されていない。後述するように別の資料によって当時の人口・戸数を補うことはできるが、表1は昭和八年（一九三三）時の調査として一つの完結性をも

表１　赤崎村海嘯災害調（昭和８年７月６日）

部落別	死者	家屋					耕地		水産被害額	被害総計額
		流失	全潰	半潰	浸水	被害額	被害面積	被害額		
	人	棟	棟	棟	棟	千円	町	千円	千円	千円
宿　M29	68	35	10	5	8	26.5	60	60	20	201.5
S 8	1	26	1	1	5	16.5	30	30	35	192.5
生形	41	30	15	4	5	27.0	12	12	15	101.0
	2	7	3	3	6	9.5	6	6	20	115.5
山口	32	20	10	5	3	19.0	4	4	5	84.0
		4	3	3	7	8.5	2	2	10	49.5
永浜	68	30	15	5	9	29.5	10	10	10	115.5
	10	12	10	11	7	20.0	5	5	30	89.0
清水	35	30	15	5	3	26.5	4	4	20	93.0
	12	12	2	2	6	11.0	2	2	40	77.0
上蛸浦	44	20	15	5	3	21.5	4	4	25	108.0
	16	12	1	3	4	10.0	2	2	50	93.0
下蛸	41	20	15	8	5	24.0	6	6	25	104.5
	19	9	7	8	6	15.0	3	3	50	95.0
長崎	50	20	15	8	3	23.0	2	2	10	79.0
	1	2			3	2.5	1	1	20	46.0
合足	78	13	2		1	7.5	12	12	7	96.5
	20	8				4.5	6	6	15	63.5
合計　M29	457	218	112	45	40	204.5	114	114	137	983.0
（指数）	(564)	(237)	(415)	(145)	(91)	(210)	(200)	(200)	(51)	(120)
S 8	81	92	27		44	97.5	57	57	270	821.0
（指数）	(100)	(100)	(100)	(100)	(100)	(100)	(100)	(100)	(100)	(100)

「津波災害調」（「赤崎村役場文書」大船渡市立博物館蔵）．

被害総計はこの他，交通，農村，林業，その他の項目の被害額を総計した額である．それらの項目はここでは省略した．被害総体の比較を行うために上記項目のみを表示した．またM29は明治三陸津波，Ｓ８は昭和三陸津波をさす．

っており、これを尊重した。

さて、表1によれば、人的被害は、死者に限っても昭和三陸津波の場合を一〇〇とすると、明治三陸津波の死者は五六四となり、約五・六倍の被害を出した。家屋の被害では約二倍、耕地の被害では、面積・被害額とも二倍となっている。なお、明治三陸津波の被害額の数値は、この耕地面積の被害額の算出例から推して、昭和八年（一九三三）当時の物価に引き直して算出されたものと判断される。水産関係の被害のみは明治期の方が低く、昭和期の約半分の額である。この二つの津波被害を比較して指摘できるのは、人的被害、家屋、耕地など時代を通じて人間の社会生活の基本的条件は明治の場合、各々五・六、二・一、二・〇倍と昭和三陸津波を上回るが、被害総計額では明治期が昭和期の一・二倍にしか達していないことである。これは、昭和期には水産関係施設、道路などの交通施設、その他の社会資本の一定度の蓄積が成されており、それらが津波によって打撃を受けたため昭和三陸津波の被害総額を押し上げた結果であることが明らかとなる。この間の約四〇年の社会的進歩を示唆していると言えよう。本章では災害と社会資本の関係については分析を行わないが、人的被害のあり方も社会資本の充実度と密接に関係していることは言うまでもない。

二　赤崎村各部落の被害

1　被害と立地条件

各部落ごとの被害の絶対数は既に示した表1によって把握できる。大船渡湾岸に面する各部落の立地は、山奈宗真

表2　山奈宗真調査に基づく被害（明治29年7月）

部落名	死者数（A）	戸数（B）	人口（C）	1戸当り平均人口 C/B	死者数（D）*	被災率 D/B	打上浪	浪走り
	人	戸	人		人		m	m
宿	52	43	301	7.0	68	1.6	6	470
生形	31	50	443	8.9	41	0.8	6	470
山口	32	40	243	6.1	32	0.8	6	144〜180
永浜	32	35	351	10	68	1.9	3〜7.5	54〜360
清水	35	18	166	9.2	35	1.9	4.5	720
上蛸浦	46	30	228	7.6	44	1.5	9	108
下蛸浦	36	34	239	7.0	41	1.2	5.4	180〜324
長崎	51	44	390	8.9	50	1.1	21	144
合足	76	13	129	9.9	78	6.0	30	900
合計	391	307	2490	8.3	457	1.5		

山奈宗真「岩手県沿岸大海嘯取調書」（『東北大学工学部津波防災実験所研究報告』第5号，1988年）.
被災率の算定には表1の死者数を導入.

のC「見取絵図」によれば下図のごとくである（図1〜図8）。山奈の調査による各部落の被害は表2のようになる。(2)表1と表2の死亡者数に著しい差がある理由は、断定はできないものの、表1の死亡者数が行方不明者を含めているのに対し、山奈の調査時点、明治二十九年（一八九六）七月は行方不明者を死者として処置する社会的状況になかったと想像される。山奈のB「取調書」による当時の人口・戸数の数値は有用であるのでこれを被害率算定の基準値とする。表2に、先の表1の行方不明者を含む死者数を入れ、人的被害に限った部落ごとの被災率を算出した。山奈による各村の図と打上波、波走りの距離、これに被害の最大のシンボルである各部落の死者数（犠牲者）を重ね合わせると、外洋に向いた長崎、合足で打上波が高く、波が打ち寄せ陸地に入った距離はそれぞれ地形に応じて異なることは歴然としている。中でも際立つのは合足への波走りの距離である。この結果は、合足での他の部落を抜きん出た一戸当り六人という犠牲者の数となって現れている。

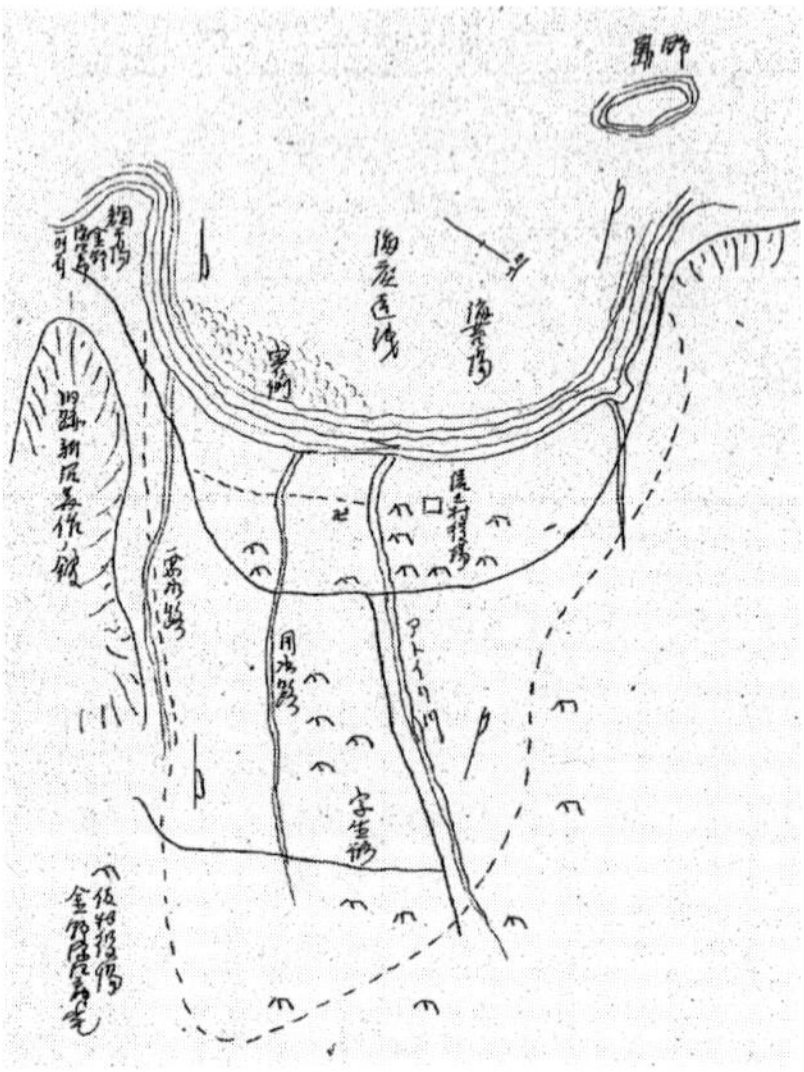

図１　赤崎村宿・生形

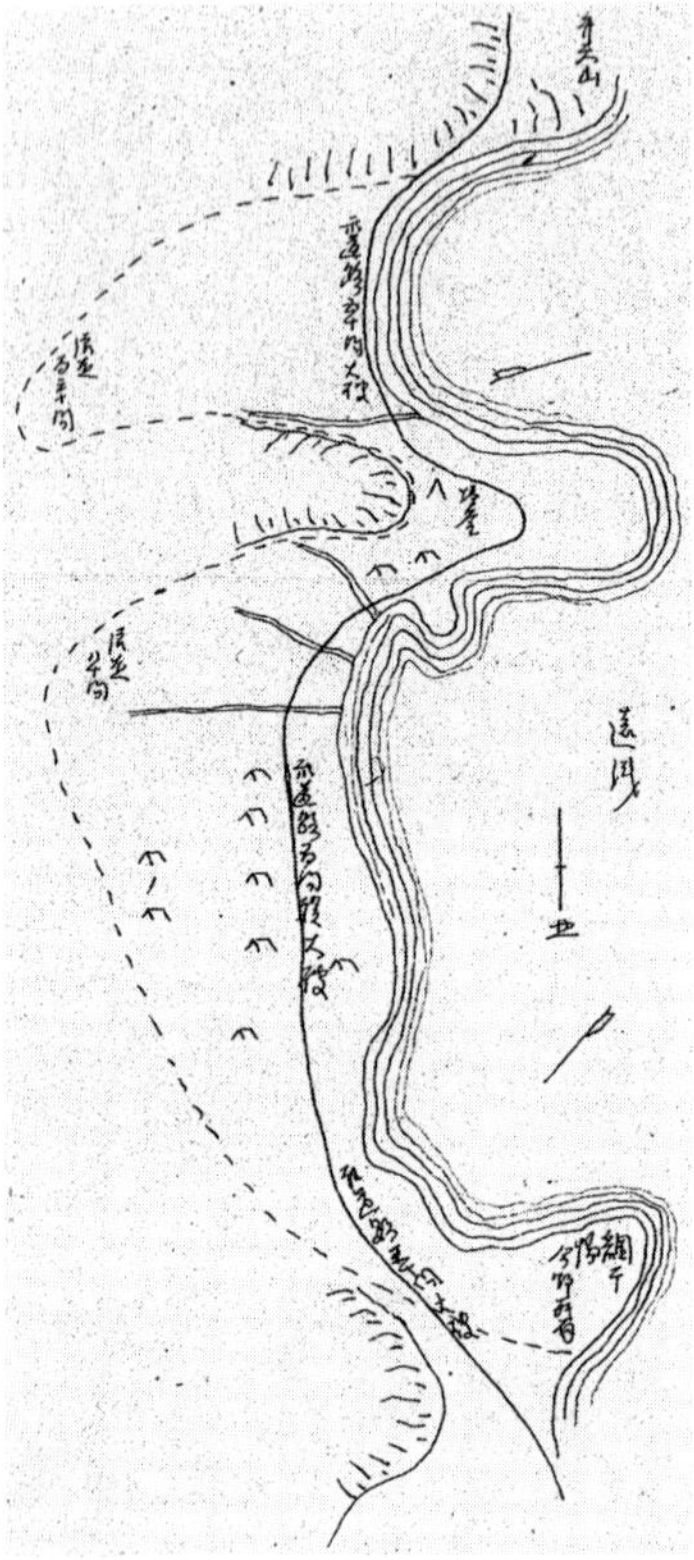

図２　赤崎村山口

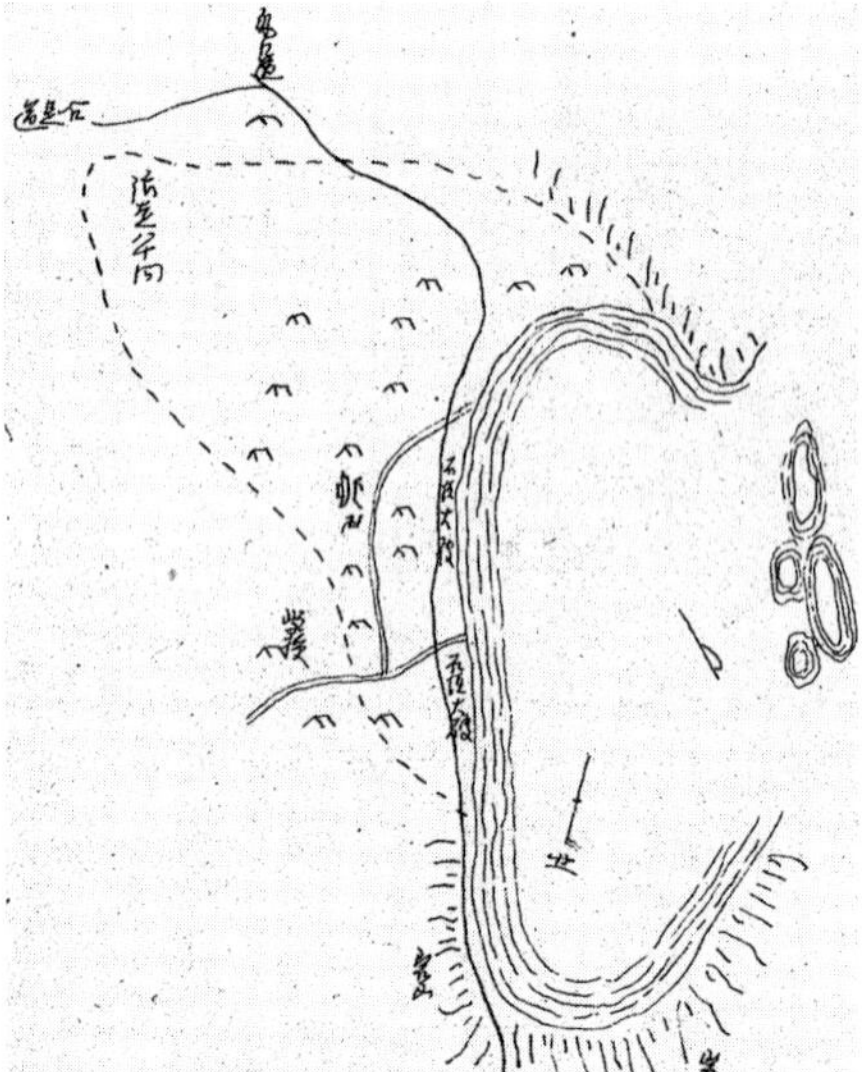

図３　赤崎村長崎

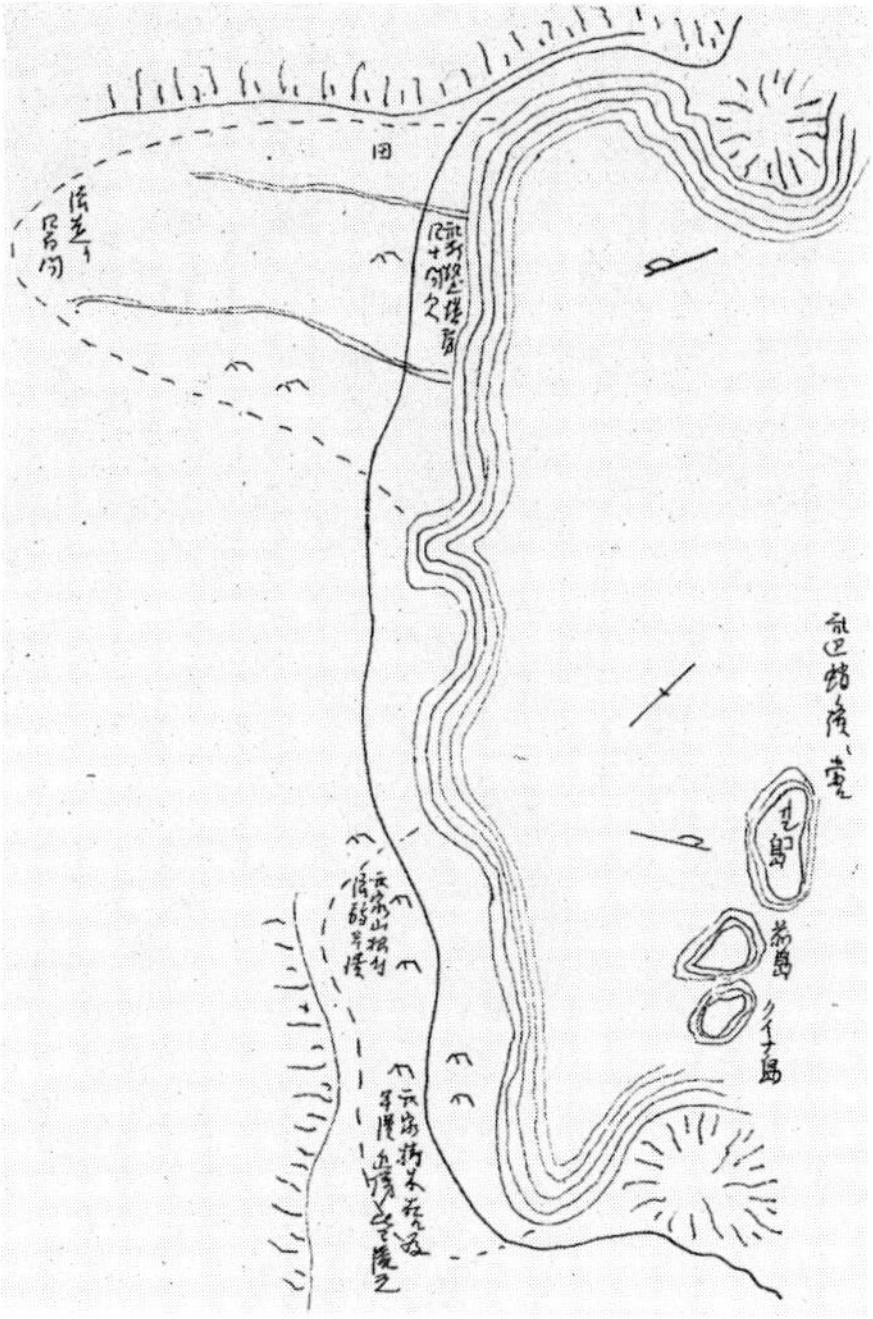

図４　赤崎村清水

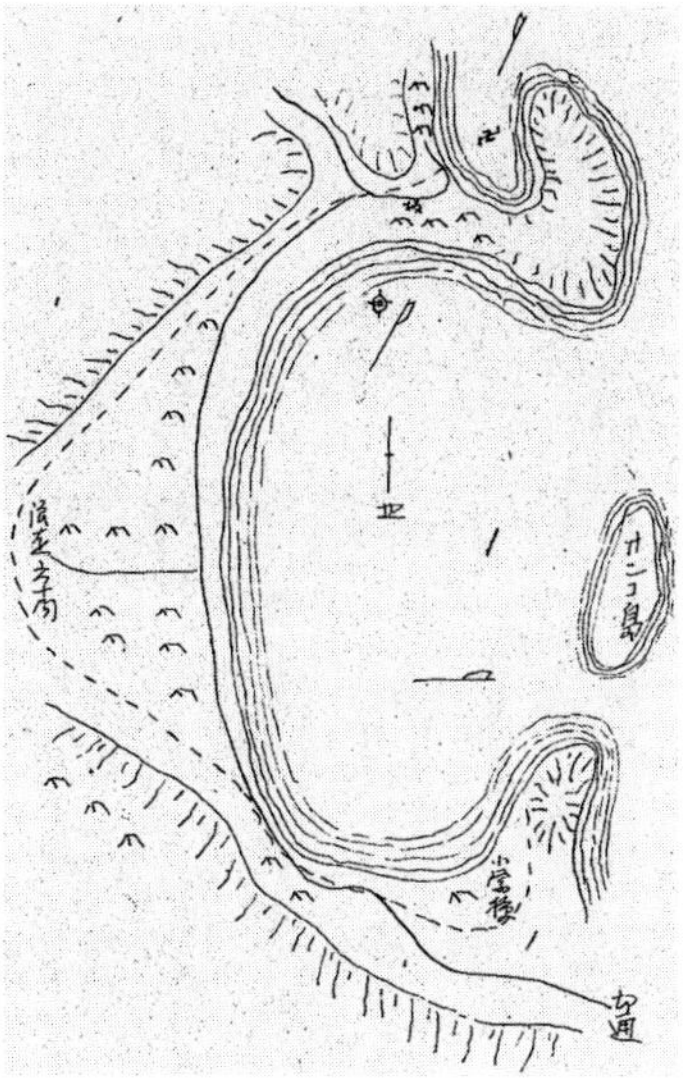

図５　赤崎村上蛸浦

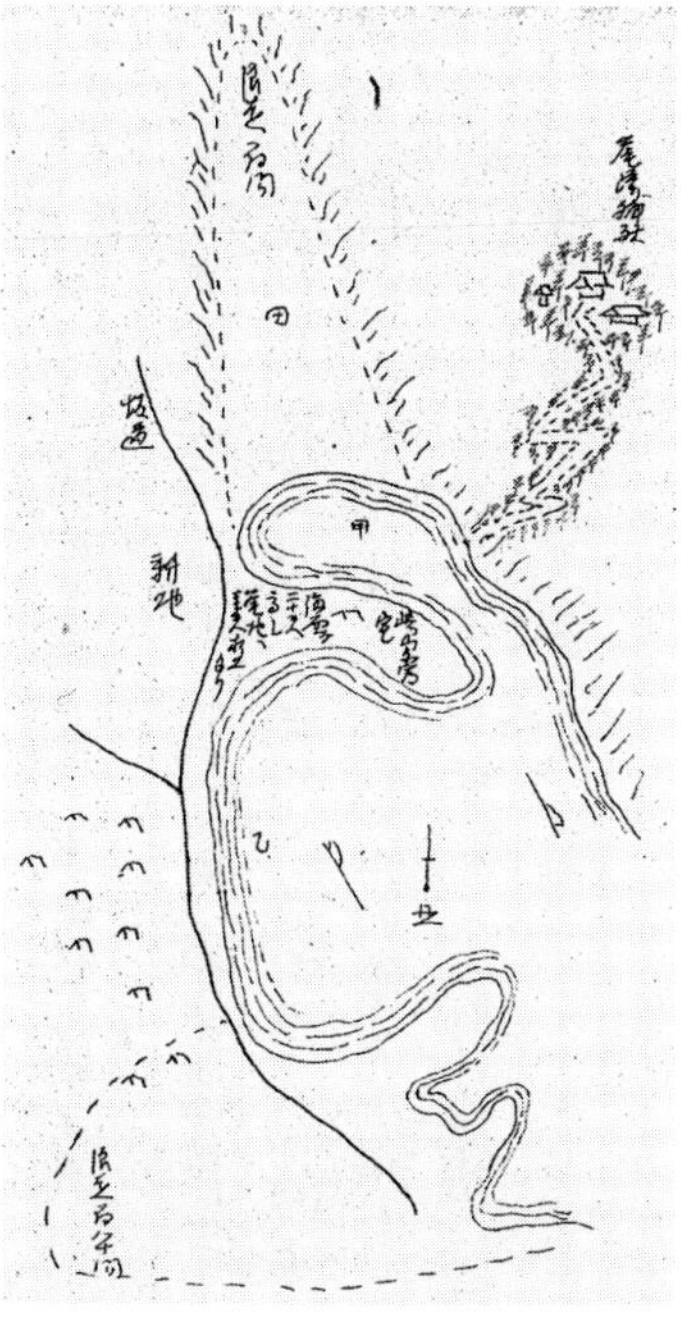

図６　赤崎村下蛸浦

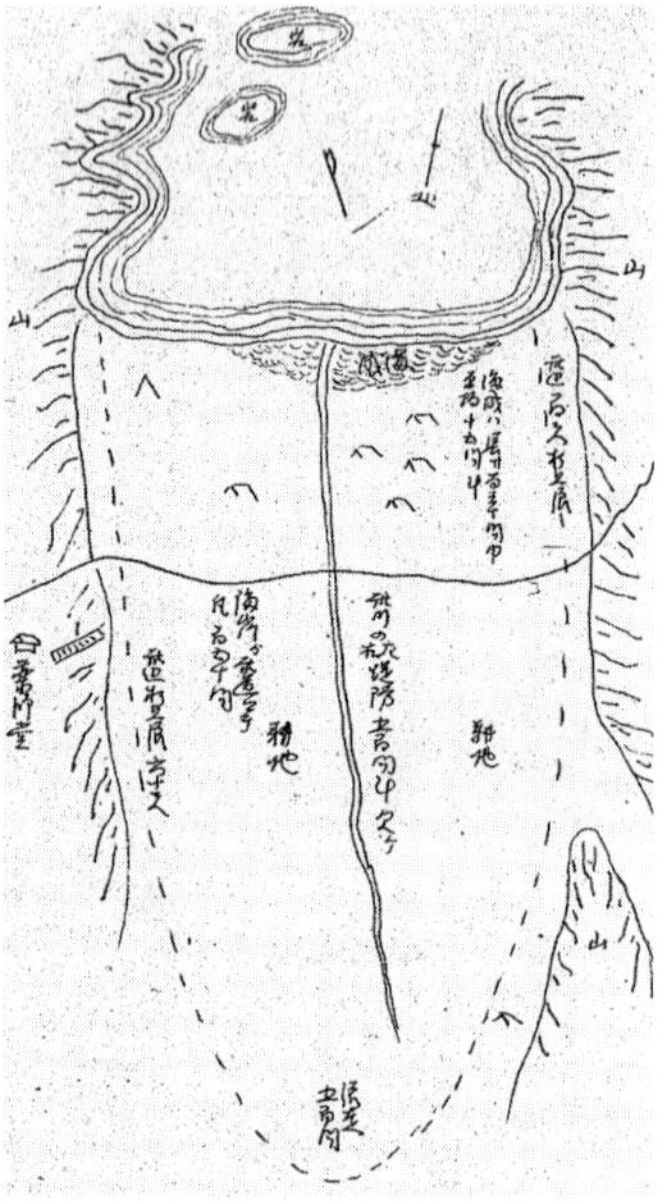

図7　赤崎村合足

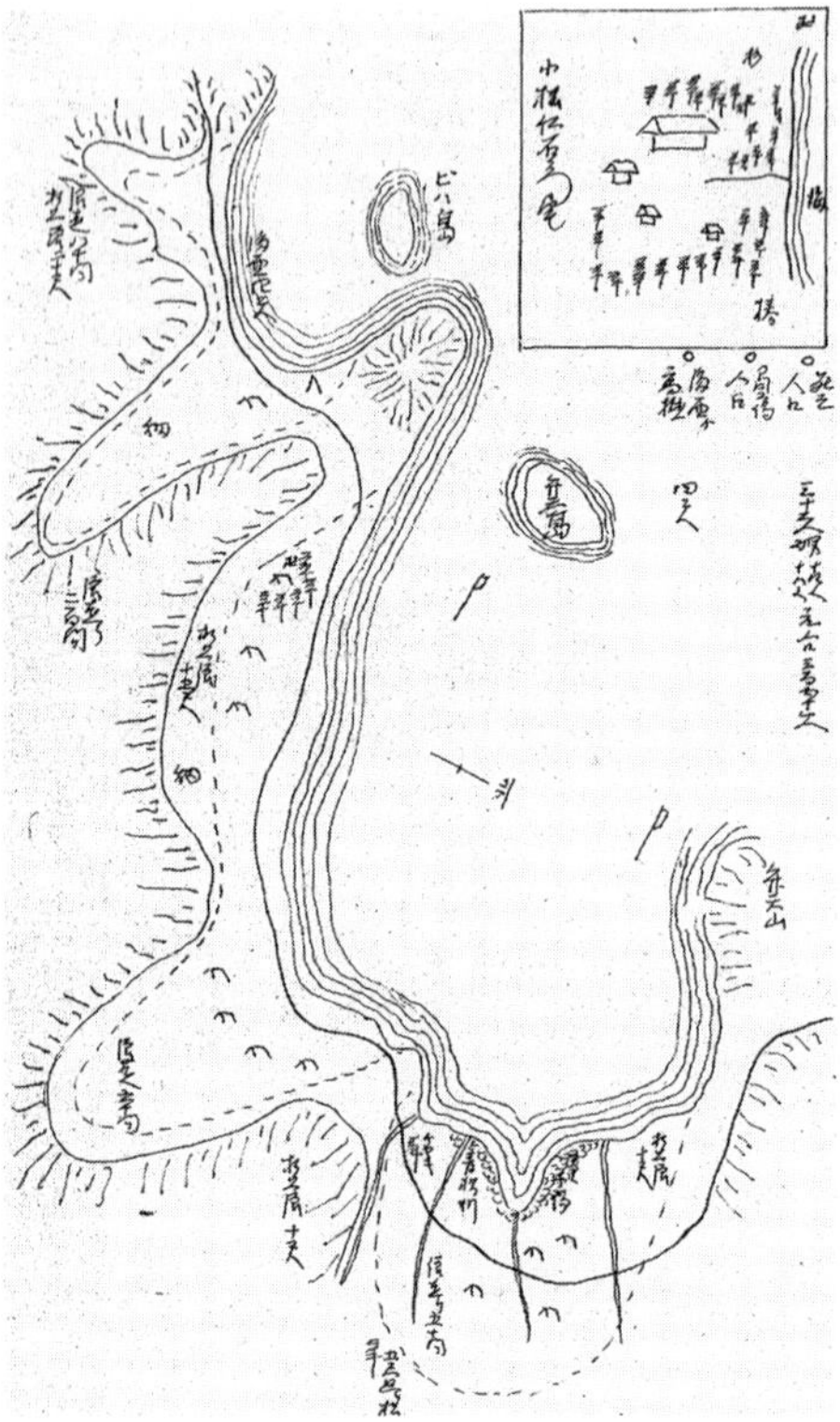

図8　赤崎村永浜

2　明治三陸津波の赤崎村行政文書

赤崎村には、明治・昭和の両三陸津波の極めて貴重な行政文書が残されている。[3] 明治のものは数少ないが、その中には各家の被害状況調査と生存者名簿が残されている。本章ではこの「赤崎村被害状況調査」（以下Aデータと称する）を基礎データとし、これに「海嘯罹災生存者名簿」（以下Bデータと称する）を付加し、各家の犠牲者と残された家族の員数を算出した。A・Bの各々のデータがどれだけ網羅的であるかを判定するために、先の表1、表2の結果との比較を行った。そのまえに、A・Bの史料の内容を具体的に示し、各々の史料の性格の違いを示しておく。

図8永浜部落図で、山奈は小松仁右衛門家が家の周りに防潮林を巡らして

いたため家族の流死が少なかったことを指摘している。同家の被害状況について、Ａデータには次のように記されている。

小松仁右衛門

一、居家　一二・五
　　　　五・五　破
一、厩　　一一・五
　　　　三・〇　流
一、網長屋　三・〇
　　　　二・〇　流
一、網長屋　二・〇
　　　　一・五　流
一、納屋　八・〇
　　　　三・五　流
一、死亡　女一人　発見ス
一、馬　牡　一頭　斃
一、船　三間　一艘　流
一、農具雑具　十　（〃）
一、籾　大　二石　（〃）

一、麦　大　二石　（〃）
一、稗　　ナシ

他の事例では、ここに挙げたような項目以外の被害が在った場合は現金等にいたるまで細かく記されている。なお、漢数字は建物の間数を表す。したがって、居家は六八・七五坪である。この史料は、救援物資の配分などの台帳であったと思われる。

Bデータでは、同家の記録は以下のようである。

百三拾六番戸　漁業
戸主　小松仁右衛門
母　キセ　五十九年
妻　リセ　四十三年三月
長男　文治郎　十四年十月
三女　ナホヘ　十三年二月
二男　文七　七年五月
三男　長四郎　五年十月
四女　トメノ　二年十一月
四男　留之助　九月
弟　三太郎　三十七年六月
弟妻　スヘ　三十四年四月

姪　ミハツ　十四年四月
姪　ハチヨ　十一年三月
姪　クノ　九年十一月
姪　フクノ　三月九月
（朱）　死亡　女一人
＊（朱・欄外）

半潰
一、食料
一、小屋掛料
一、救助金及被服家具料

Ｂデータは、家族内生存者名、調査当時の年齢を列記し、朱書きで死者の人数を示し、あわせて各家が受ける救済項目を記している。小松仁右衛門家の場合、あるいは二女が波に奪われたのかも知れない。また、Ａデータには記入のない各家の部落名もＢデータでは判別可能であり、部落毎の被害戸の集計が可能である。作成された時期は史料に記入されていないが、津波罹災後緊急の救済がなされた時点であろうと推察される。上に示したようにこれら二つのデータを重ねることによって津波罹災後の家族がどの様な変化を蒙ったかに限らず、津波前の家族の構成もある程度までは推定可能であり、明治中期の三陸漁村の家族の復元も不可能ではない。それはさておき、この二つのデータに問題がないわけではない。Ａデータの総件数は二六〇であるが、Ｂデータの総件数は一七四である。Ａデータのうち死者・行方不明者が出たにもかかわらず、Ｂデータに見られないものが三六件ある。したがって、Ｂデータが赤崎村の死者の出た家すべてを網羅したものではないということになる。死者数、件数では集計数値に以下のような開きがある。

	件数	死者数
Aデータ	二六〇	四六六人
Bデータ	一七四	三九九人

Aデータの赤崎村全犠牲者数四六六人というのは、表1による四五七人を九人上回る数値であり、多少の疑問がなくもない。しかし、表1の調査時既に家が絶えたものもいるなどのこと、Aデータの旧戸主名とBデータの新戸主名の照合にミスがあり、犠牲者の数を二重に計算したなどの誤りを筆者が犯していることもありうるとすれば、この程度の数値の異同は現段階ではやむを得ない。Bデータがすべて Aデータに含まれることから、Bデータの史料的信憑性は証明された。ただし、既に述べたようにBデータは赤崎村すべての犠牲者の出た家を網羅していないが、その点を措いても、Bデータが戸主の職業、年齢、家族の続柄などが記され、災害から立ち直ろうとする時期の家族のあり様を示すかけがえのない史料であることには変わりない。そこで、以下にA・Bデータを基に本章のテーマである災害と家族の実証的分析を行いたい。

3　赤崎村各部落の実際の被災率

表3はBデータに記されている部落ごとの犠牲者と犠牲者を出した家の数、それに基づいた部落ごとの被災率である。なお、ここでいう被災率とは死者の多少のみに限定して使用している。当然のことながら、表3のB／A欄の数値は、表2のD／B欄の数値、すなわち、部落内死者数を部落内総戸数で除した数値よりは高い。しかし、この表3

の数値の方が現実の被害像に近い。被災した家ごとに死者がどのくらい出たかを表すからである。この表においても依然として合足部落の数値が断然高い。もっとも、表2の合足部落の被災率と若干数値が異なるのは、この部落には一家六人すべて流され一旦絶家となった家があったからである。その後この家の名跡を継ぐものが立てられて家は再興された。しかし、この名簿が作成された時点では、いまだ家が再興されていなかったから、戸数において一戸減であり、犠牲者の数においても減少しているのである。なお、合足部落については家屋移転の問題を中心に後に述べるが、他の部落については聞き取り調査を経ていない現段階では絶家の有無は不明である。ともかくBデータは赤崎村の全ての死者を網羅するものではないにせよ、これによって津波に襲われ、死者の出た家では、平均して三人が亡くなったという凄まじい被害を受けたことがわかる。

表3　Bデータに基づく部落別死者数

部落名	死者の出た家 A	死　者　数 B	1戸当りの死者数 B/A
	戸	人	
宿	22	60	2.7
生形	15	37	2.5
山口	10	26	2.6
永浜	21	65	3.1
清水	9	33	3.7
上蛸浦	17	36	2.1
下蛸浦	19	45	2.4
長崎	10	26	2.6
合足	11	71	6.5
計	134	399	3.0

4　職業別にみた犠牲者数

赤崎村全体の職業別構成は不明であるが、Bデータ被災戸一七四戸（うち二戸は職業欄不記入）の職業別構成は表4職業別欄の（　）に示した数値である。もっとも、漁業、農業、商業といっても、この場合それぞれ専業と捉えるべきではないだろう。兼業のうち、どちらに生業の比重が大きいかによる区分と捉えて置きたい。その上で、漁業に被災戸の比重が圧倒的に大きいのは、けだし当然のことだろう。漁業は沖漁を中心とし、そのほか海湾収穫物として、海苔、鰯、鰹、鮪流、海鼠、鮑が挙げられている。その他焼き塩による製塩業も行っていたが、津波で再起不能の程の打撃を蒙ったとしている[4]。工業とは、山奈の調査によれば「造船職工有」とし、「年々有合舟二分通リハ造舟スルナリ」[5]と記されているから、舟大工を指すかと思われる。雑業、商業が宿部落のような赤崎村への入口にあたる街道筋に集中していることからして、村人相手の日用雑貨を中心とする小商いであろう。生形と合足部落に農業が多いのは、山を背にした立地であり、山林と畑地を中心とする農業が営めるからである。職業別にみた被災戸一戸当りの平均死者数は漁業戸二・八、工業戸二・八、雑業戸三・二、商業戸一・五、農業戸三・七、職業不明戸三・五となり、漁業戸の被災率は農業戸に比べ少ない。これは主に合足部落における農業戸九戸、死者五七人という被害によって農業戸全体の被災率が押し上げられた結果である。農業を生業の中心とする人々の家が漁民の海浜の家より山側に立地していたとごく普通に考えれば、この結果はなぜなのか考えてみるべき点を含んでいよう。昭和三陸津波を体験した方々からの聞き取りでは、漁民は職業柄絶えず海の様子に最大の関心を持っているから逸早く海の異常に気付き、異常事態にも早く対応できるということであった。昭和の場合とは格段に違う被害をもたらした明治の場合にこうしたことが該当するかどうかは不明であるが、聞き取りで得られた情報のうちから考えられる理由の一つとしてあげておく。

同死者	不明	同死者	戸数　計	死者
人	戸	人	戸	人
15	1(1)	5	22(26)	60
31			15(23)	37
	無職 1(1)	2	10(17)	26
1			21(22)	65
			9(13)	33
			17(22)	36
3			19(27)	45
			10(12)	26
57			11(12)	71
107	2(2)	7	134(174)	399

5　津波前の家族構成

死者が出た家では平均して一家で三人の人が亡くなったということは、赤崎村の将来を危ぶませるほどのものであった。既

表4　部落別被害—職業別死者数

部落名（総戸数）	漁業	同死者	工業	同死者	雑業	同死者	商業	同死者	農業
＊1	＊2 戸	人	戸	人	戸	人	戸	人	戸
宿(43)	3(5)	5	3(4)	8	8(8)	24	2(3)	3	5(5)
生形(50)	1(3)	3	0(1)	0	1(1)	3	0(1)	0	13(17)
山口(40)	6(12)	12			3(4)	12			
永浜(35)	19(20)	61	1(1)	3					1(1)
清水(18)	9(13)	33							
上蛸浦(30)	17(22)	36							
下蛸浦(34)	15(23)	36			2(2)	6			2(2)
長崎(44)	10(12)	26							
合足(13)	2(3)	14							9(9)
計	82(113)	226	4(6)	11	14(15)	45	2(4)	3	30(34)

＊1 山奈宗真調査に基づく表2部落別総戸数.
＊2 業別（　）内数値は，Bデータ中部落名が記されている戸数，左の数値は死者を出した戸数.

に触れたように絶家の例も見られた。平均値というのは事態を正しく反映させたものでない場合が多いから、まずAデータ二六〇件のうちの死者の出た家（一七〇戸）について、死者の数毎の件数を表5に示した。一家で一～五人の犠牲が出る件数が圧倒的に多く、六～一三人までの例は数少ない。例外的に犠牲の多かった八人以上の場合は、八人一戸（合足）、九人二戸（清水、合足）、一〇人二戸（永浜、合足）、一三人一戸（合足）であり、いずれの場合も合足部落では一家のほとんどを津波に奪われている例が多かったことがわかる。死者の出た家についてその家の生存者と対応させたものを表6に作成した。このデータは生存者が記入されているBデータによるものなので、先の表5より対象件数は少なく、一三三例である。死者の数は一戸当り五人、生存者の数では一戸当り八人までに集中しており、後は例外的な場合と言うことになる。犠牲者も多数出たが生存者も多数残ったと言うのはそもそも大家族であったということになる。そこで、津波前の家族員数を復元すると、表7のようになる。復元された家族員数は平均にして八人である。この数値は表2に示した赤崎村人口（C）を総戸数（B）で除した平均家族員

表５　死者数別戸数

１戸当り死者	被　災　戸　数
人	戸
1	52
2	47
3	30
4	14
5	13
6	4
7	4
8	1
9	2
10	2
13	1

表６　家別の死者と生存者

生存家族＼死者	人 1	2	3	4	5	6	7	8	9	10	13	計
人	戸	戸	戸	戸	戸	戸	戸	戸	戸	戸	戸	戸
1		3	2				1			1	1	8
2	1	3	1	2	3			1				11
3	4	6	5	2	2		1					20
4	5	2	5	3	1	1	1					18
5	11	6	3	2	2				1			25
6	3	6	5	2								16
7	2	5	2		2	1						12
8	4	2	1	1	1							
9				2		1	1					4
10			1				1		1	1		4
11	1	1										2
12	2		1									3
15		1										1
計	33	35	26	14	11	3	5	1	2	2	1	133

数八・一にほぼ合致し、復元された家族規模が妥当であることを示している。

全体を把握するために図9を示した。実線の津波罹災前家族が津波罹災後点線のラインにまとまり、その家族の規模を縮小させている様子がわかる。

6　津波後の「家」の再生

つぎに生存者がどのようにして、その依り処とする「家」を立て直していったのかを考察したい。ここに、家族ではなく、家庭でもない「家」という概念を用いることについては、多少の説明が必要である。日本の伝統家族に関する研究は、社会学の分野で長年にわたって進められてきた。そこには「家」研究と家族研究の、大きく分けて二つの研究上の系譜がある。前者は「家」を、その祖先によって創始され（創始されたと観念され）、先祖祭司を宗教的基盤とし、家産を保持し、家格を担い（家格によって社会的位置を占め）、家としての生業、すなわち家業を営み、家名（屋号・家号）によって識別され、一定の規範に従って「家」成員を擁し、「家」の長によって統率され、「家」の系譜的連続と発展（時に「家」の復興と再建）を目標とし、また「家」成員の保護と扶養にあたる社会的制度体と捉える。一方後者は、家族集団の計量的分析を通して家族の構造を解明することに主眼を置く。したがって、家族という集団が、その構成員個々のライフサイクルに応じた集合的変化として捉えられ、その変化の周期の社会的意味の分析が行われる(6)。本章の表題を「災害と家族」としたが、ここでの「家族」は、単に一般的に用いたに過ぎず、研究系譜上の「家」研究の立場に立たないことを表明したものではない。むしろ、二度にわたる激

表7　津波前の家族規模

津波前家族	戸　数
人	戸
3	4
4	9
5	12
6	20
7	19
8	17
9	17
10	11
11	3
12	6
13	6
14	3
15	2
17	2
19	1
20	1
計	133

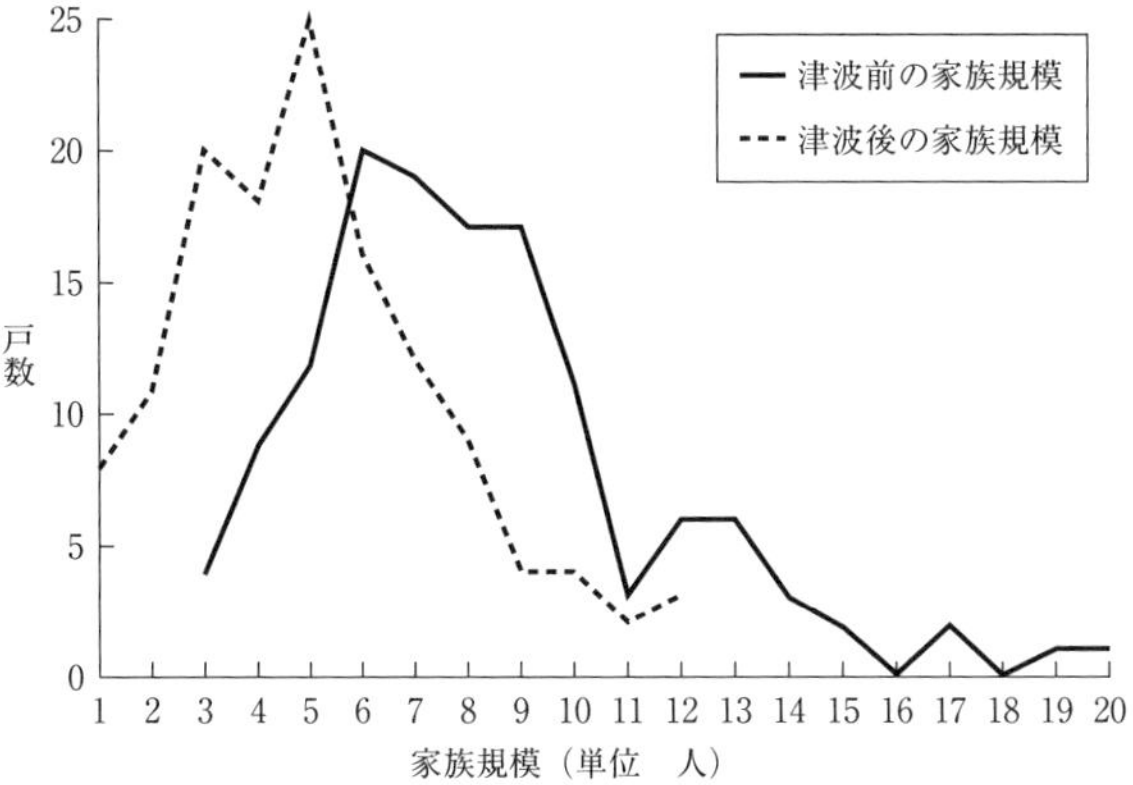

図9　赤崎村津波前後の家族規模比較

甚災害を克服し、家を存続させ、村を復興させたもののうちには、「家」に大きく依る部分があるのではないかとの予測も立てている。本論ではいまだ実証の途上であり、結論を急ぐべき段階ではないが、本項以降「家」という用語を使用する。それは、被災者集計のような家族に関する計量的被害統計を処理する場合と、個々の家族をその個別の事情に応じて分析していく場合をここではとりあえず区別しておきたかったからである。本章の成立に関わる概念を説明する必要上、ここで若干触れることにした。

さて、ここでの行論を進めていくことにしたい。生存者家族の戸主年齢を表8に示した。戸主の平均年齢は四一歳である。そのうち、表8に見るように三〇歳以下の戸主が全体の約二割を占めるが、このうち、二〇歳以下の戸主が一五戸ある。これら若い戸主が一割以上存在するということは、この部落の戸主の年齢が四〇～五〇歳代に最も多いことからしても尋常なことではない。津波による旧戸主の死亡による戸主交代であることは一見して明かである。そうした予測のもとに、Bデータを見れば、戸主交代の事例は二六例に及ぶ。このうち、二〇歳以下の新戸主の場合を列記すると表9のようになる。№1の戸主二歳の家は合足部落の古内覚左衛門家である。同家では家族一〇人が死亡し、二歳一一ヵ月の子供が一人残された。二歳の子供が一人で生き延びることは到底不可能である。当然、部落内や親戚の助けがあったはずである。合足部落については、聞き取り調査を踏まえた分析を後述する。№2の三歳の戸主の金野巳之作家は宿部落にあり、家族七人が津波に奪われ、三歳一一ヵ月になる孫が一人残された。家は流され、この子供も軽傷を負った。部落や親戚の扶助がなければ、「家」の存続どころか子供の生存自体も危ぶまれる。一家一三人が犠牲になった№4の合足部落上野家の例は、赤崎村全体

表8　戸主の年齢

年齢	2歳～5	～10	～15	～20	～30	～40	～50	～60	～74	計
戸数	戸 2	0	7	6	11	32	38	26	11	
小計				26					107	133

表9　戸主が交代した家（新戸主20歳以下）

№.	旧戸主名	部落名	職業	新戸主名	年齢	家族内死亡者			生存者	津波前家族数
					歳	人	男	女	人	人
1	古内覚左衛門	合足	農	長左衛門	2	10	5	5	1	11
2	金野巳之作	宿	雑	豊之進	3	7	5	2	1	8
3	三浦与平治	宿	雑	善左衛門	11	4	3	1	3	7
4	上野栄蔵	合足	農	伝蔵	13	13	7	6	1	14
5	崎山清十郎	下蛸浦	雑	清之進	13	3	1	2	1	4
6	志田菊治	上蛸浦	漁	菊右衛門	13	2	1	1	3	5
7	石橋伴治郎	山口	雑	五一郎	15	5	2	3	2	7
8	上野和五郎	合足	農	春吉	15	8	4	4	2	10
9	千葉賢八	宿	農	政八	17	3	1	2	3	6
10	吉田治助	山口	漁	孫八	20	2	1	1	6	8
11	古内弥右衛門	合足	農	亀之助	20	2	1	1	3	5
12	大畑幸作	長崎	漁	大五郎	20	2	1	1	4	6
13	鎌田初五郎	下蛸浦	漁	平左衛門	20	2	2	—	5	7

を見渡しても他を抜きんでた人的被害の大きい例である。この家についても後述する。この他生存者が幼い戸主一人となった例は№5の下蛸浦崎山清十郎家である。家屋流失、恐らくは父母と兄妹一人が津波でなくなった。こうした場合、幼い戸主に「家」継承の意志があるのではなく、これらの「家」を存続させねばならないとする社会の意志、言い換えれば社会的規範が作用した結果と見做さなければならない。この規範が社会的現実に生きて作用するために人々はどのような努力をするのか、そのような努力を支える力は何かを考えることが本章の目的なのである。

さて、災害で欠損した家族の再構成、「家」の再生には、まず、家族の再生産に必要な生産年齢に達した、あるいは近い将来生産年齢に達する男女がいなければならない。№13の鎌田初五郎家の場合、生存者名簿に記された内容は、二〇歳の家長、養祖母（七二歳）、養母（三三歳）、縁女（一二歳）、養妹（一歳）である。この構成から推測して、夫を失った三三歳の妻は、新しく夫を迎えるのではなく、二〇歳の男子を養子に取り、家長とし、縁女一二歳を将来の嫁として予定し、新しい家族を再構築しようとしたと想像される。№７の石橋伴治郎一家は、家族五人が死亡し、一八歳の姉と一五歳の長男が残った。一五歳の長男が戸主となった。この他、戸主の年齢が二〇歳以下ではないため表９には表示されていないが、弟が、亡くなった兄の妻と結婚し、残された兄一家（妻、長女、長男）三人と母一人を支えた場合もある。しかし、戸主が若返る事例ばかりではなく、一家六人中三人が犠牲となった家で、前戸主が生存しているにもかかわらず負傷したためか、六〇歳になる母親が新戸主となった場合もある。不幸、悲惨、将来の困難を予想させる例はここにあげるに事欠かない。赤崎村最大の被害を出した合足部落の検討を次節で行った上で、家族の再構築、「家」の再生へのパターンを摘出し、まとめとすることにしたい。

三　明治・昭和三陸津波と合足部落

1　合足部落と家屋移転

これまでの分析を通して明らかなように、合足部落は明治三陸津波の際には部落内戸数一三戸であった。昭和三陸津波の時は一四戸である。家数が一三前後に保持されてきた様子であり、「あったり（合足）なかったり一三戸」といわれてきたこともあながち揶揄ばかりではないようである。この一三戸という家数は藩制（仙台藩）以来のことであった。図10は、旧赤崎村保管文書の中に含まれている村絵図（「合足之図」）である。(7)文政年間に描かれたとされている。耕地の保有者、字名、反歩、屋敷地には家の図が略描きされているものである。これによって、藩制時代の家がどこに所在していたかをみるために、家の略図のある部分を中心に摘記した。海浜の塩蔵は住居ではないとすると、家数は一三戸である。平成四年（一九九二）時には、家数は二二戸、九八人であるが、ここに至る家数の増加は聞き取りによれば、昭和三陸津波以後一二戸、その後別家七戸、戦後転入二戸の計二一戸になったということである。少なくとも、一九～二〇世紀の四半世紀までは、一世紀以上にわたって一三戸という家数が保持されてきた可能性が高い。ここに描かれた一三戸の百姓家が現在のどの家の先祖かは、津波で文書や墓石が失われ、推定は簡単ではない。図11は聞き取りによる明治三陸津波前の各家の位置を現在の住宅動態地図の上に落としたものである。図10と図11を比較

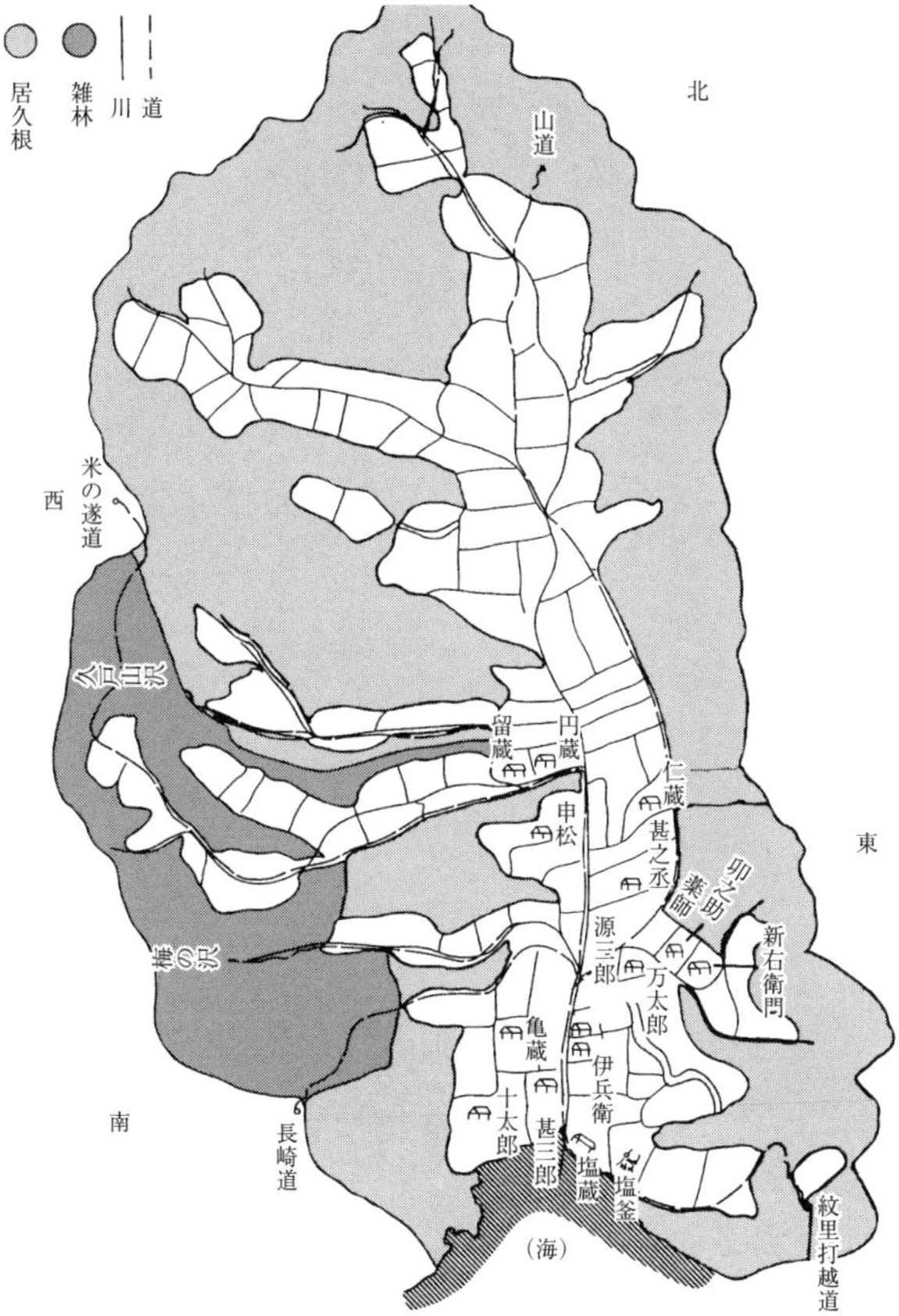

図10　赤崎村合足部落の村絵図（文政年間）

すると、川（合足川）が中央を走っていることには変わりない。ただし、県道の敷設に伴う河川改修で川筋は必ずしも一致はしない。ただ動かない目印は、図10の薬師と図11の鳥居である。この薬師の由来は、薬師手前の卯之助家（古内武志家）に今から二五〇年ほど前薬師を奉じて嫁入りした人があったという。これは薬師を祀れば、縁日が設けられ、嫁の骨休みになろうという実家の親の配慮であったとい

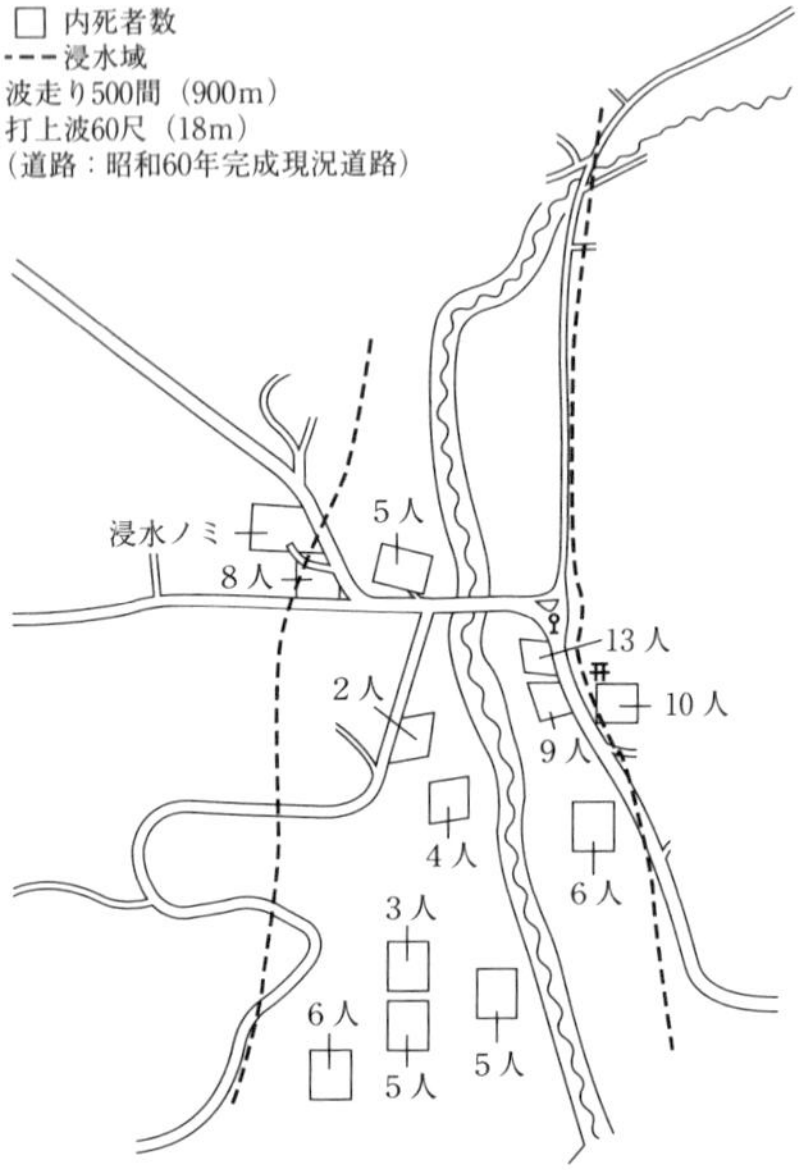

図12　明治津波合足部落死者

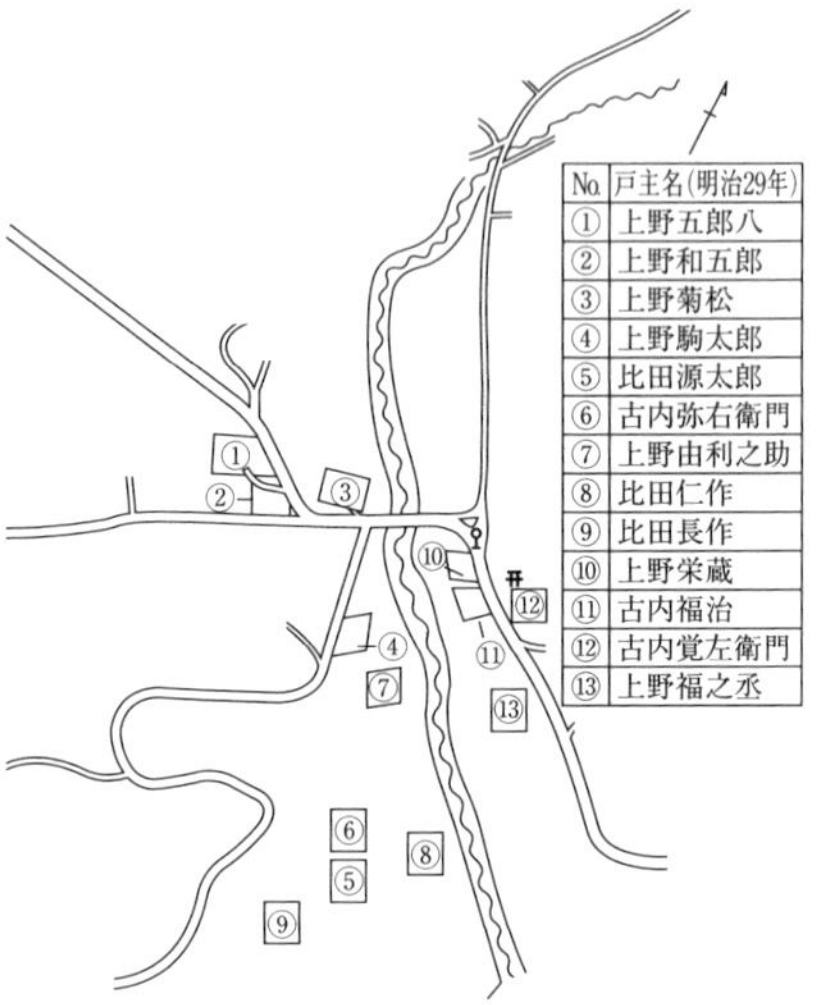

図11　明治津波前合足各家所在地

う。その折、屋敷の裏山に祀ったという。現在、縁日は年二回ということである（古内武志氏談）。平成二十六年現在もその社は小高い岩山の上にあり、如来堂と呼ばれ、村の氏神となっている。社の中には台座に寛政二年（一七九〇）の銘を持つ一二体の法体、文政十二年（一八二九）奉納の千石船の絵馬などがある。本尊は秘仏である。明治の津波の時にはこの如来堂の床下まで水に浸かったという。なお、同家は、「赤崎村史料」によれば、「寛永御竿答」に「合足屋敷　助十郎」と出てくる家に比定されている[8]。さて、図10と図11を照合して比定できているのは、次の各家である。

図11	図10
No.1　上野五郎八	新右衛門（明治二十六年屋敷移転）
No.5　比田源太郎	源三郎
No.6　古内弥右衛門	甚之丞
No.8　比田仁作	甚三郎
No.9　比田長作	十太郎
No.10　上野栄蔵	仁蔵

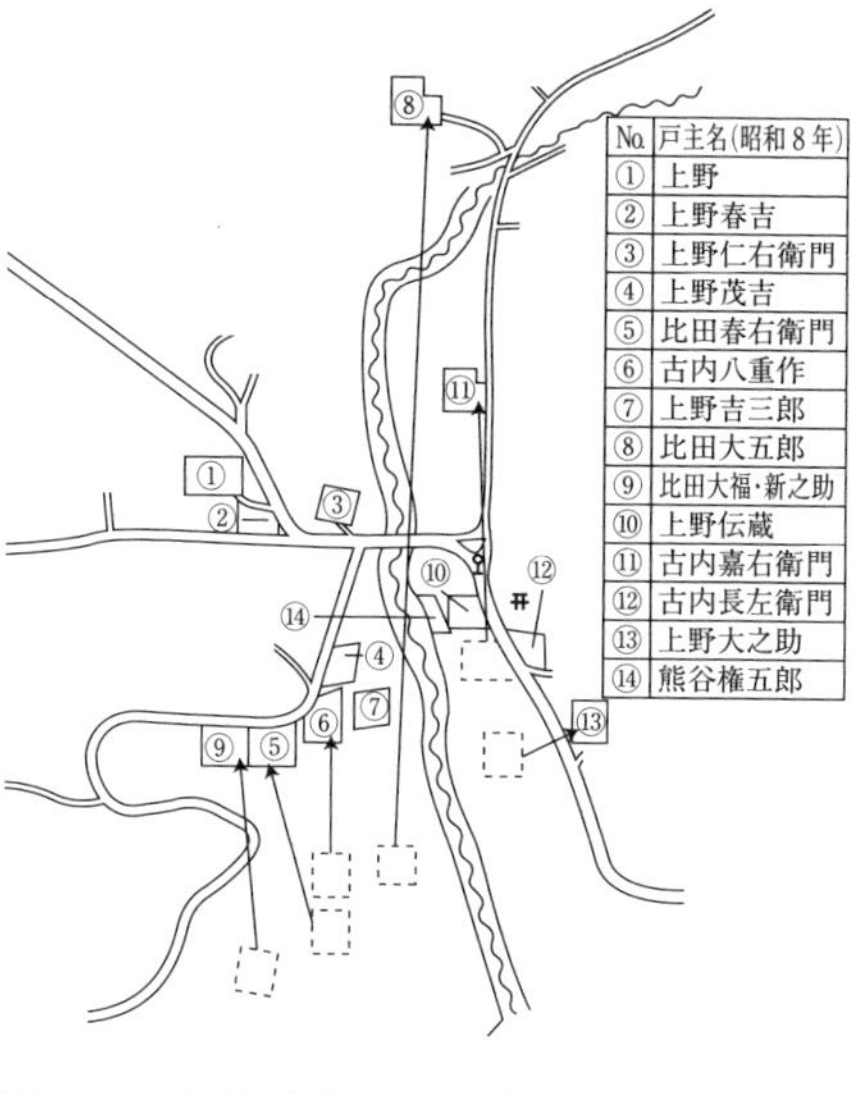

No.	戸主名（昭和8年）
①	上野
②	上野春吉
③	上野仁右衛門
④	上野茂吉
⑤	比田春右衛門
⑥	古内八重作
⑦	上野吉三郎
⑧	比田大五郎
⑨	比田大福・新之助
⑩	上野伝蔵
⑪	古内嘉右衛門
⑫	古内長左衛門
⑬	上野大之助
⑭	熊谷権五郎

図13　昭和津波前合足各家所在地

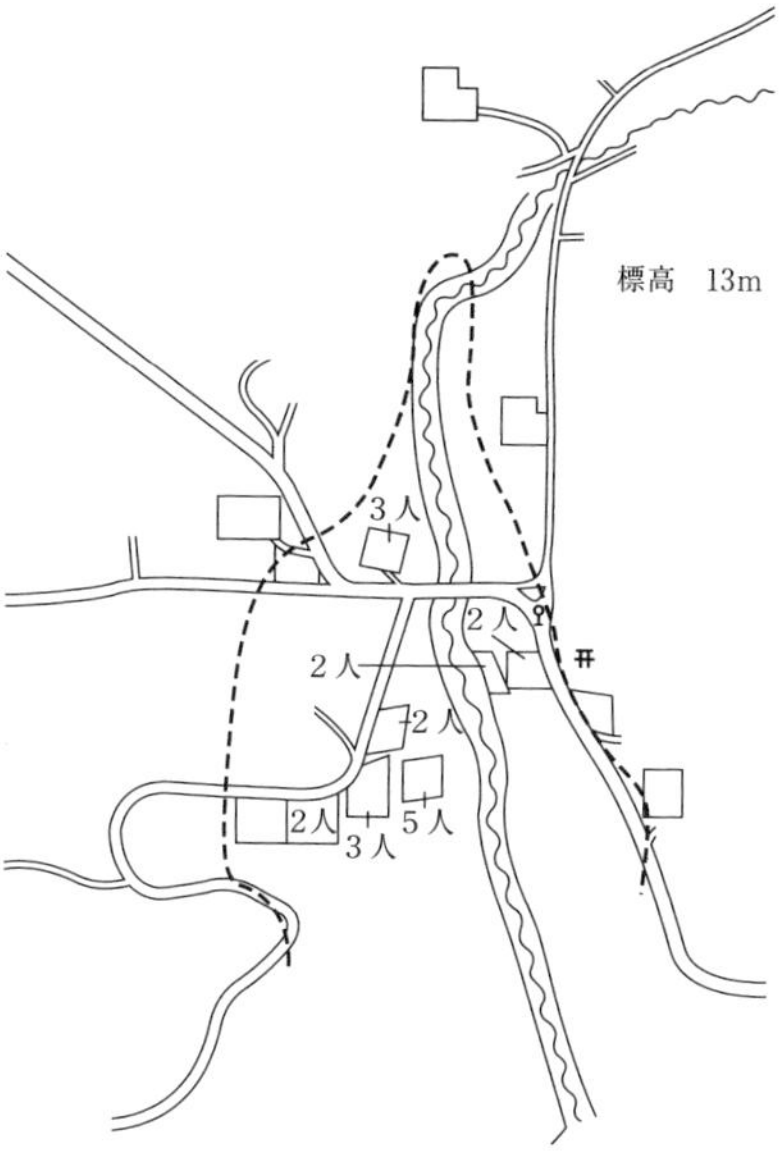

図14　昭和津波合足部落死者数

No.11　古内福治——万太郎
No.12　古内覚左衛門——卯之助

この結果からすれば、家の分布は文政期と明治の津波以前まで大きくは変わっていないといえる。

図12はこれら各家の明治三陸津波の犠牲者数を□内に入れたものである。点線は波入りの範囲を示す。図10と比較すれば、この部落を挟む東西の山際一杯に波が押し寄せたことがわかる。No.1の上野五郎八家は家が流されたものの部落で唯一犠牲者の出なかった家である。この被害の後、図13に見るような屋敷移転が行われた。海岸に近いNo.5、No.6、No.8、No.9の各戸が移転した。図14は、昭和三陸津波での各戸の犠牲者である。明治の津波で移転した家ですら再び罹災したことがわかる。明治期と昭和期では押し寄せた波の方向、水勢も違い、幸いにも明治期ほどの壊滅的打撃は受けなかった。しかし、この部落からは二〇人の犠牲者を出し、また、他へ転出した家も二軒ある。昭和三陸津波の後、この部落では、各戸の本格的移転が行われ、図15のような位置に落ち着い

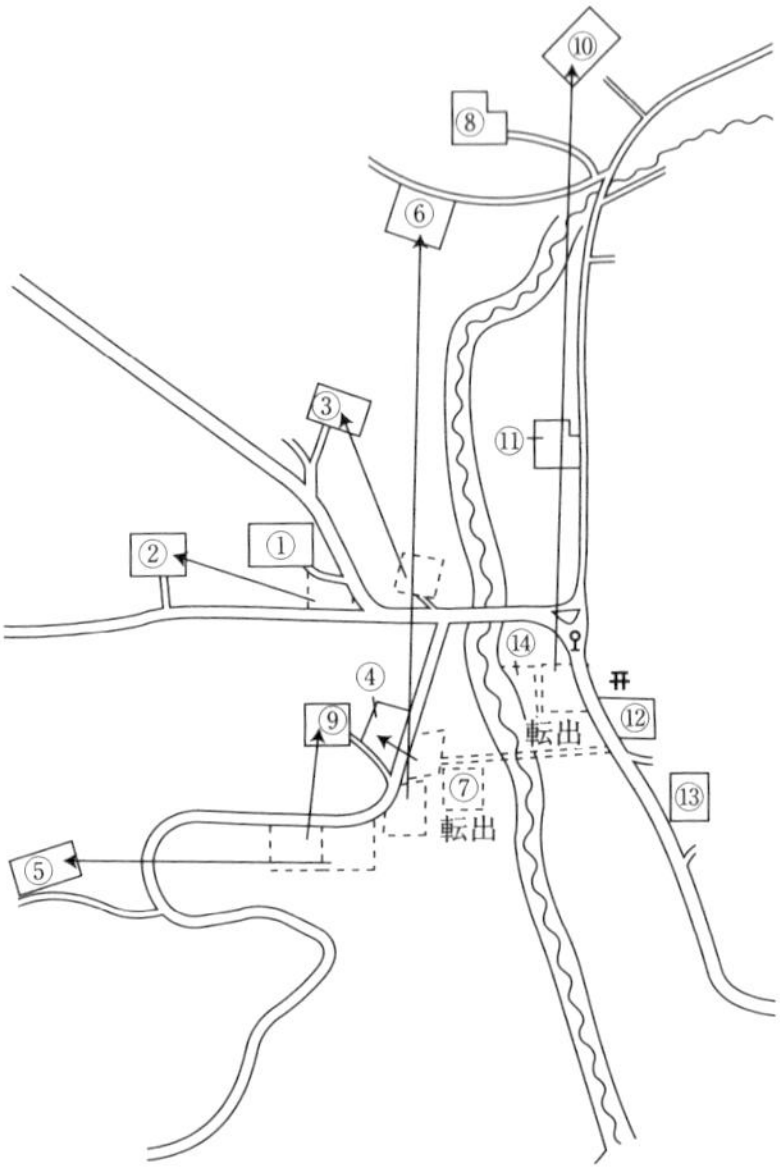

図15　昭和津波後〜昭和９年家屋移転状況

た。しかし、他の地区にみられるような集団移転はなく、それぞれ自分の耕地に移転したということである。戦後転入した家を含め、県道から海寄りには家を建てないということは守られているということであった。

2　合足部落と「家」の再生

既に前節で、他の部落と比べてもこの合足の人的被害がいかに大きいものであったかは見てきた。明治三陸津波を直接体験した方から話をうかがうことはもはや叶わなかったが、昭和三陸津波をこの部落で体験した方は多く居られた。そうした方々から、各家での両津波の犠牲者の名をうかがい、また、大船渡市立博物館蔵の旧赤崎村津波関係文書とも照合させつつ、現在判明した限りでの「家」のかつての成員を各家毎に図に示した。

＊No.６古内弥右衛門家――図16

同家は明治の津波で当主を含め三人、昭和津波で四人の犠牲者を出した。稔氏の話によれば、祖父亀之助は、流される途中で木に引掛り、一週間は生き長らえたという。姉のフタミは家の周りの杉の風囲いを抜ける間に波にさらわれた。スワばっぱ（スワばあさん）は稔氏の弟を背負って、「命はテンデンだ！」（「津波てんでんこ」と同意）といって逃げたということである。

＊No.12　古内覚左衛門家――図17

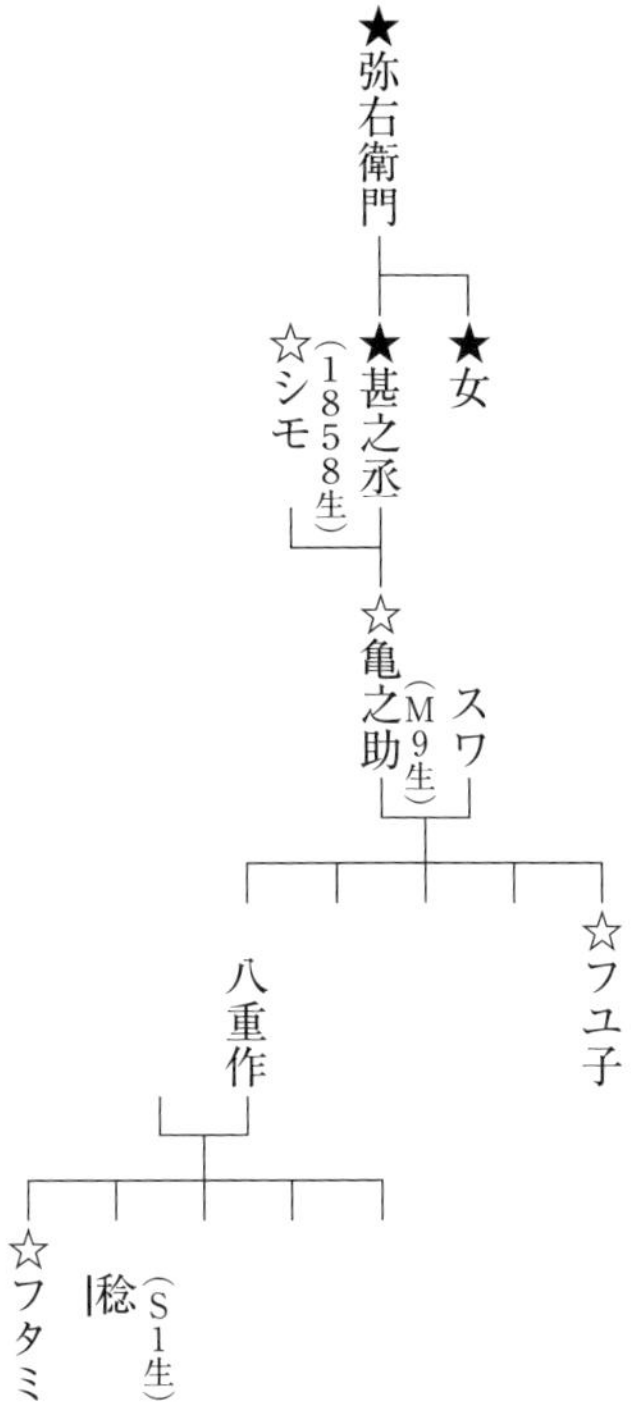

図16　古内弥右衛門家（稔氏より聞き取り）

★　明治三陸津波の死亡者
☆　昭和三陸津波の死亡者
┃　印は話者

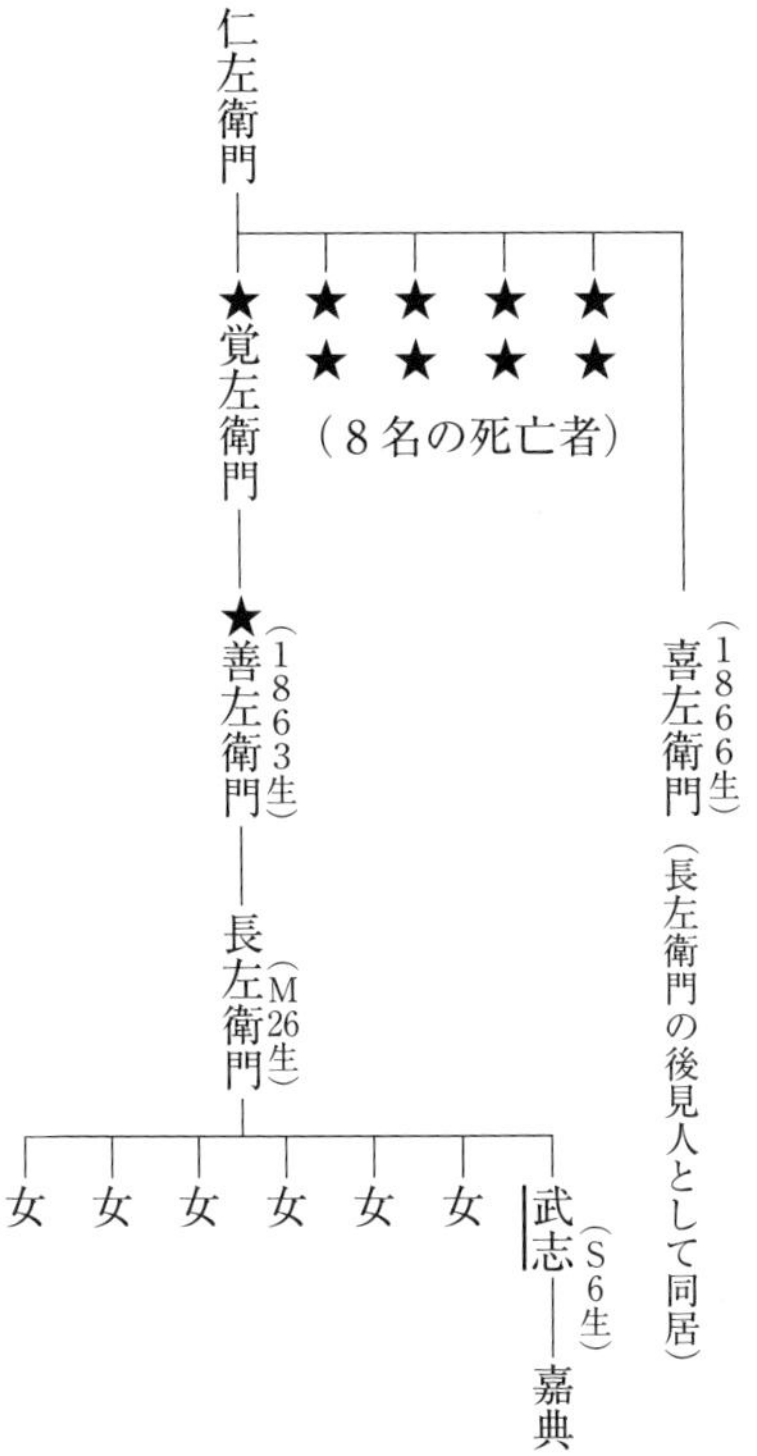

図17　古内覚左衛門家（武志氏より聞き取り）

同家は明治の津波で一〇人の犠牲者を出したが、昭和の場合は床下浸水で済んだ。明治の津波では祖父、父の覚左衛門、善左衛門と他八人の家族を失い、一人残された二歳の孫長左衛門が家を継いだ。しかし当然後見人が必要となる。長左衛門は蛸浦の叔母の家で五歳になるまで養育され、その後、叔父の喜左衛門一家五人が同家に同居して、長左衛門が一八歳となり結婚するまで、後見人の役を務めたという。武志氏からの聞き取りによれば、氏は昭和の津波は二歳の時体験しているわけであるが、記憶にはないという。しかし、父長左衛門が、昭和六十年（一九八五）九二歳で亡くなるまで、毎晩のように津波後の「家」の再興についての苦労を語るのを聞いたということである。

＊№11　古内福治家――図18

同家は明治三陸津波で九人の犠牲者（男四人、女五人）を出した。当時の当主福治は亡くなったが、旧節句で長男の嘉右衛門一家が妻の実家（?）に夫婦と子供二人で出かけていたため、たまたま死を免れたという。前出のBデータによれば、四男六左衛門も助かっている。犠牲者九人の名を福治氏よりうかがう機会を逸した。

＊№10　上野栄蔵家――図19

同家は、明治の津波で一三人、昭和の津波で二人の犠牲者を出した。明治の時は当主栄蔵の甥にあたる一三歳の伝蔵が縁日のため薬師堂に遊びに出かけていて、一四人家族の内ただ一人助かった。栄之丞氏よりうかがった犠牲者一三人の名、生年を図19に示した。同家の家族規模の大きさは兄弟家族同居の結果であるが、当時は農村ではこうした拡大家族が一般的であり、それがため一家多数の犠牲者を出す結果ともなった。なお、幼い伝蔵には、上野菊松家の長男徳松（四三歳）が後見人となった。

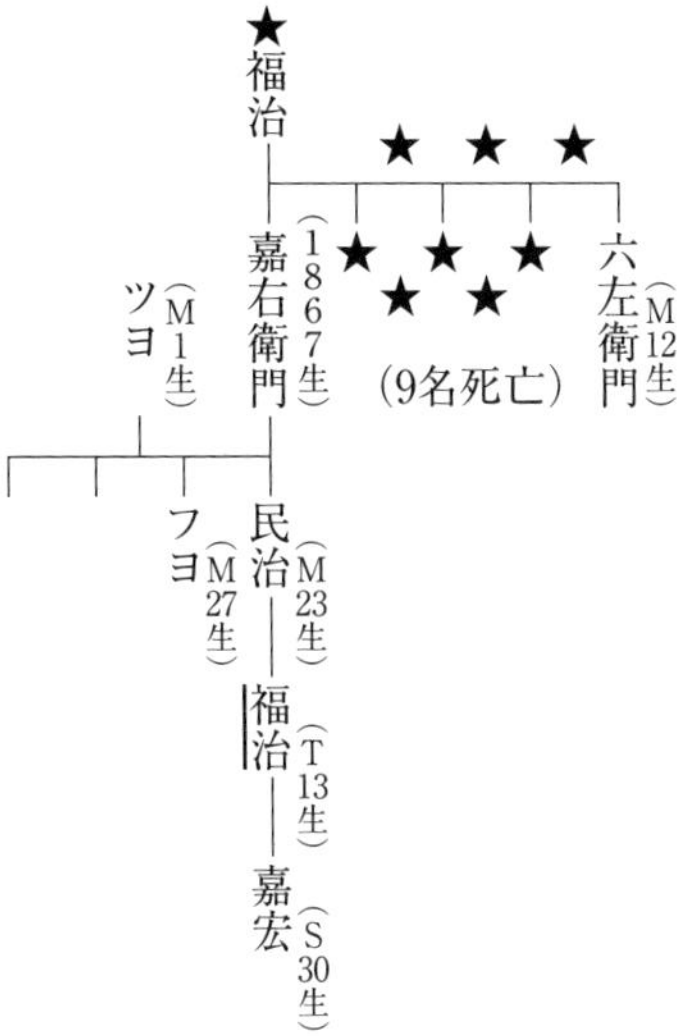

図18　古内福治家（福治氏より聞き取り）

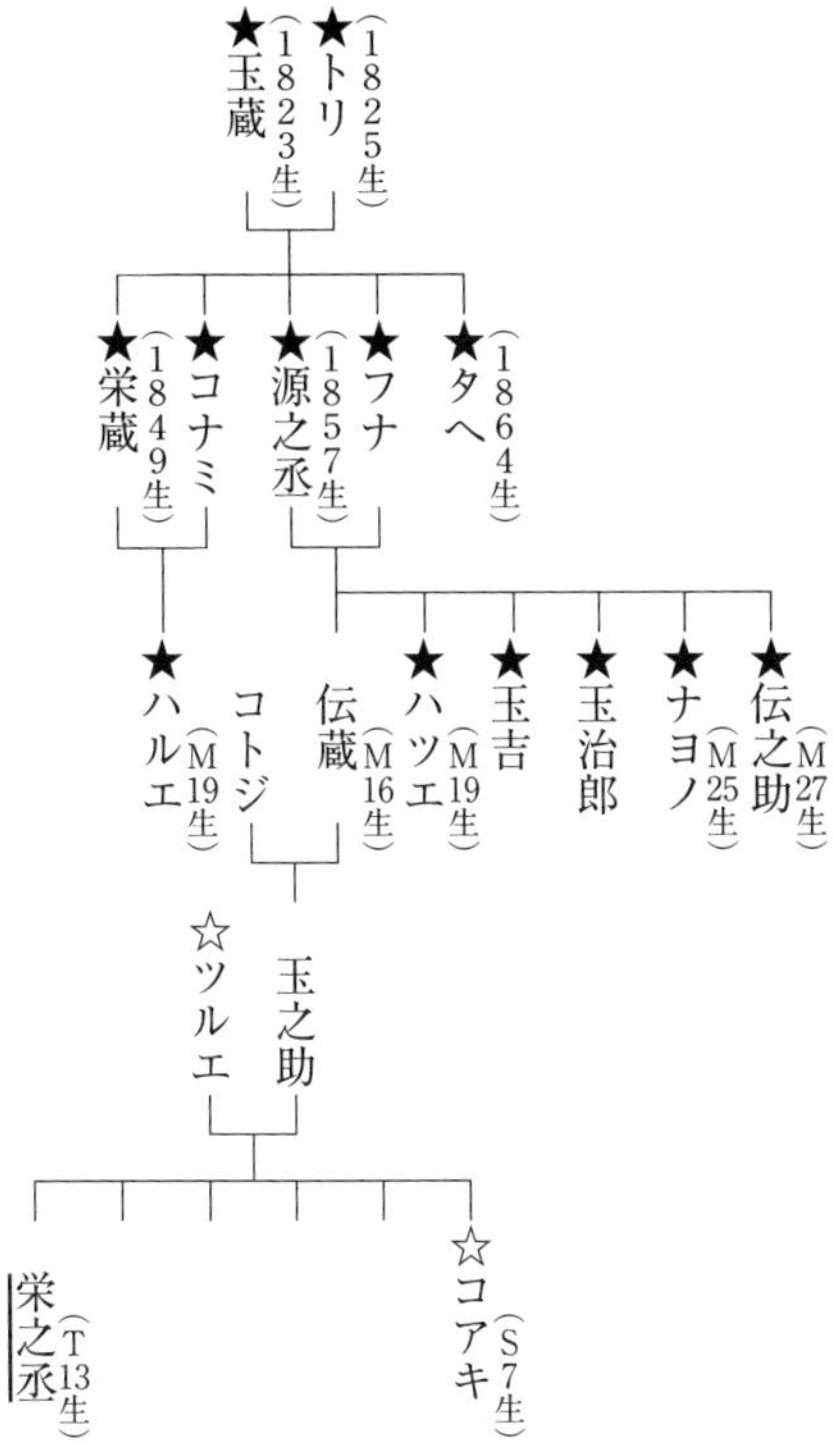

図19　上野栄蔵家（栄之丞氏より聞き取り）

＊№9　比田長作――図20

明治の津波では家族七人（一説では六人）が亡くなった。昭和の津波では犠牲者は出なかった。明治の時は当主比田長作（四九歳）、二男留蔵（九歳）、甥大福（三一歳）の男ばかり三人が残った。津波後当主の甥である大福が家を継ぎ、二男留蔵は家を出て、蛸浦へ行き他家の人となった。

＊№2　上野和五郎家

同家は明治の津波では当主和五郎氏をはじめ、八人（男四人、女四人）が亡くなり、長男春吉一五歳と甥の徳右衛門八歳の二人が残された。和吉氏の話によれば、昭和の津波では家は流れたが、人は死ななかったということである。

＊№5　比田源太郎家――図21

同家は、コマヨ氏の話では、明治の津波で比田サツ一人が残り、一家七人亡くなったので、源三郎―源太郎の家系は絶えたという。そこで、妻と子供を失い独り身となった下蛸浦の東徳五郎を婿に迎え、再婚した。しかし、不運なことに昭和の津波でサツ・徳五郎夫妻は亡くなっている。コマヨ氏が小学校五年の時だという。同家の仏前では、比田源太郎家の亡くなった七人と東徳五郎家の家族二人の二家の霊をあわせ、供養するという。

＊№13　上野福之丞家

同家は明治の津波で一家六人がすべて亡くなり、家が絶えた。しかし、№7上野由利之助家の弟大之助（二六歳）がその名跡を継ぎ「家」が再興された。

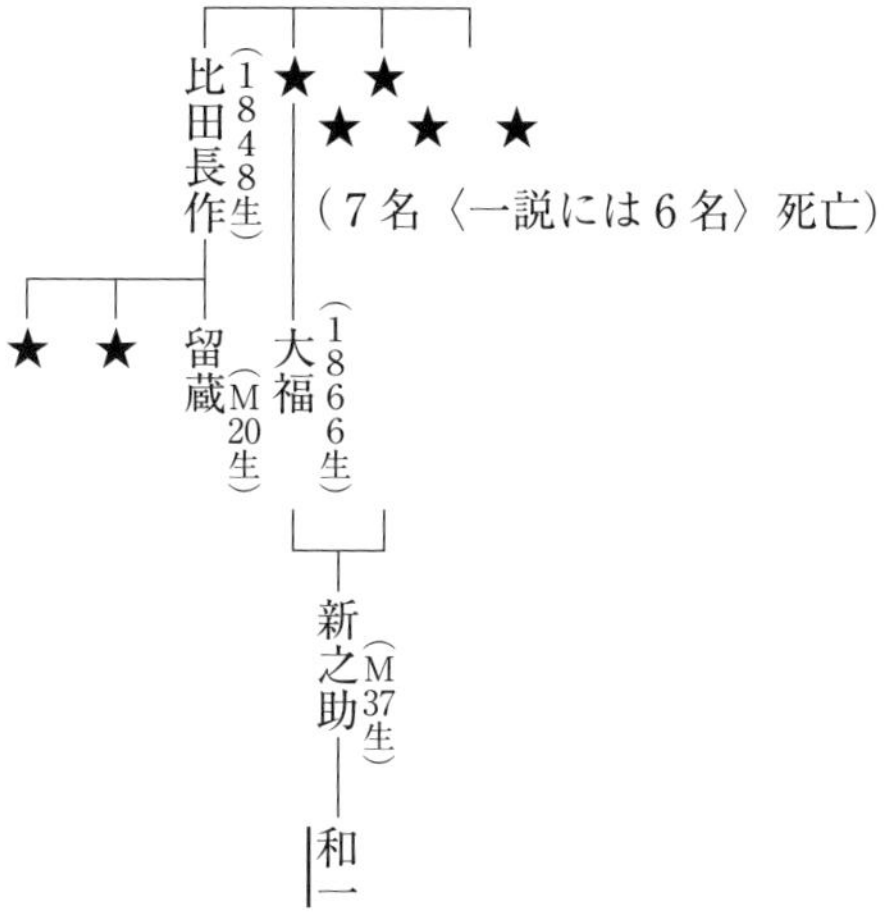

図20　比田長作家（和一氏より聞き取り）

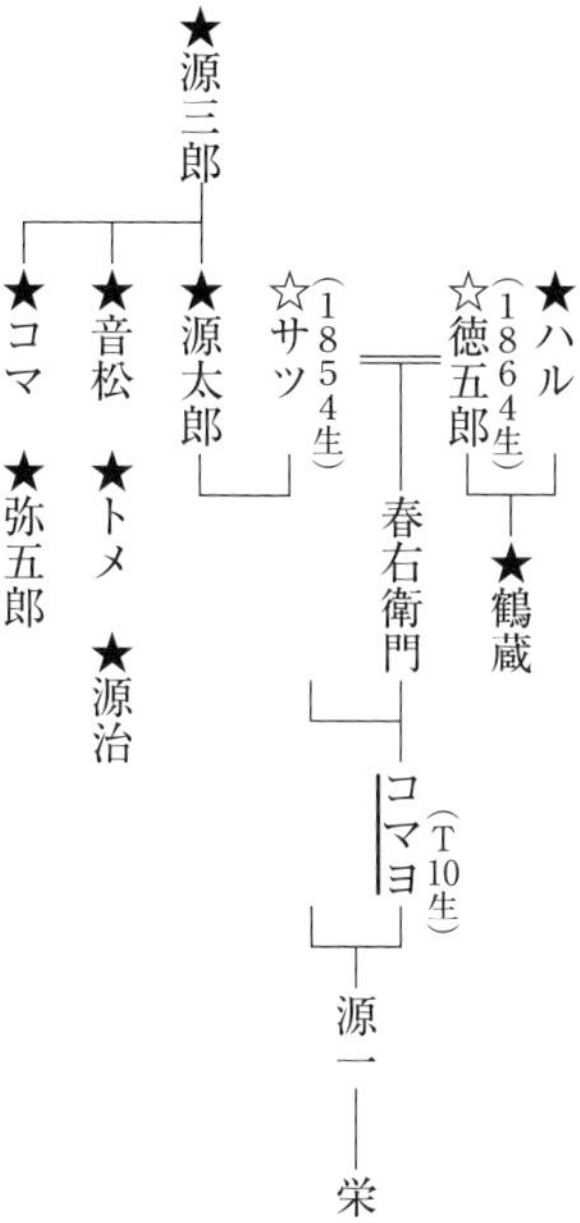

図21　比田源太郎家（コマヨ氏より聞き取り）

おわりに

以上、「家」再生への道筋を、合足部落の事例において具体的にみてきた。これらの事例から、災害で「家」の成員たる家族を大半失うという困難に直面して採られた方法として次のような分類が可能であろう。

A：直系家成員による相続が可能な場合（№2、№6、№11、№12）

B：傍系親族（甥）による相続の場合（№9、№10）

C：再婚・養子取りによる家族の再編成（二節六項参照）

D：二家系の合家（№5――合家に近いと判断したが、もちろん比田姓を名乗り財産を継ぐ以上、比田家への養子入りともいえる）

E：絶家――再興（№13）

F：転出（合足部落では検出されないが、他の部落では見られる）

G：絶家（同右）

本章は、明治三陸津波の場合を中心とした事例研究の域に留まるものである。そのため、本章のよって立つ概念規定、「家」と家族についても結論を出していない。否、出せなかったという方が正しい。昭和三陸津波についての研究を踏まえなければ、結論を持つことができないという現状にある。合足以外の部落の聞き取りを踏まえれば、さらに、当時の三陸農漁村の実態に即した「家」の再生へのイメージも出てこよう。昭和三陸津波という試練を迎え、それをどのように克服していくのか、引き続いての考察を踏まえた上で、結論を出したい。

注

（1）河田惠昭「比較災害論序説」『京都大学防災研究所年報』No.三四、一九九一。
（2）山奈宗真「岩手県沿岸大海嘯取調書」『東北大学工学部津波防災実験所研究報告』第五号、一九八八。
（3）この史料は現在大船渡市立博物館に所蔵されている。「昭和八年三陸大津波関係赤崎村役場文書」（付、明治二十九年津波史料）と題する目録が当時大船渡市立博物館学芸員であった佐藤悦郎氏によって作成されており、この目録によりつつ、今回文書を利用させていただくことができた。文書の閲覧に際しては、同博物館学芸員金野良一氏にご助力いただいた。
（4）「赤崎村史料」（一九一九刊、一九七三復刊）によれば、明治四十三年（一九一〇）塩釜場は廃止された。
（5）山奈宗真前掲書、九〇頁。
（6）有賀喜左衛門『日本の家族』至文堂、一九六五。小山隆「家族形態の周期的変化」喜多野清一・岡田謙編『家—その構造分析』創文社、一九五九。
（7）旧赤崎村絵図一三葉があり、一九九〇年の調査当時は三浦千花野氏（赤崎町大洞）によって保管され、同地区の金野氏の立会いの許に閲覧、写真撮影をさせていただいた。東日本大地震後の所在は確かめていない。
（8）前掲「赤崎村史料」四七頁、『大船渡市史』第三巻　資料編Ⅱ、一九七九、五頁。

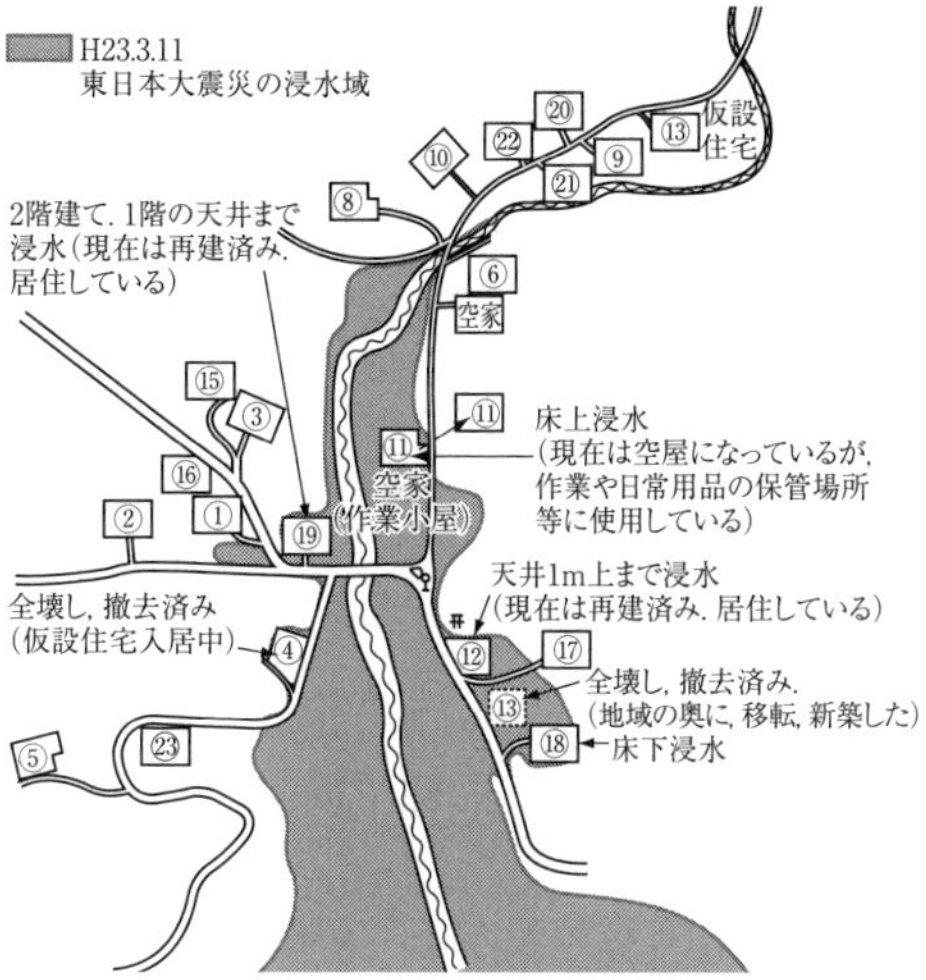

東日本大震災津波の合足（古内嘉典氏提供）

東日本大震災津波の合足解説

　二〇一一年七月、以前お話を御伺いした古内武志宅を訪ねたところ、同家は今回の津波で家の家財すべてを流され、納屋で生活をされていた。すでに武志氏は亡くなられ、息子の嘉典氏が跡を継がれていた。翌二〇一二年一月に再び訪ねた時には、家の補修が済み、元の家屋に住まわれていた。合足では津波で亡くなられた方はいなかったということであった。嘉典氏に合足部落の津波襲来の様子や部落のその後などを伺った。上図は嘉典氏自らが書いてくださった津波後の合足についての解説である。小部落の詳細が知れる貴重な記録であるので、ここに掲載させていただいた。

第六章　災害常襲地帯における災害文化の継承

――三陸地方を中心として――

一　歴史学における「災害文化」の領域

「災害文化」という語は比較的新しい用語であって、この語が示す領域について必ずしも明確な一般的了解が成り立っているわけではない。そこでまず歴史学の立場からこの用語をどの様な意味において使うのかを明らかにしておかねばならない。

「災害文化」が災害研究の領域で使用され始めたのは、一九六〇年代の初頭のアメリカの社会学界からのようである。その初発の論文である“And the Winds Blew”（H. E. Moore“And the Winds Blew”The University of Texas, 1964）においては、災害を受けた地域では、人々の災害への反応に災害を受けなかった地域とは異なるものが観察されるという点を分析の出発点とし、災害襲来直後の災害症候群（disaster syndrome）と呼ばれる災害の衝撃から人々が立ち直るまでの期間の人間行動に、一定の特有な傾向がみられるとし、それを〝災害文化〟と規定した。災害文化はその特質として社会的普遍的に見られるというより、むしろ災害を受けた地域の人々に特有のものである点で、当該社会全体に貫徹する支配的文化に対して下位文化（subculture）と位置付けられた。その後、アメリカのWengerらによって、災害文化論は更に発展され、道具的（instrumental）と表現的（expressive）文化に分別する概念規定が示された（D. E.

Wenger & J. M. Weller "Disaster Subculture" Ohio State University, 1973)。

わが国の災害研究に於て災害社会学の立場から、広井脩が昭和五十七年(一九八二)に起きた浦河地震の災害分析にこの災害文化概念を適用した(広井脩「一九八二年　浦河沖地震と住民の対応」東京大学新聞研究所編『災害と情報』東京大学出版会、一九八六)。ここで、広井はWengerらの災害文化概念を紹介しつつ、道具的災害文化を災害に対する対応姿勢、表現的災害文化を当該地方の住民の災害観と言い換えて、実際の分析概念としての有効性を実証し、あわせて、個別の災害体験の蓄積による災害文化の社会的継承には有効性と同時に限界があることに留意を促した。

以上にみられるように、ここにおいての主たる分析対象は災害襲来直後の人々の反応であり、社会学が従来手掛けてきた人間行動に関する分析手法が活用される領域でもあったわけである。しかし、歴史学は現に行動する人間を直接分析対象とすることは稀であり、分析対象のほとんどは時間的には既に過去となった事態を対象とする。したがって、主に資料的痕跡を通して過去を再現する手法をとる。たとえ、対象とする歴史事態に直接関わる人々が現存しているとしても、その人々にとっても既に過去の事態であり、記憶の中にあることを言語や記録で再現するということに限られる。歴史学は現に行動する人間を目の当たりにしての客観的分析の手法は持たないと一般的にはいいうる。とすれば、社会学の分野で提起された「災害文化」の分析領域をそのまま歴史学の分野で踏襲することは困難であるということになる。

では、歴史学において「災害文化」という研究領域は存立しうるのかということになる。

ところで、まず問題の範囲を限定しておかねばならないのは、ここでの災害は自然的外力によって引き起こされた自然的、あるいは社会的事象に限定するということである。昨今、自然災害と人為的あるいは社会的災害との境界線は明確には線引きしがたくなる傾向にある。しかし、ひとまずここでは自然災害に限定しようという了解のもとに共同研究が進められてきた。本研究会（注）では自然科学者が災害を自然災害によるものであることを自明のこととして出発したのに対し、社会科学を専攻する研究者の側からこの点について疑問が呈されたのも故無しとしない。歴史学の一分野として、歴史を通して観察しうる地域社会の変容や人口の増減、社会組織の変容を分析の対象としうるとすれば、そうした歴史現象は必ずしも自然災害によるものとは限らず、あらゆる社会で起こる変化である。しかし、ここでは自然災害に限定したことで自ずと「災害文化」の領域も明らかになった。すなわち、過去に自然災害によって打撃を受けた地域がその歴史的痕跡を景観的、あるいは構造的変容として現在に至るまで残存させているならば、そうした変容が歴史的に定着した過程を明らかにし、地域社会や個人は積極的にせよ消極的にせよ、そうした変容にどの様に荷担したかを明らかにしていくことは可能だということである。もちろん、社会学の分野で提唱された「災害文化」は、既に述べたように災害時に於ける人間行動を規定する要因を客観的に分析した結果、「災害文化」として繰ることができるとするものであるから、災害の衝撃による神経症などをも取り込み、災害時の人間行動をトータルにみていこうとするものであり、必ずしも価値的に高く評価されるものだけを対象としているわけではない。しかし、歴史学が対象とする領域においては歴史的時間というフィルターにかけられ、災害時の人間行動が生のまま分析できるということは期待できない。その結果、歴史的事件としての自然災害について語り継がれ、書き継がれてきた歴史的痕跡は既に一定の価値的取捨選択が行われていることを前提としなければならない。また、災害の衝撃から当該社会が立ち直り、ある程度の日常性を取り戻すようになるまでの比較的短期間を分析対象とする社会学に比べ、歴史学が取り扱う対象は観察可能な一定の歴史的結果の蓄積が必要となり、そのため比較的長期間を対象とするといえる。

このように考えると、歴史学における「災害文化」の領域は、災害と社会の対応関係の歴史を検証するということになる。当然ここで使用する社会という語の持つ範囲も限定しておくことが必要である。国家・地域社会・個人は、それぞれ社会を構成する要素であり、災害が発生すると、それを乗り越える努力は上記の構成要素のそれぞれの次元でなされる。本章では、視座を最も低くとり、まず個人のレベルから出発することにする。

本章が分析の主軸にすえようとするのは、明治三陸津波及び昭和三陸津波の被災地での災害に対する社会の対応の歴史である。知られているように、明治三陸津波によって一家全員が死亡した家は岩手県のみの統計によっても罹災戸数六八五四戸のうち七二八戸といわれている（災害関係資料等整備調査委員会編『岩手県災害関係行政資料Ⅰ』災害関係資料等整備調査委員会、一九八四）。また、幼い子供独りを残し、一家が死に絶えた家もめずらしくはない。この時人々はどの様な工夫をして、家族を形成させ、今にいたる「家」を維持させようとしたのか、それはなぜなのかを問うことは歴史学に置ける「災害文化」の領域にふさわしいものであろう。そこで、本章の課題として災害に対して「家」あるいは家族はどの様に対応したのかを考察の中心にすえた。しかし、「家」の問題は決して超歴史的に存在したのではない。社会においてあるいは個人において、庶民が「家」を問題とし始めるのは歴史の古いことではなく、自家の財産と歴史を自らが創り出さねばならないという自覚が国民一般に生まれたのは、近代に至ってからだといえる。この点で近代に入って発生した二つの津波による大災害は、三陸地方という限定性はあるにせよ、庶民が災害を契機に、自覚的に「家」に対峙した最初の経験だったといえよう。

なお、家族と「家」について前章で論じた（本書第五章参照）。本章でも、被災者集計のような家族に関する計量的概念を問題にする場合と個々の家族をその個別の事情に応じて分析する場合とに応じてそれぞれ家族、「家」を適宜使い分けた。

二　災害と家族の研究史の素描

災害と家族との関係史についてはかつて民俗学の立場から宮田登が、天明三年（一七八三）の浅間山噴火で埋没した鎌原村で生き残った九三人の村人をそれぞれ新たに結びあわせ家族とさせ村再興を図ったことに言及して、災害後の新しい人間関係の結合にそれまでの日常と異なる一種の災害ユートピアが出現したのではないかとした（宮田登『終末観の民俗学』弘文堂、一九八七）。しかし、この事例について家族維持の基礎となる耕地配分の実態を踏まえた渡辺尚志氏の研究では、土地配分と人的配分が領主や有力農民の采配で行われ、当初均等配分であった耕地も能力や条件で経済的格差が生じ、それが家格差へ固定化したとした（渡辺尚志「天明三年浅間山噴火による被災村落の復興過程」『信濃』三九巻二号、一九八〇）。つまり、災害ユートピアと呼べる状況などなかったということである。三陸津波と家の再興については名著『津浪と村』を著した山口弥一郎によって言及された（山口弥一郎『津浪と村』恒春閣書房、一九四三）。山口はいうまでもなく湾口形態と津波襲来の相関関係を指摘し、地理学的見地から三陸津波の解明に尽力した。しかし、山口の関心は広く、災害で失われた家族がどの様に再構成されていくのかについて、実例から多くのタイプを抽出した。しかし、個人の情報に関わることとして抽象化された記述に留まる点があり、人々の記憶も薄らいでいく今日、出来る限り具体的な記録を残すことは急務であるように思われる。そこで、大船渡市赤崎町合足部落で調査を行い、明治三陸津波を中心に災害と家族についてまとめた（本書第五章参照）。ここでの主要な関心は災害からの復興はどの様に行われるのかということであった。基本的には個人の努力に負うものであっても個人そのものがむき出しに歴史の全面に現れることは稀である。そこで、村落の場合であれば、生活共同体としてのまとまりを持つ村あるいは部落、また、社会的基礎単位としての「家」の復興という領域で集団が担う〝文化〟を対象とし得るのではないか。個々の人々の苦闘を通して一定の方向性を持つ社会的行為や行動を文化と呼び得るとすれば、まさにここに災害文化を問うことが出来るのではないかと予測したからである。

合足部落は、明治津波被災前一三戸一二九人の部落であったが、このうち七八人が津波で死亡した。一戸当り平均六人の犠牲者を出したことになる。部落毎の被災率としては極めて高い方に属する。一家でそれぞれ一三、一〇、九人の死亡例がこの小さい部落で起きたため、部落全体の死亡率を一挙に高めた。しかし、これほどの人的被害を受けながら、この部落は間もなく江戸時代以来の一三戸の戸数を復帰させ、昭和津波の時には一五戸と戸数を増やしたが、人口は昭和五年（一九三〇）時一〇四人と、依然として明治二十九年（一八九六）津波被災前の水準には回復していない。そこに再び昭和津波で二〇人の命を奪われた。この村が受けた打撃の深さを物語ってあまりある（表1）。

表1　赤崎村被害明治・昭和比較

部落名	明治29年（1896）		昭和８年（1933）	
	被災家屋	死亡者	被災家屋	死亡者
宿・生形	94戸 (93)	109人 (744)	41戸 (147)	3人 (869)
上・下蛸浦	83 (64)	85 (467)	40 (86)	35 (601)
合足	15 (13)	78 (129)	9 (15)	20 (104)
赤崎全村	370 (307)	457 (2490)	150 (589)	83 (3820)

「津波災害調」（「赤崎村文書」大船渡市立博物館蔵）.
（　）内はそれぞれ被災前の部落戸数，人口.
明治29年は山奈宗真「大海嘯表」（東北大学工学部『津波防災実験所研究報告』第５号，1987）.
昭和８年は「赤崎村概要・震災復旧復興事業計画・同進捗状況等報告書」（「赤崎村文書」大船渡市立博物館蔵）による．昭和５年国勢調査数値別に被災直後の盛税務署調による全村568戸，4098人という数値も得られるが，各部落毎の戸数・人口が得られないので前者によった.
被災家屋は流出，全・半壊の計．浸水は除いた．被災家屋が全村戸数より大きいのは流出家屋数（納屋など含む）の計だからである.

「家」の成員たる家族を大半失うという困難に直面して合足部落でとられた方法から次のパターンを析出した。

A　直系家成員による家の相続が可能な場合

B　傍系親族〔甥など〕による相続の場合
C　再婚・養子による家成員の再編成の場合
D　二家系の合家の場合
E　絶家―再興
F　転出
G　絶家

なお、F、Gのパターンは合足部落には見られず、部落を構成する家数が長い歴史を通じて一定に保たれた点にこの部落の特徴が認められる。また、だからこそA―Eの努力が成されたのだともいえる。

前章では、家屋移転は事実として調査はしたが、災害文化との関連で考察をしていない。

ここでは、上記の問題設定がどこまで普遍化し得るか、また、災害からの復興過程に見られる問題として他にどの様な視点を持たねばならないかを今回の研究課題とした。そこで、以下では具体的事例に基づき、検討を進めることにする。

三　災害と「家」と家族―事例研究

以下では、前回調査できなかった岩手県大船渡市赤崎町の宿・生形部落と上・下蛸浦部落を素材に、津波常襲地帯の家屋移転及び家の維持を主に考察する。この地域は近代以降、明治・昭和三陸津波及びチリ地震津波の三度にわたる甚大な津波による被害を受けた。当面対象としたのはチリ地震津波を除く前二者である。ここで言及する部落の被害概要を表1に示した。

被災直前の村落全体の戸口から推して、この両津波災害の間に戸数にして約二倍（五八九から三〇七を除す）弱、人口にして約一・五倍（三八二〇から二四九〇を除す）の戸口増加があった。

岩手県全体のこの間の戸口増加は明治二十九年（一八九六）六九万六七四七人、一〇万九一八三戸（一戸当り六・三八人）、昭和八年（一九三三）一〇二万人、一六万四〇二四戸（一戸当り六・二二人）であるから（『岩手県統計書』明治三十年、『岩手県統計書』昭和九年）、一九世紀後半から二〇世紀の三分の一を経過して人口にして一・五倍（一〇二万から六九万六七四七を除す）、戸数に対して一・五倍（一六万四〇二四から一〇万九一八三を除す）の増加が認められる時期であったとすることが出来る。

なお、『岩手県統計書』明治三十年には附録として津波による被害と明治二十九年（一八九六）七月の大洪水による被害統計が附けられている。それによれば、津波被害を受けた太平洋沿岸の気仙、南閉伊、東閉伊、北閉伊、南九戸、北九戸の各郡の被害は死者一万八一五八人、六〇三六戸としている。この結果、岩手県全体の戸口も当該年のみ前年より八三四九人、三一〇戸の減小をみるが、災害翌年の統計によればほぼ災害罹災前のレベルに復している。この時期を経て、昭和八年（一九三三）と比較した上記の数値からつぎのようなことがいい得よう。総じて、この時期は衛生状態の向上、近代産業の発展により都市、農村を問わず出生率が上昇し、死亡率が低下することで人口の自然増加が顕著になる、いわゆる人口転換が成し遂げられた時期と見なされており、この傾向は東北太平洋沿岸地域においても認められるといえる。

1　大船渡市赤崎町宿・生形

さて、図1に大船渡湾調査対象地域を含む地形図、図2に山奈宗真の調査図をあげた。現大船渡市赤崎町、当時は赤崎村である。赤崎村の各部落は表1に示したほか、山口、永浜、清水、長崎があるが、調査対象と出来なかったので表には示していない。

明治三陸津波

宿・生形部落は後ノ入川の扇状地に広がる川を挟む両側の部落である（第五章図1）。この部落は昭和八年（一九三三）の津波後集団的家屋移転が両部落に跨って行われ、人々の交流も両部落に跨るので、それぞれ分割しては実際の人々の動きが把握できないと考え、一体として扱った。

明治三陸津波での、被災戸数は九三戸犠牲者は一〇九人である。明治津波で被災した家屋九三戸のうち、聞き取り調査によって四一戸の家屋の所在地が判明した（図2）。

図2中の番号は表2の番号、戸主に対応する。生形地区においては、昭和三十五年（一九六〇）のチリ津波後の大規模な宅地嵩上げ、県道補修工事などで様相が一変しており、現在の地図上に必ずしも正確な地点が示し得る条件にない。しかし、昭和津波被災時の家の所在地点を復元し得たことから、一定の信頼性はあると期待している。

山奈宗真の調査によれば、明治津波では、宿・生形の打上波二〇尺（六メートル）、波走り二六〇間（約五〇〇メートル）（山奈宗真「岩手県沿岸大海嘯部落見取絵図」甲、一八九六）ということである。図2に聞き取りによる当時の推定海岸線を点線で示した。№26の三浦元助家は船二艘を流失させたが、家での犠牲者、家屋流失は免れた。№25の金野源蔵家では一名の犠牲者を出したが、この家で犠牲者が出たのか否か、記録による確証は得られなかった。後に述べるように、津波襲

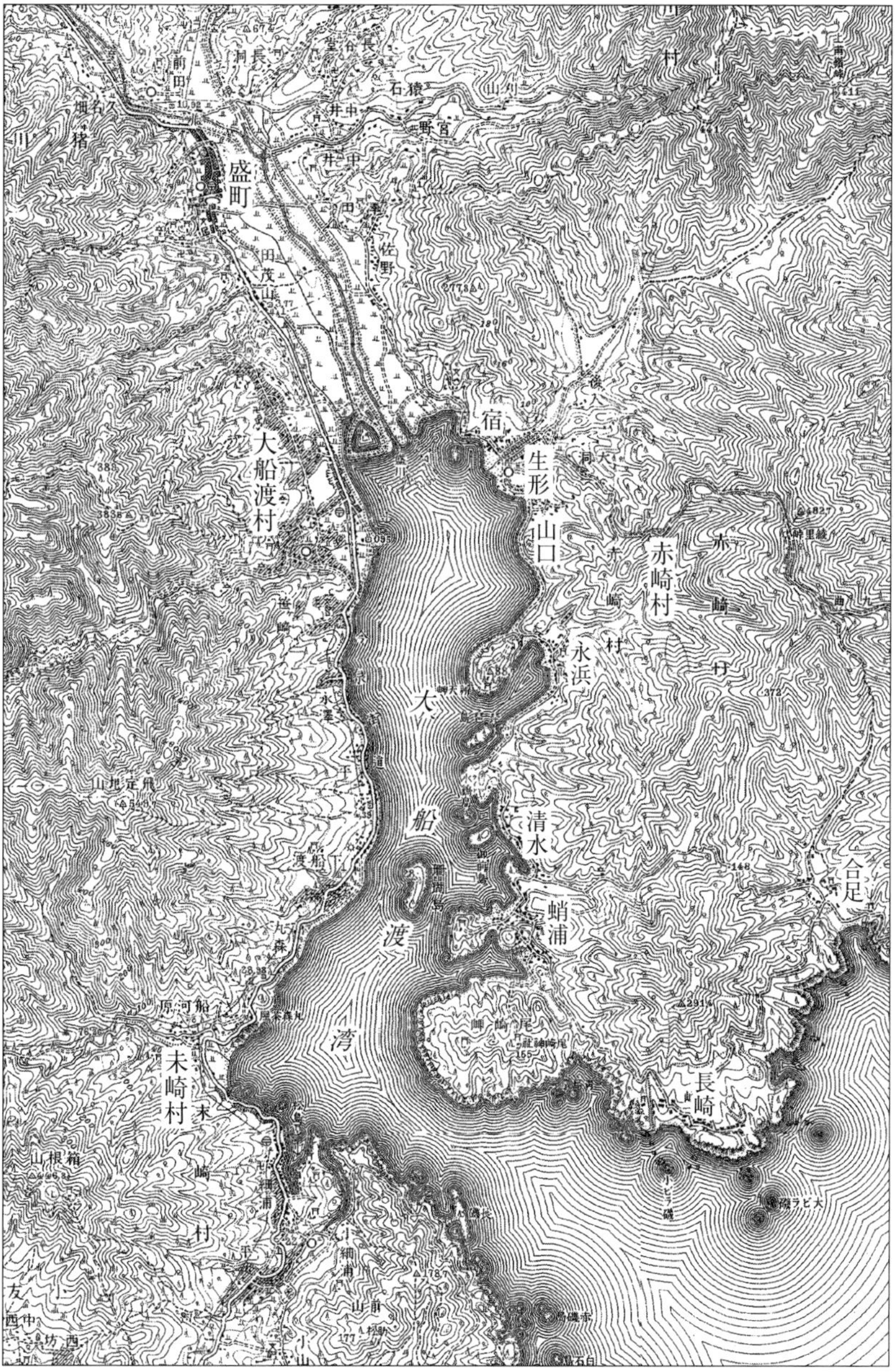

図１　大正２年測図大正５年発行の５万分の１地形図『盛』および『綾里』
本図は時系列地形図閲覧ソフト「今昔マップ」((C)谷謙二）により作成.

図２　明治津波被害図　宿・生形

図中番号は表２の家番号（図No.）に対応．点線は当時推定海岸線．

表2　明治津波被害　宿・生形

図No.	戸　　主	部落	次戸主	職業	年齢	男死者	女死者	死者計	生存者	復元家族数
1	今野初五郎	宿		雑	54	1	1	2	5	7
2	佐藤庄右衛門	宿		工	55		2	2	7	9
3	千葉岩蔵	宿		漁	45				5	5
4	千葉善之助	宿		漁	56				7	7
5	千葉丑松	宿		漁	42	2		2	7	9
6	吉田鉄太郎	宿	兵吉	農	35	1	2	3	9	12
7	只野留蔵	宿				1	1	2		2
8	金野雄之助	宿	源三郎	商	23	1	1	2	1	3
9	金野庄治郎	宿		漁	51		1	1	3	4
10	金野長五郎	宿		商	33				2	2
11	金野巳之作	宿	豊之進	雑	3	5	2	7	1	8
12	三浦栄助	宿		農	69	2	1	3	6	9
13	舞良長之丞	宿				1		1		1
14	金野伝吉	宿		雑	48	1		1	5	6
15	三浦与平治	宿	善左衛門	雑	11	3	1	4	3	7
16	三浦大蔵	生形		農	32		1	1	6	7
17	金野米五郎	生形		農	37		3	3	4	7
18	金野忠兵衛	生形		漁	48				10	10
19	三浦富作	生形		農	61				5	5
20	千葉市吉	宿				1		1		1
21	三浦藤右衛門	宿		雑	51		3	3	4	7
22	三浦馬蔵	生形		農					10	10
23	金野富治	生形		農	45	1	2	2	3	5
24	只野仁吉	生形		農	50		2	3	3	6
25	金野源蔵	生形					1	1		1
26	三浦元助	生形								0
27	山口長右衛門	生形		農	61				6	6
28	中山卯之吉	生形		工	38				3	3
29	只野喜之助	生形		農	51		2	2	6	8
30	只野義兵衛	生形		農	62	1		1	7	8
31	山口常蔵	生形		農	39		1	1	4	5
32	金野啓三郎	生形		雑	35	1	2	3	1	4
33	千葉八三郎	生形		農	55				9	9
34	田代森吉	生形		農	60	4	3	7	10	17
35	三浦甚吉	生形	八蔵	農	48	1	1	2	6	8
36	田端四和蔵	生形	乙治	農	36	2	1	3	4	7
37	田代善之助	宿		漁	36	1	1	2	3	5
38	山口清三郎	生形		農	46		2	2	5	7
39	山口団蔵	生形		漁	36		3	3	4	7
40	千葉伊四郎	生形		農	30	1		1	6	7
41	宮城泰助	生形		商	40				5	5
						31	40	71	185	256

「赤崎村被害状況調」「海嘯罹災生存者名溥」（「赤崎村役場文書」大船渡市立博物館蔵）.

来当日が節句に当たるため、婚家から実家に戻り、そこで津波に襲われたという事例も少なくない。したがって、この地点まで波が遡り、家、人を襲ったとすることについての留保が必要である。家屋流失の記録と犠牲者の出たことが記録上確かめられるのは№21の三浦藤右衛門家である。波が後ノ入川を遡り、川岸近い同家は被害が出たと考えられる。表2の四一戸のうち三一戸の家から七一人の犠牲者が出た。被災地点の不明な犠牲者はこの両地区でほかに三八人存在したことになるが、№21のライン以南では地盤の高い地点の家を除き、後ノ入川扇状地の比較的低い所の家々でほとんど犠牲者が出たと推定されよう。

昭和三陸津波と家屋移転

昭和三陸津波の場合は宿での波高は二・七八《メートル》ということである。被害の程度は明治に比べ少なく、犠牲者も三名に留まった。図3は昭和津波で家屋が流失・倒壊した六一戸のうち津波被災地点の判明したもの及びその後の家屋移転の有無を地形図に落としたものである。表3の番号は、図3の№に対応し、当時の戸主名、被害の内容などを摘記した。表3で顕著な家屋の流失数は、一家で本屋のほか納屋、厩、便所などが算入されているからである。このうち、本屋を流失した三六戸のみに＊印を付けた。図3と表3の流失家屋欄とを照合させることによって、№52田端巳之作家の流失を除くと現在の県道より南側で家屋のうち本屋まで流失した例が大部分であるといえる。

表3の目的の一つは、被災戸の位置、被災内容を確認することのほか、二度の津波を経て、家屋移転がどのように進展したかを示す目的も兼ねている。宿・生形地区は昭和津波後宅地造成のための大蔵省預金部低利資金の受給対象地となり、二〇戸分の宅地造成が可能となった。また、同時に、国および県からの災害土木費をもって県道の復旧、拡幅工事がおこなわれた。現在（平成二年〈一九九〇〉当時）の、部落を縦断する県道はこの時新設されたもので、それ以前はより海岸寄りの№29―№7―№8―№11―№19―№30―№35―№34の各戸に沿う道路が村のメインストリート

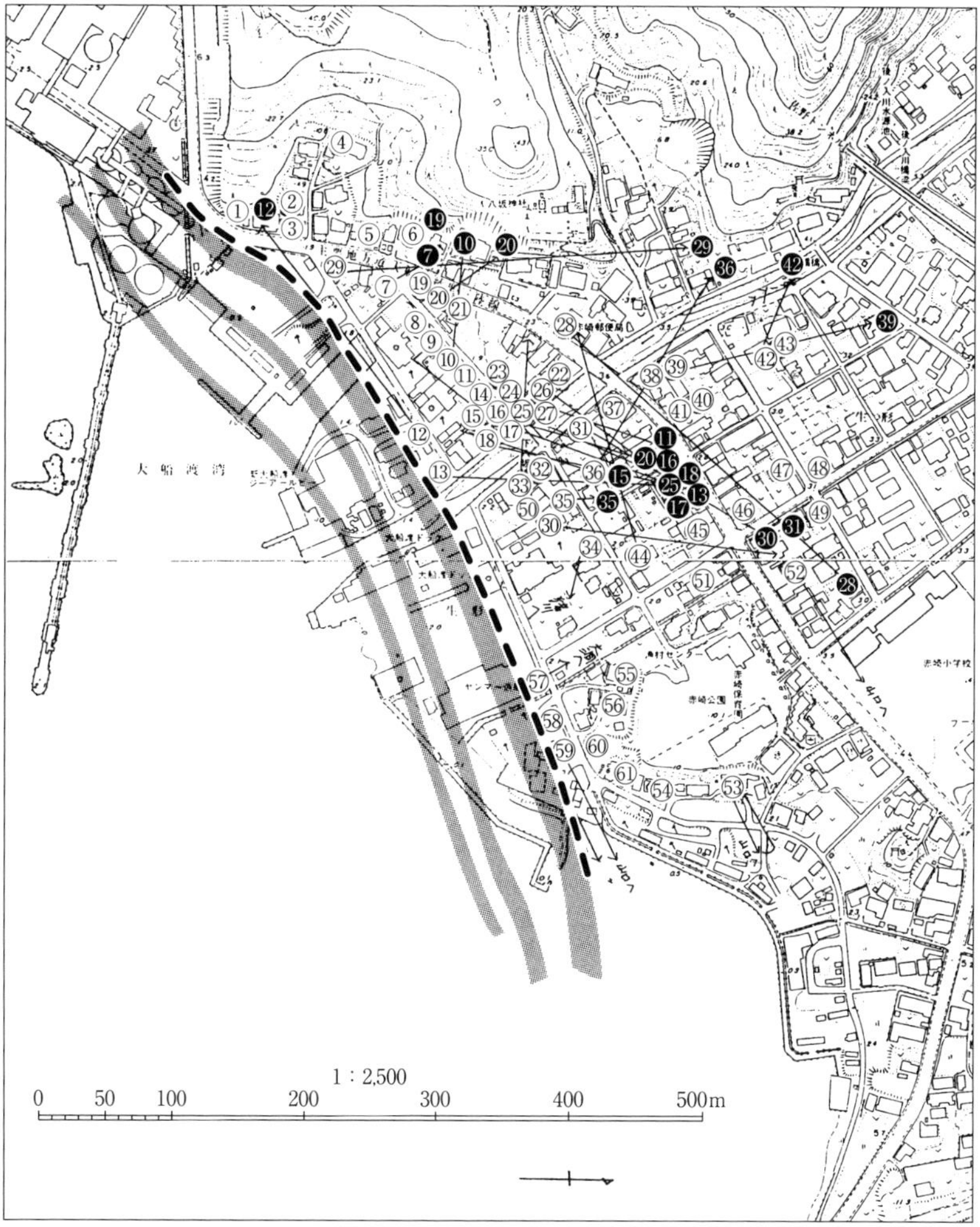

図３　昭和津波被害　宿・生形

移転先は❶で表示. ㉞, ㊾, ㊿, ㊷, ㊸, ㊹は他所へ移転.

図中番号は表３の家番号（図 No.）に対応.

表3　昭和津波被害　宿・生形部落

図No.	名　　前	職業	家族数	流出家屋	死者	図No.	明治29戸主	明治被害
1	金野久三郎	農	7	*3		1	初五郎	2
2	山口清之丞	農	7	*3				
3	千葉太右衛門	農	5	3		3	若蔵	
4	吉田鉄之助	漁	3			6	鉄太郎	3
5	千葉　隆	農	8	*2		4	善之助	
6	千葉栄太郎	農	7	*4		5	丑松	2
7	只野留十郎	雑	7	*1		7	留蔵	2
8	金野源三郎	農	8	*2		8	雄之助	2
9	金野庄治郎	漁	8	*3		9	庄治郎	1
10	金野千代吉	漁	6	*2		10	長五郎	
11	金野豊之進	商	8	*3		11	巳之作	7
12	山口和太郎	漁	12	*3				
13	佐藤豊吉	漁	6	*1				
14	山口多助	漁	8	*2				
15	金野浩太郎	大工	3	*2				
16	吉田松助	農商	4	*1				
17	金野四郎	漁	7	*1				
18	山口清助	農	6	2				
19	千葉養七	農	6	*2				
20	山口逸郎	電工	3	*2				
21	千葉鳥治	農商	6	*2				
22	三浦養之進	工	8	*3				
23	佐藤源吉	農商	4	*8				
24	宮城忠之助	大工	6	2				
25	崎山コウ	商	1	1	1		ツル	1
26	只野巳代治	農	13	*2				
27	千葉馬蔵	農	5	*3				
28	三浦善左衛門	農	8	*2		15	与平治	4
29	千葉忠太夫	農	3	*2				
30	三浦徳定	農商	9	*3	2	16	大蔵	1
31	三浦元吉	農商	9	*5				
32	金野精五郎	農	8	2		17	米五郎	3
33	金野民治郎	漁	5	*2				
34	三浦源四郎	農	5	4				
35	山口忠五郎	漁	10	3		39	団蔵	3
36	佐藤菊五郎	農	7	*2				
37	金野高治	農	7	3		18	忠兵衛	
38	山口駒助	農漁	9					
39	三浦八重治	雑	7	2				
40	千葉伊子作	漁	3					
41	千葉清五郎	農漁	9					
42	金野多三郎	漁	4	2				
43	三浦トメ	農	4	2				
44	吉田伊勢蔵	郵便	1	1				
45	三浦八吉	農	11	*2		35	甚吉	2

図No.	名　　前	職業	家族数	流出家屋	死者	図No.	明治29戸主	明治被害
46	田代亀太郎	農漁	6	2		34	森吉	7
47	金野九助	農	7	2		32	啓三郎	3
48								
49	只野喜代松	農	6	2				
50	三浦勝人	農商	5	*2				
51	金野吉之助	雑	4	1				
52	田端巳之作	農	6	*2		36	四和蔵	3
53	田端高右衛門	漁	12					
54	吉田孫八	漁	15	3				
55	佐々木伝之進	漁	9	*3				
56	田代林三郎	漁	8	*3		37	善之助	2
57	中山キソ	農	5	*2				
58	山口五四郎	漁	2	*1				
59	山口長咲	商	6	2				
60	田中甚助	漁	3	*2				
61	吉田亀松	漁	7	1				

「罹災者調書綴」(「赤崎村役場文書」大船渡市立博物館蔵). ＊は居住の本屋流失を含む.

だったということである。宅地造成地は二ヵ所作られた。一ヵ所は八坂神社下の崖を崩し、No.10、No.20などが移転した箇所である。崖を崩した土は道路、宅地の嵩上げに使われた。もう一ヵ所はNo.11、No.13、No.18などが移転した新県道沿いである。上記二ヵ所の造成地以外への家屋移転は、基本的には自助すなわち自分持ちの耕地、本家からの分与、あるいは買得地などへの移転であったという。そのほかこの部落においては、セメント工場拡張のため土地買収がほぼ時期を同じくして始まり、津波被害後買収に応じた家の移転も重なった。表3にみるようにこの地区の職業構成は次に検討する蛸浦地区より多種多様であり、それだけ人間の流動性も認められる地域である。表1によっても明治・昭和間の人口増加は一・二倍（八六九から七四四を除す）であるのに対し、戸数増加が一・六倍（一四七から九三を除す）と三地域の中では最も高く、この地区については人口の自然増加以外の要因も予想される地域である。したがって、家屋移転や転出を簡単に津波災害の結果とのみ判断するわけにはいかない。従来の生活の大幅な変化を強いられる家屋移転を行う動機付けは何によるのかを考える手がかりを得るため、表3には明治津波での被災の有無をわかる限りあげた。明治津波の場合は被災後直ちに家屋移転を行った例はきわめて少ないという。この点は宿・生形地区に限らない。とすれば、ここにおいては、二度にわたる津波被害を受け、国や県の財政補助を受け、県道敷設と平行した計画的宅地造成がなされたからこそ、家屋移転が一部実現したものといえそうである。従来の生活改変を強いられる住宅移転は、就労機会のある都市でならばいざ知らず、当時の農漁村においては生活の経済的基盤を失ってまで行うということは現実には有り得ない。たとえ、生命の危機に関わる事柄であっても生活維持への長期展望が立たなければ、家屋の移転は容易には行われないだろう。明治の場合、昭和津波とは比べものにならない甚大な被害を受けながらも従来の居住地域を離れる例がきわめて少なかったのは、こうした社会条件の言い換えれば、社会資本の投資が行われる段階に達していなかったということができる。

2　大船渡市赤崎町上・下蛸浦

蛸浦地区は上・下に分かれた行政区であるが、家屋移転、人的交流とも行政区を超え、混然としているので、両区をまとめて扱った。両地区の大船渡湾内における位置は図1によって明らかなように尾崎岬が部落を囲むとはいえ、湾口部に近く明治・昭和両津波の波高は宿・生形より高い。山奈宗真の実地調査では明治の場合、打上波は上蛸浦で三〇尺（九メートル）、下蛸浦で一八尺（五・四メートル）であった（前掲「岩手県沿岸大海嘯部落見取絵図」）。昭和では、蛸浦で四・三メートルとされている（災害関係資料等整備調査委員会編『岩手県災害関係行政資料Ⅰ』災害関係資料等整備調査委員会、一九八四）。

明治三陸津波

表1によって、明治の両部落の戸数は六四戸、人口四六七人、昭和では八六戸六〇一人で、戸数・人口とも約一・三倍に増加している。しかし、既にみたように岩手県全体の増加率一・五倍を下回り、明治津波による人的打撃の大

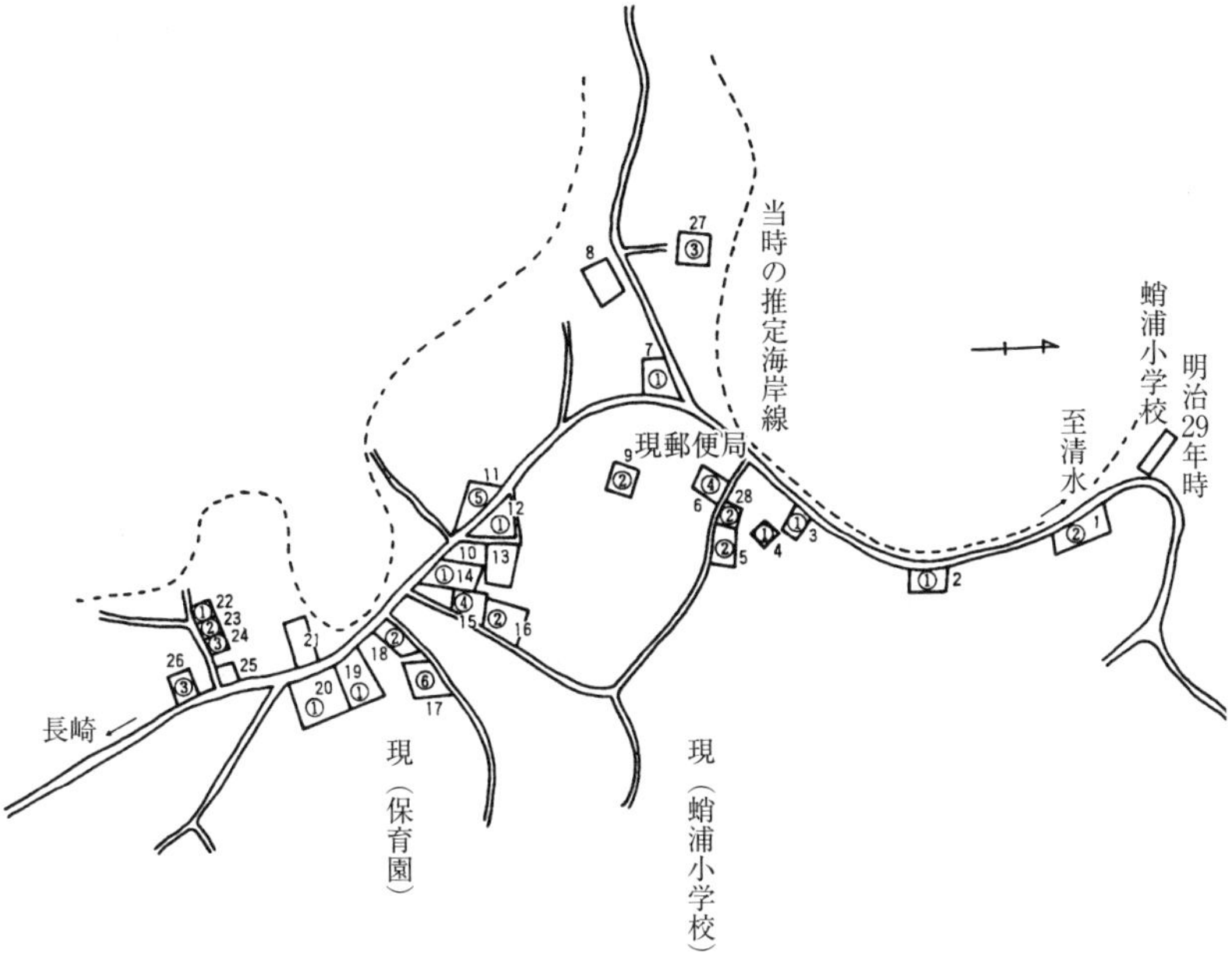

図4　明治津波被害　蛸浦部落

家番号（表4）のなかの○印の数字は明治津波の死者数.

きさからようやく脱したかに見えた時期に再び津波禍に遭うという事態であったと推測される。明治の津波で被災した家のうちその所在地点の判明した二八戸を平成五年（一九九三）の住宅地図に落し、あわせてその家での犠牲者の人数を○印のなかに示した（図4）。○印で囲んでいない番号は家番号で、表4の番号に対応する。この表には明治津波被災時の当主名、また、津波で当主が死亡した家の新しい戸主名、家毎の犠牲者の数、生存家族数、本来ならいたであろう家族数を記した。明治の被災戸八三戸のうち所在地点の判明した二八戸で既に両部落の犠牲者八五人の半数を超える四六人がこれらの家の成員であったということである。表中の各戸の職業をみても二軒の農業戸、雑業戸以外はすべて漁業に従事しているという漁村である。背後に山の迫るところでは、生業の利便のために海沿いに家が並ぶ以外選択の余地のないことがわかる。ここでも、明治津波罹災後家屋の移転をした家は三軒のみで、ほとんど

表4　明治津波被害　蛸浦部落

図No.	戸　　主	部落	次戸主	職業	年齢	男死者	女死者	死者計	生存者	復元家族数
1	志田常吉	上蛸		漁	48	2		2	7	9
2	和田福七	上蛸		漁	40	1		1	6	9
3	石橋春治	上蛸	浦助	漁	47	1		1	5	6
4	熊沢孫右衛門	上蛸		漁	60		1	1	7	8
5	志田菊治	上蛸	菊右衛門	漁	13	1	1	2	3	5
6	中村福松	上蛸		漁	43	2	2	4	4	8
7	志田助右衛門	上蛸		漁	56		1	1	5	6
8	森善右衛門	上蛸		漁	53				3	3
9	鎌田初五郎	上蛸	平左衛門	漁	20	2	1	2	5	7
10	森　与平	下蛸		漁	54		1		6	6
11	東勝太郎	下蛸		漁	41	2		3	10	13
12	森市十郎	下蛸		漁	48		1	1	8	9
13	旦野熊之助	下蛸		漁	44				6	6
14	千葉庄五郎	下蛸		漁	62			1	5	6
15	森弥左衛門	下蛸		漁	13	4	3	4	5	9
16	鎌田卯右衛門	下蛸		漁	61	2	2	2	5	7
17	千葉福松	下蛸		漁	53	3	1	6	4	10
18	石橋留蔵	下蛸		漁	46		1	2	6	8
19	千葉長治	下蛸		農	45			1	5	6
20	東善右衛門	下蛸		漁	36			1	6	7
21	森太五右衛門	下蛸		漁					4	4
22	崎山藤治	下蛸		漁	33	1		1	4	5
23	崎山巳代吉	下蛸		漁		2		2		2
24	崎山清十郎	下蛸	清之進	漁	13	1	2	3	1	4
25	鎌田徳十郎	下蛸		漁	36				5	5
26										
27	志田栄吉	上蛸		漁	33		3	3	6	9
28	笠原十右衛門	上蛸		漁	32	1	1	2	5	7
						25	21	46	136	184

は従来のところに再び家を建てたという。本格的な家屋の移転が行われたのは昭和津波被災後である。

昭和三陸津波と住宅移転

蛸浦地区は集団的に家屋を移転させる用地確保の困難からか行政主導の宅地造成は行われなかった。家屋の移転はいわゆる自助によった。図5は昭和津波後の家屋の移転が行われたケースである。この両地区の被災戸数は八六戸であるが、このうちの四七戸の被災時の家屋所在地点と移転先を①で示した。①のない家番号は移転せず、従来の宅地を嵩上げなどして津波に備えた。表5の移転欄は○印、＋印を付けて移転の有無を示した。この地区は昭和津波でも多数の犠牲者を出した。家屋移転の条件に乏しい当該地区では、移転しない家でも現在は（平成五年（一九九三））ほとんどが嵩上げなどを行っている。チリ津波では宿・生形のように死者こそでなかったが、四メートル余の津波に襲われ半壊七戸、床上浸水二〇戸の被害を受けた（岩手県大船渡市編『チリ地震津波大船渡災害誌』大船渡市、一九六二）。

なお、この部落では、明治・昭和の戸数増加は一二戸、増加率一・三倍である。社会的な流入人口の条件に乏しいと推測されるから、ほとんどが分家（別家《べっか》）によるものであろう。聞き取りに依っても、明治津波時には存在せず、その後の分家で新たに創出された家は何軒か確認できた。表5に昭和津波の被災戸で明治被災戸であるものも摘記した。両津波の被災戸は、大部分が住宅移転を行っているといえよう。また、そうでない場合もほとんどの家で嵩上げをしたことは既に紹介した。この両部落においての家屋移転は図5の移転の軌跡によっても用地確保が困難であったことが充分うかがえる。それればかりではなく、宿・生形のような、工場誘致による新しい職業就労への可能性もなかったことを考えれば、対津波自衛策として家屋移転、あるいは宅地嵩上げが困難な状況下でなされたことは、それだけ明治・昭和津波がもたらした惨禍の衝撃が大きかったからであろう。

表5　昭和津波被害　蛸浦部落

昭和津波被害　蛸浦部落							明治津波被害			
図No.	名　　前	職業	家族数	流出家屋	死者	移転	図No.	明治当主名	死者	生存者
1	平塚恒治	農	5	2	1	○				
2	志田義太郎	漁	8	1		+				
3	新沼丈右衛門	漁	4	1	3	○				
4	和田八郎治	農	9	1		+	2	福七	1	8
5	中村宇一	農	5	3	1	○				
6	石橋徳治	農	9	2	1	○	3	春治	1	5
7	志田八吉	農	5	2		○				
8	熊沢孫之助	製造	7	2		○	4	孫右衛門	1	7
9	森覚右衛門	農	1	2		○				
10	志田菊右衛門	農	7			○	5	菊治	2	3
11	志田八三郎	農	4	2	1	○				
12	志田幸治	農	6	4	1	○	7	助右衛門	1	5
13	鳥沢源左衛門	農	8	2	1	○				
14	志田勉吉	漁	6	3		○				
15	森松右衛門	漁	8	3		+	8	善右衛門		
16	志田栄一	漁	4	2		+	27	栄吉	3	6
17	志田泰治	農	7			+				
18	森文治郎	農	5			+				
19	森喜三郎	農漁	7	1		+	12	市十郎	1	8
20	東鉄之助	農漁	8			+	11	勝太郎	3	10
21	森　昇	農	4	1		+				
22	比田留蔵	農漁	8	2	2	+				
23	森　求	農漁	9	3		○				
24	森清治郎	農漁	11	2		○	10	与平		6
25	千葉清之丞	農漁	8	5	4	○	14	庄五郎	1	5
26	鎌田市右衛門	農漁	7			○	16	卯右衛門	2	5
27	千葉兼司	農漁	4	3		○	17	福松	6	4
28	石橋文治郎	農漁	8	3		○	18	留蔵	2	6
29	鎌田米蔵	農漁	6	3	3	+	9	初五郎	2	5
30	千葉和三郎	農漁	13	1	2	+	19	長治	1	5
31	東善之丞	農漁	14	1		+	20	善右衛門	1	6
32	鎌田養右衛門	農漁	3	2		+				
33	鳥沢富之進	漁	4			+				
34	旦野陸二	農漁	5			+	13	熊之助		6
35	森藤之助	農漁	6	2		○	21	太五右衛門		4
36	崎山芳之助	漁	4	1		○				
37	崎山義雄	神職	8		1	+				
38	崎山ミヨシ	農	3	2		○	22	藤治	1	4
39	崎山　肇	農漁	9	1		○	23	巳代治	2	
40	崎山清之進	農漁	4			○	24	清十郎	3	1
41	鎌田徳十郎	農	3			○	25	徳十郎		5
42	鎌田包治郎	漁	8			○				
43	浦島康治	農	7	3	2	+				
44	石橋常右衛門	農漁	8	1		○				
45	森弥左衛門	農	7		3	○	15	弥左衛門	4	5
46	千葉栄之進	農	9	3		○				
47	東巳七郎	農	7	2		+				
					29				38	119

移転欄　○印……家屋移転したもの．＋印……移転せず嵩上げなどを施したもの．

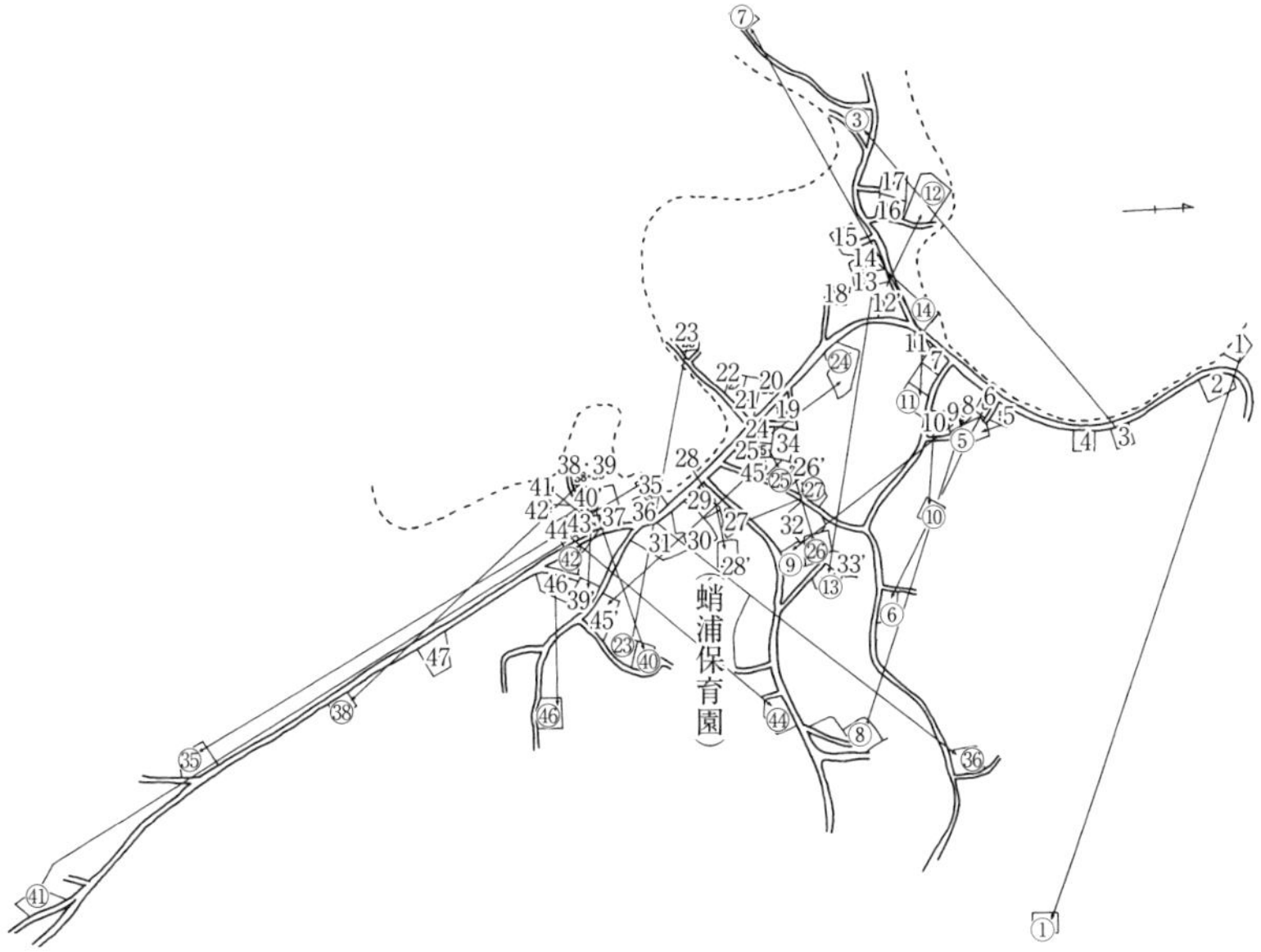

図5　昭和津波被害　蛸浦部落

四　災害と「家」の再生

次に明治の津波で絶家の危機にあった家の再生、再興の過程を聞き取りによって得られた事実から考察したい。宿・生形地区で一家から七人の犠牲者を出した家が二軒ある。表2のNo.11金野巳之作家とNo.34田代森吉家である。

事例一：金野巳之作家

死亡した七人は巳之作自身とその子供四人、長男夫婦及びその子供である。この合計は八人となるが、うち一人は嫁いだ長女（明治十二年〈一八七九〉生、同二十八年結婚）が節句で実家に戻って来ていて、津波に遭ったのである。

一家七人が死亡し、残されたのは三歳一一ヵ月の豊之進だけであった。そこで、巳之作の二男つまり豊之進の叔父で他家に養子にいった久太郎が後見として豊之進の面倒を見、且つ自分の娘アヤノ（明治三十四年生）を豊之進の妻とし、実家の家筋を維持した。久太郎家は長男民治郎が別家を立てた。

この事例には明治三陸津波にまつわる二つの事柄が象徴的に示されている。一つは今に至るまでよく聞かれる節句で婚家から実家に帰っていた新妻や幼い子供が津波で命を奪われたという点である。二つ目には、幼い子供独りが残されたという点である。既にこれと同様の悲劇的な例を合足部落の事例で紹介した。こうした場合、最も近しい親戚が後見として成人まで面倒を見、その家筋を絶やさないようにするという点でも同様な努力がなされている。なお、金野アヤノ氏は存命であり、直接お話をうかがうことが出来た。同家は明治・昭和津波被災後、生形造成地に移転した。しかし、チリ津波でも家が流され、生涯で家を四回建てたと歎慨しておられた。

事例二：田代森吉家

事例一の金野家同様、宿・生形地区で最も犠牲者の多かった田代家の場合は森吉の亡兄の長男夫婦・子供と森吉の長男夫婦、森吉の未婚の子供らが同居する、一家一七名の大世帯であった。

明治の津波では、養嗣子である森吉の亡兄の長男吉五郎の妻とその子供の二人、および森吉の長男夫婦とその子供一人、それに稼ぎ先から節句で実家に帰ってきていた森吉の長女の計七人が亡くなった。

この場合も節句で婚家から嫁いだ娘が帰ってきていて津波に遭難するという事例であるが、この場合は田代家の犠牲者として届出られている。当地方の当時の慣習として嫁にいっても一定期間は婚家の籍に入らないということのためであるという。

田代家では、養嗣子吉五郎が明治四十年（一九〇七）病死し、森吉の長男は既に明治津波で死亡、次男も相次いで病死したので三男の亀太郎が家を継いだ。亀太郎の代には昭和津波で本屋こそ流失しなかったものの浸水、納屋が流された。

同家は明治以前よりほぼ同じ場所に居住しているという。以降の事例は上・下蛸浦での聞き取りから得られたものである。蛸浦地区では明治津波で一家六人が死亡した例が一軒あるが、詳しい聞き取りを行っていないので詳細は不明である。しかし、この事例を除くと、事例一、二のような大量の犠牲者を出した場合はみられない。

事例三：崎山清十郎家

表4のNo.24崎山清十郎家は清十郎自身、その妻、ほかに女性独りが津波で亡くなった。清十郎家の娘ヤヨエは既に同村の森清治郎に嫁いでいたが、節句で実家崎山清十郎家に帰ってきていた。ヤヨエは、幸いに難を逃れた。清十郎家の独り息子清之進も当時盛町に奉公に出ていたので助かった。清之進はこの時一三歳であった。清之進は鍛冶職の修行を積んで、奉公から帰り嫁を迎えた。清之進家は、明治津波後も海岸沿いに住み、昭和の津波でも被災した。昭和津波では同家の家族四人は津波の難は逃れたが、節句で同家に遊びに来ていた親戚の子供二人が津波で命を失った。表5のNo.37崎山義雄家の六男昭と志田五蔵の二女高子の二人であったという。志田五蔵家は図5に示していないが、No.37崎山家は尾崎神社の宮司であり、同家は上・下蛸浦を分ける小高い岬の上にある。同家については、山奈宗真が明治津波の津波浸水域図で「海面ヨリ二十尺タカキ宅地へ壱尺打上タリ」（前掲「岩手県沿岸大海嘯部落見取絵図」）と注記している。昭和津波の波高は同家まで及ばなかった。同家から津波の犠牲者が出た理由は、以上の様な親戚の家での災難であった。

事例四：新沼丈右衛門家

表5のNo.3新沼丈右衛門家は、昭和津波時、蛸浦地区で最も多い三人の犠牲者を出したことになっている。しかし、聞き取りで判明した事実では、九人の犠牲者がでたという。新沼家では丈右衛門自身と子供五人の計六人

が死亡したが、その他に表5の№45森弥左衛門から新沼家の長男吉次郎に嫁いでいまだ未入籍の新妻がなくなった。他に、新沼家から森家に嫁にいった娘が出産を控え幼い子供を連れて実家に帰って来ていて、津波でなくなった。この地点で計九人の死者が出ていたことになる。また、森家の犠牲者が三人出たという記録の実際の内容は、同家の二人と嫁にいったが未入籍の娘一人が新沼家の地点で被災したということである。

明治津波被災の詳細はもはやわからなくなったものが多い。昭和津波の詳細についても実際の体験者から話がうかがえる場合にのみこうした事柄が判明する機会に恵まれる。

以上の事例から、当時の人々のさまざまな社会行動の一断面が災害という事態で切り取られたように、聞き取りでわかった。例えば、節句では嫁は実家に帰る、結婚後ただちには入籍しないという慣例、現在でも見られる出産に際しての里帰りなどの慣習である。不慮の災害で人々の行動がある瞬間停止させられ、その断面が否応なくさらけ出された、人間行動の一断面である。

さて、以上の事例調査およびこれら部落の調査からは、合足部落で析出した「家」再生のパターンに新たに付け加えるべきものを見いだし得なかった。合足部落がその規模の小ささに比して受けた打撃の大きさを考えると、「家」再生・再興と部落再生・復興が同義であり、それが部落の総意であった。こうした事例からは部落の共同意志あるいは規制の存在を推定してもよいかも知れない。それに比べ、社会的流入人口があり、産業構造も単一でない宿・生形や、漁業村落として農業村落に比べ流出入が比較的自由であったと推定される蛸浦部落などはそれぞれがおかれている経済的社会的条件に応じて、復興への過程は異なるといえるであろう。しかし、事例がわずかであり、ここから村落タイプと災害復興のパターンを導き出すことのできる段階ではない。とりあえずは、ここの部落における明治津波の被災戸の推定位置や昭和津波後の家屋移転の実態などを記録に留め得たという点はひとつの成果としよう。

五　明治・昭和三陸津波における災害文化

さて、以上明治・昭和三陸津波の襲来を受けた一地域を事例として、家屋移転と「家」の再興過程を見てきた。これらの点を災害文化としてどの様に位置づけるかを最後に述べなければならない。

わが国の場合、これほどの激甚災害を再度受けながら、なお生まれ育った父祖の地に住み続けることを所与のものとしている。せいぜい行い得るのは同じ部落内でより安全な所への移転である。災害文化という学術用語を生み出したアメリカは、Mobilityを当然視する国である。災害文化を論じたMooreの論理的前提には、ハリケーンを受けても逃げない人がいるのはなぜか、その地を去らない人がいるのはなぜかという点がある。わが国では、これだけ自然災害が多い国でありながら、これまでは父祖の地を移動するということはまず問題にならなかった。したがって、アメリカとわが国では、問題の立て方がそもそも逆転している。予想される自然災害も指摘されながら、人々が父祖の地を捨てるということを発想する人は稀であったという点は、わが国のこれまでを特徴付けるものとして論じられてよいだろう。

三陸地方における近代の津波災害が人々にもたらしたものを歴史的に検証する場として家屋移転と「家」の再興を考察してきた。これらの問題は、人々における災害文化の自己実現の場として考察し得る対象であることは前述した。つまり、家屋移転はそれを行うかどうか、また、どう実現したかも含め災害に対する人々の外的反応とすれば、「家」の再生、再興は災害への内的対応ということができる。そして、少なくともこれらの点を検証する場として対象になった家々は、再度の災害で家屋を移転したり、絶家の危機を乗り越え今にまでその系譜を伝えることのできた、いわば災害に打ち勝った家々である。既に絶家となったり、津波を契機にこの地から流出しなければならなかった家々は考察の対象外であった。この点で、聞き取りによる調査は一つの限界を持つことを自覚しなければならない。家屋移転にせよ、家再生への努力にせよそれを何とか切り抜けて父祖の地を守る人々だけからではなく、そのことの成し遂げられなかった人々からもその理由を探らなければ、災害を受けた地域の地域再生のより広い視野からの取り組みは望み得ないだろう。防災のみならず、被災地への復興対策の有効性を高めるためには、過去の歴史における失敗の例から何を引き出すかによる。

しかし、家屋移転にせよ、「家」再生・再興への努力にせよ、人々の生活に埋め込まれた災害の歴史を検証する場合、歴史学における「災害文化」の領域はさまざまな教訓が引き出せる場であることには相違あるまい。

（注）　ここにいう「本研究会」とは、首藤伸夫東北大学工学部教授（水工学）を研究代表者とする平成四年科学研究費（重点領域研究一）「災害多発地帯の『災害文化』に関する研究」（課題番号04201110）に参加した分担研究者によって結成された研究会を指している。分担研究者のメンバーは次の方々であった。五十嵐之雄東北学院大学教授（社会学）、泉拓良奈良大学文学部助教授（考古学）、河田惠昭京都大学防災研究所助教授（海岸工学）、笹本正治信州大学文学部助教授（国史学）、都司嘉宣東京大学地震研究所助教授（津波学）、原田憲一山形大学理学部助教授（資源科学）、広井脩東京大学新聞研究所教務（社会心理学）、宮村忠関東学院大学工学部教授（河川工学）、虫明功臣東京大学生産技術研究所教授（河川工学）、山本賢研究協力者、それに北原糸子東洋大学非常勤講師（社会史）が加わる。平成四年（一九九二）からすでに二〇年以上を経過して亡くなられた方もおられ、また、当時の所属、職名もすでに変わっているが、当時のままを記しておく。「災害文化」の概念形成を試みようと、異分野の研究者を集めた画期的な取り組みであり、二〇年を経た現在、災害研究の最前線を作り上げてきた研究者が集う研究会であったことが知られる。本章は平成五年の研究成果報告の北原執筆部分である。

Ⅳ　災害の記憶の継承

——津波碑の意義——

第七章　東北三県における津波碑

はじめに

青森、岩手、宮城各県の三陸沿岸地域は明治三陸津波（明治二十九年〈一八九六〉）以来、何回かの津波被害を受けたため、犠牲者を供養し、今後の教訓に活かそうとした津波記念碑が多く残されている。平成十二年（二〇〇〇）段階までの調査で、その総数は三一六基に及ぶことが明らかになった。明治三陸津波から一世紀以上経過した現在、碑面の剝落、碑の移転、建物の陰になるなど、碑を取り囲む社会環境の変化が著しく、必ずしも碑の建立当時の意図が尊重されているとはいえない現状のものも少なくない。本章は、当時における碑建立の意図やその実現に向けて努力した人々などを碑面の分析から抽出し、その社会的意義を検証しようとするものである。また、現状の調査結果に基づき、過去の教訓を今後の防災に活かすべき素材として積極的な可能性を持つものであることをもあわせて指摘するつもりである。

一　三県における津波記念碑の分布

三一六基の津波碑の三県における分布状況を表１に示した。まず、全体では明治三陸津波碑は一二四基、昭和八年

（一九三三）津波碑は一五七基、昭和津波罹災後、明治津波の記念碑を兼ねて建立したもの一二基、昭和三十五年（一九六〇）のチリ津波碑一二基、慶長十六年（一六一一）と推定される津波罹災の伝承に基づく碑三基、その他海嘯記念碑などと刻されるのみで対象が明記されていないもの八基がある。現在三県において確認される碑では昭和津波碑が全体の四九・七％、明治三陸津波が約四〇％を占める。チリ津波碑が前二件の津波碑に比べて約四％に過ぎないのは、津波の発生源が遠く南アメリカ西岸沿岸にあって災害の様相が異なり、罹災地域が前二件とは異なるためである。対象が不明なものもほぼ明治三陸津波と推定されるが、ここではあえて断定を控えた。

以上の三県の津波碑分布状況（表1、図1）は、明治と昭和の津波罹災度の違いを反映した結果と推定されることから、参考までにそれぞれの津波による犠牲者の数を挙げておく。この数値は従来から区々のものが多く、確定した数値は得難いようであるが、正

表1　東北三県の津波碑分布

県名	M29	S8	M29・S8	S35	江戸時代	空白	計
青森		7				1	8
岩手	114	84	12	7	3	6	226
宮城	10	66		5		1	82
計	124	157	12	12	3	8	316
%	39.3%	49.7%	3.8%	3.8%	0.9%	2.5%	100%

M29は明治三陸津波，S8は昭和三陸津波，S35はチリ地震津波を示す．

図1　東北三県の津波碑分布

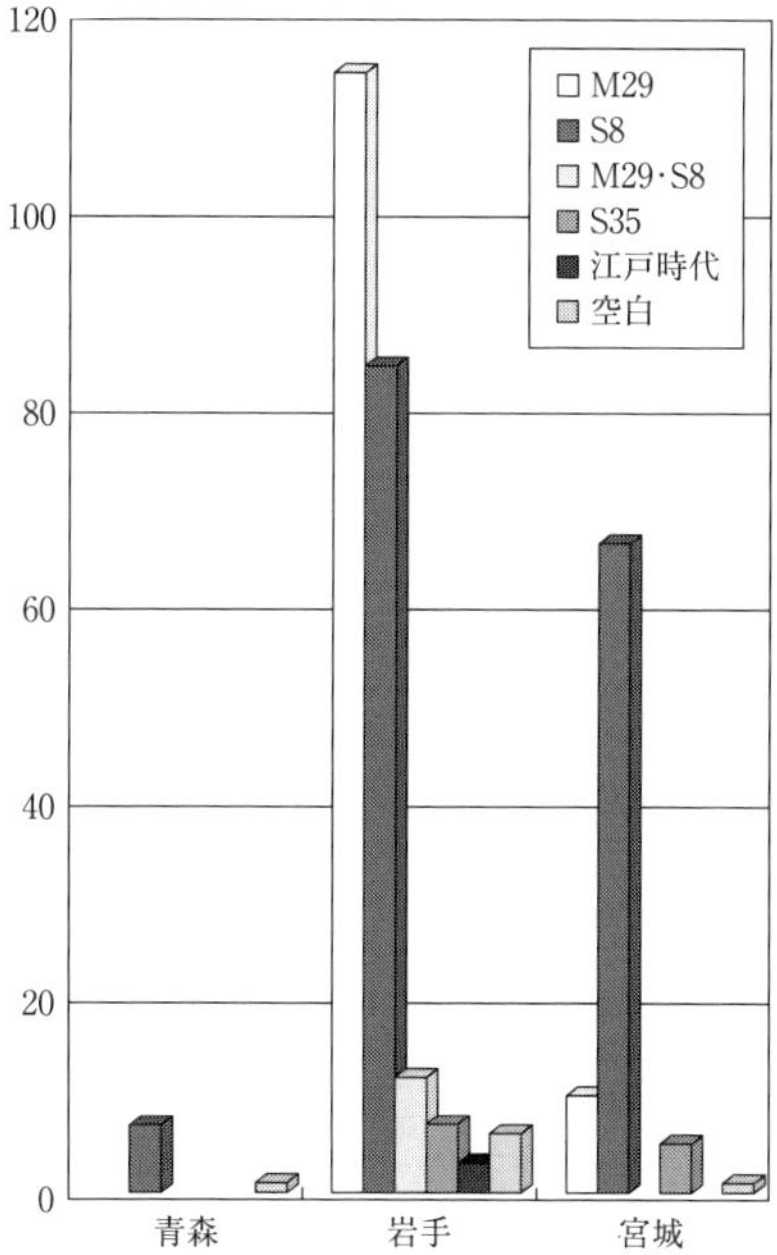

表2　明治・昭和三陸津波の犠牲者数

県　名	明　治	昭　和
青　森	343	30
岩　手	18158	2658
宮　城	3387	307

山下文男『哀史三陸津波』（青磁社，1982年）

確な数値の確定に努力されている山下文男のものを参考とした（表2）。

青森県においても明治津波の被害は決して少なくはないが、現在のところ明治三陸津波碑は確認されていない。一万八〇〇〇人以上の犠牲者の出た岩手県には、昭和津波碑の一・五倍に達するほどの明治津波碑が確認されている。宮城県の場合は、犠牲者に比して明治津波碑の数は多くはないといえる。しかし、これに比べ昭和津波碑の数は宮城県に相対的に多い。このように必ずしも犠牲者と津波碑の分布が単純な対応関係を示していないのは、墓碑などを除く津波碑建立が個人的発願による場合よりも、部落、村、町など地域共同体全体の社会的行為として建立された場合が圧倒的に多いことの結果である。したがって、どのような人たち、あるいはどのような組織が何を契機にそれぞれの碑の建立を思い立ったのか、その要因を探ることは災害罹災地域における社会的対応の伝統的あり方を考える上で重要な素材を提供するものと考えられる。

以下、津波碑建立時期、碑面の内容分析などを明治と昭和の津波碑を中心にみていくことにする。

二　津波碑建立期

1　明治・昭和津波碑の建立期の比較

明治津波碑の建立年別の状況その他を表3、また、建立期別の分布を図2に示した。建立期が刻されているものが一二四基のうち六七基に過ぎず、全体の四五％以上にあたる五七基は建立期が不明であるから、ほぼ半分の事例から全体の傾向を論ずることは一般的にいえば困難だといえる。しかし、これは例外的なことではなさそうである。後に

表3　明治三陸津波碑分析

建立年	計	遭難者	被害状況	施主	摘　　記
1896	10	2	3	8	
1897	13	3	7	11	
1898	7	1	6	5	
1899	1			1	
1900	2		1	2	
1902	10	1	5	9	7回忌，菩薩像建立例あり，恩賜金
1908	3		2	2	13回忌，牛馬供養碑なり
1909	1				
1912	2			2	
1913	1		1	1	
1918	1				23回忌
1922	1			1	27回忌
1923	1				牛馬供養碑あり
1925	1		1	1	
1926	1				流亡神社再興
1928	7	1	4	5	33回忌，御真影守り死亡者の顕彰，田地復興記念など
1965	1			1	
1969	1	1			一家流亡，家再興の個人の顕彰碑
1972	1		1	1	1975年，1990年改修の碑
1990	1			1	100年祭
1998	1				消防100周年記念
空白	57	11	7	21	
総計	124	20	38	72	
%	100	16.1%	30.6%	58.1%	

遭難者以下は各行の碑の持つ要素として相互に独立した項目である．

みる昭和津波碑の場合も建立期を刻する例が全体の半分強であり、津波碑には建立期を明確に刻さない例が少なくないことがわかる。このことを考え合わせれば、この点も津波碑を考える上で欠かせない重要な点となるはずである。

以上を踏まえた上での特徴的な点は、罹災の年にも一〇基の碑が建てられているが、翌明治三十年（一八九七）、翌々年の両三年のうちに建てられたものが二割以上を占めるが、明治三十五年七回忌、明治四十一年十三回忌、昭和三年三十三回忌などの遠忌に建立されているものも少なくない。

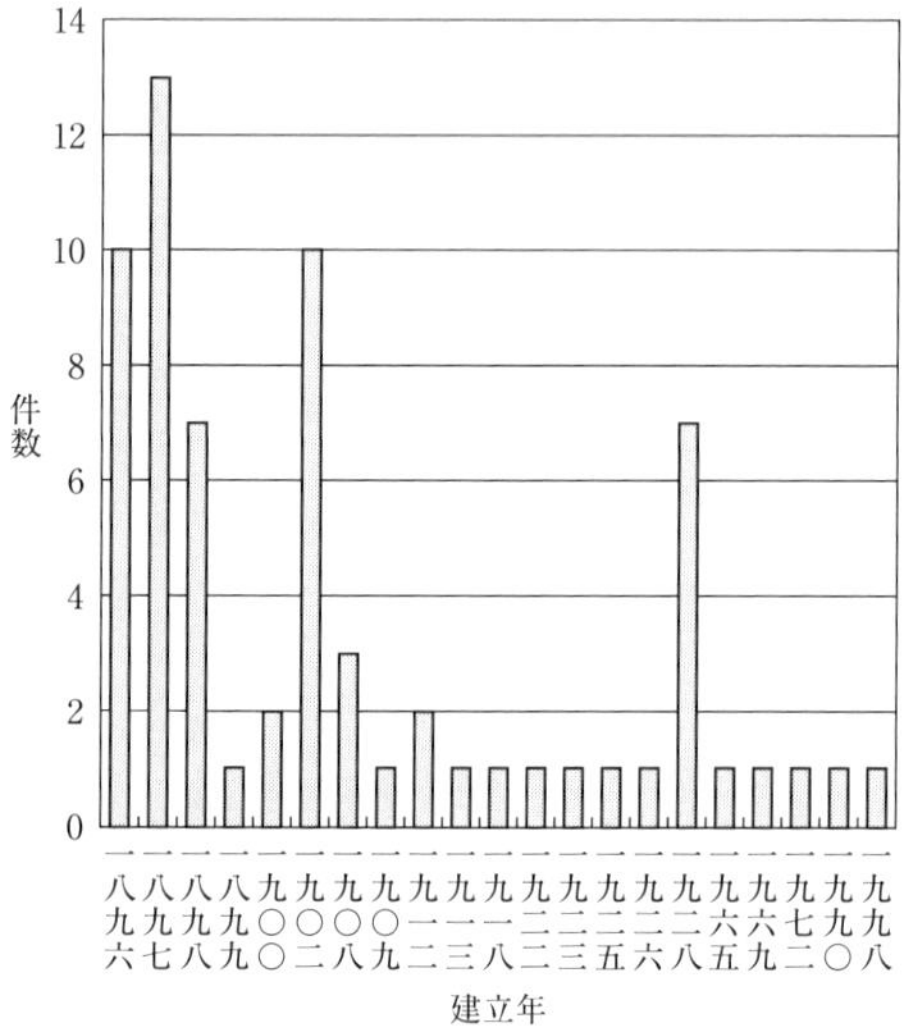

図２　明治三陸津波碑建立年

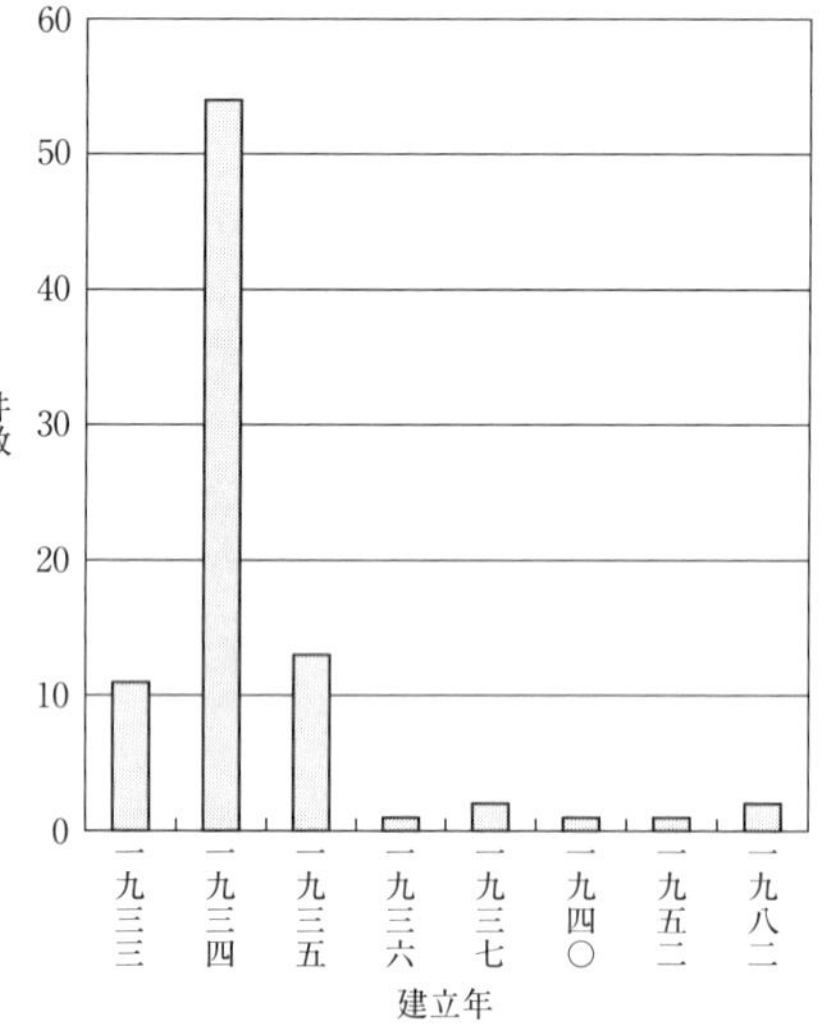

図３　昭和８年津波碑建立年

次ぎに昭和津波碑の建立時期その他を表4、建立期別の分布を図3に示した。昭和津波碑の場合もすでに触れたように建立時期が刻されたものは一五七基のうち、八五基に過ぎない。しかし、建立期は明治の場合とは異なる傾向にあることがはっきりとうかがえる。津波罹災の昭和八年（一九三三）一一基、翌年五四基、翌々年に一三基建立され、この三ヵ年のうちに建立年代の刻されたものの九〇%以上が集中していることである。明治津波碑の場合も三年の間に集中する傾向はあったが、これほどの集中度を示していない。こうした集中傾向には理由があった。その理由は後に述べることにして、ここでは簡単な説明を付すに留める。つまり、新聞社義捐金のうち、朝日新聞社は津波罹災が報じられた翌日の三月四日から紙面において義捐金募集を行い、募集額に応じて漸次罹災地域に配分した。その総額

表４　昭和８年津波碑分析

建立年	件数	警句	遭難者	被害状況	義捐金	恩賜金	篤志寄付	施主
1933	11	8	2	10				
1934	54	47	1	32	31	16	3	29
1935	13	12	1	6	9	1		13
1936	1	1	1			1		
1937	2			2				2
1940	1	1						1
1952	1	1						1
1982	2	1						1
空白	72	50	3	34	40	9		40
計	157	121	8	84	80	27	3	87
%	100	77.1%	5.1%	53.5%	51.0%	17.2%	1.9%	55.4%

は二一万余円に及んだが、その最終期の募集金四万八〇〇〇円余を割いて震災記念碑建設に指定し、各市町村に配分したのである（東京・大阪朝日新聞社「三陸地方震災義金報告」昭和八年八月）。その結果、各市町村はそれぞれ碑面にのちに紹介する津波襲来のとっさの際に役立つような警句と、併せて朝日新聞社の義捐金によって建立したものであることを碑面に刻することになったのである。

2　明治・昭和津波碑合祀の場合

これらの碑は、建立時期が大きく二つに分かれている。昭和津波罹災前後の昭和八年（一九三三）から数年の間のものと、戦後に古い碑の風化のため再建した場合や昭和津波五十回忌などがある。

前者のグループには、防潮林の竣工を記念するもの、被災した個人の努力を称える頌徳碑なども含まれている。

3　チリ津波碑

昭和三十五年（一九六〇）のチリ津波記念碑は宮古二基、大槌一基、大船渡四基（津波襲来地点標石三基を含む）、志津川三基（チリ津波三〇周年記念チリとの友好碑二基を含む）、雄勝二基（櫓・半鐘の津波警報装置）の計一二基である。このうち、志津川のチリ友好碑はチリ津波三〇周年にあたる平成二年（一九九〇）に建立された。

4　江戸時代の津波伝承碑

江戸時代の津波伝承のうち、津波によるものではないが、弘化四年（一八四七）の溺死者供養碑がある。また、記録が少ないが慶長十六年（一六一一）の津波伝承を伝える例が宮古に二基あり、このうちの一基宮古開港記念碑は、宮古港が慶長十六年の津波で多大の被害を被り、その後幾星霜、港の復興を記念するもので、昭和四年（一九二九）に建立されている。

三　碑面の分析

1　明治津波碑の場合

明治津波の碑銘は「海嘯記念碑」「海嘯溺死者記念碑」「海嘯遭難者供養碑」など、津波という言葉より海嘯と表現するものが多い。明治津波碑の全般的傾向をみるために、表3に戻り、数値の解説を試みよう。

「遭難者」および碑文

まず表中の「遭難者」とは津波の犠牲者の個人名が刻まれた供養碑で、戒名が刻まれるなどの例を指しているが、このケースが一二四基中二〇基ある。表の項目には例が少ないのであげていないが、碑銘の他、長大な碑文を刻したものが少数ではあるがみられる。

格調高く漢文などで罹災時の平穏な村の姿が阿鼻叫喚に満ちた状況に一変する有様を描き、また天皇による恩賜金に言及し国家による救済の事実を強調する例として、大日本水難救助会副総裁鍋島直大伯爵、大日本仏教会の大内青巒による撰文、あるいは釜石の当時の最大の製鉄企業であった田中製作所従業員犠牲者一〇三人に対する大内青巒追悼文など著名人による撰文のものがある。これらの碑は二メートルから三メートルに及ぶ巨大な石で造られていて、村の死者を悼み、単に「海嘯溺死精霊塔」などと刻む寡黙な碑とは対照的である。このなかで、特異なのは、昭和三年（一九二八）三三回忌にあたり、「忠烈永芳英霊合祀」と題して、御真影を波間から救おうとして殉死した釜石箱崎小学校教員栃内泰吉の慰霊碑が建立された例であろう。施主は箱崎講中であるが、津波直後でなく、三〇年を経過した大正九年（一九二〇）の終わりに建立されていることの意味は深い。また、「水田復旧整理記」と題される碑は、三陸町吉浜部落が津波によって当時の耕地を失い、耕地組合が三三年目にして田地を復旧させた記念碑である。しかし、こうした例はむしろ稀であり、津波襲来の六月十五日（旧暦五月五日と記す例も多数）の日付と碑銘の他はなにも刻されていないものが一〇一基あり、圧倒的多数を占めている。これは、昭和の場合と比べた明治津波碑の際立った特徴だといえる。

「被害状況」

表中の項目「被害状況」とは被害にあった町村名、犠牲者の数など、あるいは津波が襲ってきた時の状況などが刻まれているか否かという項目である。一二四基中三八基に精粗はあるが、なんらかの情報が刻まれている。しかし、全体からみれば、三割を占めるに過ぎない。それも極く簡単に被害数値を挙げる例がみられる。

「施主」

表中の項目「施主」とは碑を建てる意志を持ち、そのために資金を集めるなどの努力を成した組織あるいは人を意味する。これが刻されている碑はさすがに六〇％近くを占めた。施主は、大きく個人の場合と、村・部落、若者組、講中、漁師仲間などの地域組織・団体とに分かれる。ほとんどは後者の、部落や念仏講などによるものが多い。個人では「海嘯溺死小林勝蔵精霊」のような墓石ケースも偶々含まれているが、事例は少ない。個人ではないが、寺院住職による百回忌の供養碑、珍しい例としては回国回向行者による「海嘯万人供養碑」がある。回国者本人の山形県生まれという記載の他、妻、長女の名も記されている。津波の深刻な惨害もさることながら、この時代にはこうした回国回向者もまだ存在したことが知られる。ほとんどは以上のような犠牲者の霊を供養するものである。また、牛馬供養塔も珍しくない。

2　昭和津波碑の場合

昭和津波碑の最大の特徴は、建立期が津波被災後二、三年の間に集中し、その理由が朝日新聞社募集の義捐金による記念碑建立の指定を受けたものだということは先に触れた。指定条件などについての詳細は第九章で述べるが、たとえば、碑の高さ（五尺）、幅（二尺五寸以上）、朝日新聞社の義捐金による設立であることを刻する、後世への教訓を刻むことなどであった。

これに沿って、三県は市町村に条件を示し、義捐金の一部を配布した。この結果、碑面には津波警句の標語、朝日新聞社義捐金などが必ず刻まれることになった。そのため、明治津波碑の場合にみられた供養碑としての性格は後退し、犠牲者の名前や戒名が刻まれることはなくなった。なお、本章では未調査であるが、北海道の罹災地域にも義捐金が配分され、趣旨に沿って津波碑が建てられた。

「警句」

警句がどのようにして募られたのかについては首藤伸夫氏の分析に詳しいが（「昭和三陸津波記念碑―建立之経緯と防災

上の意義―」『津波工学研究報告』一八号、二〇〇一）、碑面に刻まれた警句には、地域的に一定のまとまりが認められる。このことから、警句の選択についてのある程度の推定も可能であるように思われる。以下では、どのような警句が刻されているかをみることにする。

表5　昭和津波碑の警句

パターン	警　　句	件数	地　　域
1	地震海鳴りほら津浪	5	青森県三沢，百石，階上
2	地震があったら津浪の用心	47	岩手県種市，宮城県唐桑，本吉，気仙，歌津，志津川，北上，雄勝，女川，牡鹿，石巻，山元
3	大津波くくりてめけぬ雄心もて，いさ追ひ進み参ゐ上らし	9	岩手県久慈，田野畑，釜石
4	地震があったら津浪の用心せよ，高いところへ逃げよ，…	7	岩手県大槌，陸前高田
5	大地震の後には津浪が来る	20	岩手県普代，岩泉，田老，山田，釜石，三陸町
6	強い地震は津波のしらせ	5	岩手県宮古
7	大地しんそれつなみ	1	宮城県気仙沼
8	大地震どんと沖鳴りそれ津波	2	宮城県気仙沼
9	大地震それくるぞ大津波	3	宮城県気仙沼

警句は概ね地震の後に津波が来ることを警告する内容であるが、その表現にはヴァリエーションがある（表5）。

特に後世への教訓性の強いものは、a地震―海鳴り（沖鳴り）―津波、あるいはb大地震―津波という昭和津波の体験が強く打ち出されてはいるが、ほぼ表5にあげた九パターンになる。地域的にみると、同じ市町村内では同一のパターンを選択している傾向が強い。たとえば、パターン1「地震海鳴りほら津浪」は青森県三沢から階上の海岸線に沿う地域の五基がある。しかし、必ずしも地域ごとに同じ警句一色というわけでもなさそうである。たとえば、パターン3「大津波くくりてめけぬ……」は岩手県知事石黒英彦作によるが、これを採用している地域は、久慈で七基中の五基、田野畑で三基中の二基、釜石で六基中の二基であって、必ずしも岩手県全体で同じものが採用されているわけではない。また、パターン7「大地しんそれつなみ」は、気仙沼で一基しか採用されていないのに比べ、大地震と大津波襲来との関係性に一呼吸あるパターン9「大地震それくるぞ大津波」は同じような内容を伝えるものであるにしても、採択したケースが同じ気仙沼で三基認められる。また、気仙沼ではパターン8「大地震どんと沖鳴りそれ津波」も二基、三県を通じて群を抜いて採択の多かったパターン2「地震があったら津浪の用心」は気仙沼地域でも一基採用されている。なお、パターン5「大地震の後には津浪が来る」は、この第一句の後に、「地震があったら高い所へ集れ、津浪におわれたら、何処でも此所位の高い所へのぼれ、遠いところへ逃げては津浪に追付かる、近くの高い所を用意しておけ、県指定の住宅適地より低い所へ家を建てるな」と五ヵ条に及ぶ詳しい警句が刻ざまれているケースもあり、また、第二句に「地震があったら津浪の用心」を採用している例もある。このことから、まず幾つかのパターンが示され、その中からある程度部落ごとに採択するという自由があったのではないかと推定される。すでにみたように石材の大きさも指定されており、巨大な石の運搬には海上輸送の手段が使われたという（卯花政孝氏聞き取り調査による）。碑文に石材業者として石巻の石材店が頻繁に登場することなどを考えれば、限られた石材産出地で碑が造られ、目的地へ海上輸送されたと考えられることから、以上の碑面の警句についての推定は一定程度の妥当性を持つのではないかと考える。なお、パターン2が四七基、パターン5も二〇基と、警句の採用に偏重がみられる点は、表現の妥当性、穏当さなどが好まれて、多くの地域で採用されたのではないかと考えられる。

つぎに以上のパターンに入らないタイプのものを挙げておく。

岩手県田野畑村島越広福寺の記念碑は、片仮名、しかも東北訛で刻まれている点でユニークで味わいがある。これは個人が建てたもので、朝日新聞社義捐金によるものではない。碑文の内容は、ほぼ表5のパターンにある警句が採られている。

ヂシンガシタラバユダンスルナ、ヂシンガアッタラタカイトコロニアヅマレ、ツナミニオワレタラタカイトコロニアガレ、チカクノタカイトコロヲヨウイシテオケ、オカミノサダメタヤシキチヨリヒクイトコロニ家ヲタテルナ

また、つぎのようなものもある。

高き住居は児孫の和楽、想へ惨禍の大津浪、此処より下に家を建てるな

一、地震の後潮が退いたら警鐘を打て　一、不時の津浪に不断の用心　一、地震の後どんと鳴ったら津浪と思へ

一、津浪来たなら直ぐ逃げろ　一、金品より生命

いずれも後世へ是非とも伝えたいという強い情熱が、こうした警句を生み出した力であることがわかる。

「被害状況」

「被害状況」は碑面に当該地域の被害状況が記されているか否かを把握するための項目である。概して簡単な被害概況を記す例が多い。以下の例は、被害額なども含め、簡潔に刻まれている宮城県本吉郡本吉町小谷のケースである。行政的には本吉町に含まれるが、住民の生活的、社会的単位である旧部落の小谷が単位である。明治・昭和の津波碑がともに行政上の単位ではなく、依然として実際の生活的、社会的単位であり続けた旧部落ごとに設けられたことはこの碑の持つ意味の一端を表わしているのである。

まず、碑の表には「地震があったら津浪に用心」と刻され、右側面に小谷村の「損害総額五万一〇〇〇円、三三〇〇円住家流失六戸、五五〇〇円非住家流失及破損三四戸、六四〇〇円漁船流失及破損八一艘、五二〇〇円土地一三町五反歩、三万五六〇〇円その他」、そして左側面に「震嘯災記念襲来日時昭和八年三月三日午前二時三十二分」と刻まれている。裏面は建碑担当掛大谷村村長、助役、書記の三名の名前が記されている。朝日新聞社義捐金による碑の

場合は、警句の他の情報は当該村の被害を上記のように数値で簡単に示す例が多い。しかし、こうした情報を記していないものが全体の半数を占める。

「義捐金」「恩賜金」「篤志寄付」

朝日新聞社義捐金によることを明記するという指定条件によって、これを資金として建立された碑はほとんどの場合そのことが刻まれている。なかには、朝日新聞社の社標が碑面に彫られているものもある。しかし、義捐金に関する表現は一様ではなく、単に義捐金を受けた事実だけを刻する場合と義捐金の金額を明記する場合がみられる。また、被災状況を詳細に記す碑では、まず天皇による恩賜救済金に言及し、新聞社義捐金の趣旨を付け加える事例が若干例ある。そうした事例のなかでも特異なものとして、釜石唐丹の場合をみておきたい。

唐丹村は明治、昭和ともに岩手県中でも最大の被害を受けた地域の一つであったが、ここには昭和津波碑が本郷、白浜の旧部落にそれぞれ一基ずつ建てられている。

唐丹本郷の碑は、碑の表に岩手県石黒英彦知事の和歌（表5、パターン3）を刻み、裏面に朝日新聞社三五〇円、その他の寄付者として柴琢治（唐丹村長）五〇円、佐藤丑蔵（石工）五〇円の寄贈を明記し、一四名の世話人の名前も刻されている。唐丹白浜の一基は、大きさも最大級の高さ四三〇センチ、幅一五〇センチ、厚さ一五〇センチのもので、碑面一杯に次のような内容が刻されている。まず、表に岩手県石黒英彦知事の和歌を刻み、裏に津波来襲時の状況、二六三の家屋流失と三五九人の命が奪われたこと、天皇の内帑金、侍従派遣、石黒知事の救済事業への尽力、県その他の関係機関の尽力を摘記し、災害当時の岩手県職員二八名の名前と位階勲等を刻したものである。一周忌にあたる昭和九年（一九三四）三月三日、皇紀二五九四年に建立されたことも記された。こうした例は、すでにみた警句を刻む幾例かの津波碑と比べて極めて異例なものであり、津波防災の将来への教訓というわかり易い目標を大きく逸脱している。これは恐らく当時の顕彰碑の一般的概念としては珍しいものではなかったであろうが、災害碑の多くが犠牲者の鎮魂、供養あるいは地域の人々への教訓を含めたメッセージを伝えるものであったという点からすれば、やはり災害碑としては異例のものである。

「施主」

昭和津波碑の場合は朝日新聞社義捐金で建立されたものが圧倒的多数を占める。この場合、施主は朝日新聞社となるが、行政町村は建碑の単なる代行者ではなく、碑文の選定などその実際を担っていると判断される。本章はこの立場に立ち、町・村を施主と見なした。しかし、その事例はすでに多くを示してきたので、ここで朝日新聞社義捐金によらない事例を紹介しておく。

朝日新聞社義捐金以外の建碑は、犠牲者となった人々をそれぞれ個別の関係性において悼むものである。同級生四名が犠牲となった人たちによる「弔海嘯死者碑」、津波による漁船遭難の犠牲者、漁業組合による慰霊碑などがある。

その他

明治・昭和津波碑の双方ともに、「津波境」あるいは「津波襲来地点」「津波到達地点」などと刻まれた標石がある。これは津波がここまで来たということを示す点で、事後の防災の観点からは有効性が評価されているものである。これらが分布する地域は以下に限られている。明治津波で大船渡四基、昭和津波で大船渡九基、宮古二基、志津川町一基、チリ津波で大船渡四基である。この他、津波来襲の痕跡を寺院の柱や岩に記したものなども存在するが、今回はそうしたものは算入していない。

おわりに

この章の最後に、明治三陸津波碑の破損状態の著しいものが最近修復され、蘇った事例を挙げて、津波碑の永続を図ることがもたらす社会的意味を考え、この章のまとめとしたい。

平成七年（一九九五）明治三陸津波百回忌を迎え、気仙沼市地福禅寺（東北地方太平洋沖地震で壊滅的打撃を受け、碑もすべて倒壊・流失、第九章付表2参照）では百年祭の法要が営まれ、碑が建てられた。また、平成十年には三陸町綾里では明治三陸津波伝承碑が消防百年祭を期に建てられ、平成十一年にはチリ津波から四〇年を経た雄勝で津波災害からの復興を記念して土地整理事業完成碑が建てられた。災害復興の記念碑が建立され、地域の過去の災害経験を後世に伝え、災害被害の軽減に役立てようとする自発的な動きが明治津波百回忌を期して行われたことは、碑面の剝落などで忘れられようとしている多数の津波碑にも将来があることを示唆している。

これまでの分析で明らかにしたように、明治、昭和の津波記念碑の大多数は地域に生き、無念のうちに災害の犠牲になった人々を供養しようとする住民自身の意志で建てられたものである。明治津波碑の多くが寡黙であった理由も、相互に緊密な間柄のなかでは多くを語る必要がなかったためであろう。碑に刻まれた文字や文面のメッセージはそれぞれであっても、それらに共通するものは、そうした行為が地域の人々の結束を促し、困難な未来を拓く力となるということではないだろうか。遠忌はひとつのきっかけにしか過ぎない。社会が必要とするものであれば、過去の災害から立ち直った記憶を微かにでも持つ社会においては、遠忌は現在を動かす力となることが示されている。

第八章　蘇えらせよう、津波碑の教訓

はじめに

一五年ほど前の平成十二年（二〇〇〇）前後に三陸地方の三県に分布する津波碑の分析を試みたことがあった。平成二十三年三月十一日東日本大震災の発生以来、当時調査した津波碑は今回の巨大津波ですべて流されてしまったのではないか、調査をしなければいけないのではないかと思いつつ、四ヵ月が過ぎた七月末にようやく再調査の機会に恵まれた。今回の調査には、二〇年前に調査をされ、拓本などで青森、岩手、宮城三県の津波碑の悉皆調査をされた卯花政孝氏と、インドネシアの津波被害地で防災教育を行ってきた杉本めぐみ氏に同行いただいた。宮古から釜石、大船渡の海岸に沿って散在する津波碑の部分的調査ではあったが、どういう被害を受けたのか、それを通じて今回の津波の猛威についても具体的に知ることができた。

ここでは、二〇年前の調査を前提に、今回調査対象とした地域のうちから、被害の様相について特に注意すべきものなどについて報告することにしたい。以下の三項について、みておくことにしたい。①かつて調査報告した三県に分布する津波碑の特徴をまず紹介する。②今回の再調査地点はわずかであったが、津波の猛威にさらされた一〇〇年以上前の津波碑の確認結果を該当地域の浸水域図に合わせて表示する。③今回のわずかな事例の調査からではあるが、最後に得られた結論について述べることにする。

一　二〇年前の津波の調査の概要

卯花政孝氏による調査データをまとめると、東北三県の津波碑は三一六基となる。これらを建立年代、碑文内容、施主、建立目的などから分類を試みた。概要は以下のとおりである。

青森、岩手、宮城三県の津波の分布は建立年代からすると、明治二十九年（一八九六）が一二四基（岩手一一四、宮城一〇）、昭和八年（一九三三）が一五七基（青森七、岩手八四、宮城六六）、明治と昭和を合わせた碑一二基（岩手一二）、昭和三十五年チリ津波記念碑一二基（岩手七、宮城五）である。その他江戸時代初期の慶長十六年（一六一一）の津波碑と推定されるもの三基（岩手三）、その他対象の津波が不明なもの八件（青森一、岩手六、宮城一）となる。岩手県は全体で二二六基、全体の七二％を占めて圧倒的に多い。これは津波の被害も同県が圧倒的に大きかったことを間接的に示す数値でもある。ちなみに明治・昭和三陸津波の犠牲者は表1に示すような次第である。明治三陸津波では全体で二万一八八八人、昭和三陸津波では二九九五人である。

表1　東北三県の犠牲者と津波碑分布

県名	M29犠牲者	S8犠牲者	M29	S8	M29・S8	S35
青森	343	30		7		
岩手	18158	2658	114	84	12	7
宮城	3387	307	10	66		5
計	21888	2995	124	157	12	12

M29は明治三陸津波，S8は昭和三陸津波，S35はチリ地震津波を示す．

津波碑には多くの場合「海嘯記念碑」あるいは「津波記念碑」などの文字が刻されている。津波による犠牲者の数と津波碑の数は必ずしも連動するものではなく、ここで対象とする津波碑は個人で建立するものより、部落、村、町など地域の共同体全体で犠牲者の慰霊を込めて建立する場合が多い。どのような人たちが、被害後のいつ、どのような目的をもって建立されたのかということも津波碑の問題を考えるうえでは重要な情報をもたらすものである。

明治の津波碑の場合、単に「海嘯記念碑」のみで他の文字が刻されていない五七例を除き、津波犠牲者の名前を刻したものは九基、被害状況を刻したものは三一基、施主名を刻するものが五一基であった。また、建立年代も記されていない碑が多いが、おおむね七回忌、十三回忌、三十三回忌などの特別盛大に死者を弔う年忌に際して建立された例がみられた。これは要するに被害を受けた地域の一定度の生活回復が図られたことを示してもいるのである。

では、昭和三陸津波の場合はどうであったか。昭和の場合には、「津波記念碑」以外に建立年代や被災状況、施主などに関する文字を刻んだものは一五七基中八五基あった。そのうちでも圧倒的に多いのは、朝日新聞社の義捐金の一部で津波碑を建立したものである。これは、義捐金の一部を津波碑建立にあて、碑面に警句を刻することで防災の目的にするように指定されたためであった。そのため、警句、石質、石細工など、地域ごとに同じものが見出される。恐らくは同じ石工に注文したというような経緯があったと推定される。また、明治の場合と比較して特徴的なことは建立年代が津波襲来の翌年昭和九年(一九三四)が圧倒的に多く一五七基中の五四基を占める。新聞義捐金はすでに社会的に定着した新聞社としての事業でもあったが、朝日新聞社は津波のあった翌三月四日から紙面で義捐金を募集開始し、二一万余円が集まった。このうちから四万八〇〇〇円余を震災記念碑建設に指定し、各市町村に配分した。

二 事例の紹介

以下においては、明治三陸津波の場合と、昭和三陸津波の場合、それに明治と昭和の津波の経験を踏まえ二つの災害からの教訓を伝える典型的な事例を紹介する。

以上の三例からわかるように、海嘯記念碑②M(図1)の事例の明治の場合には、「海嘯記念碑」と刻み、里部落の五〇戸が津波に流され、二五〇人が死亡したことを記すのみである。全般に明治の場合には記念碑は部落の被害数値を伝えるのみの事例が多く見られる。

津浪記念碑②S（図2）は昭和三陸津波の場合で同じ里部落の二八戸が流され、死者は四七人、負傷者が八人と刻されている。そして、地震が来たら津波が来ること、その後の警報には一時間注意せよと後世に伝える教訓が刻まれ、碑の建立が朝日新聞社の義捐金によるものであることも刻まれている。

大津浪記念碑③M・S（図3）は同じく昭和八年（一九三三）に建てられたものであるが、明治、昭和とも部落全滅の危機に遭遇したことが刻まれている。今回の東日本大震災の場合にもこの碑は健在であったが、この碑より低い場所の家々はほとんど流されている。今回調査した碑文の所在地と碑の写真を上に示す（図6、表2）。

今回の調査で最も衝撃を受けた事例は弔祭碑⑧M（図4）の釜石市鵜住居常楽寺境内にあった明治の碑が倒壊している状況である。

この釜石市鵜住居地区上町町内会（約一〇〇世帯）は、津波に先立つ三月三日避難訓練を行ったという。本来の避難場所は鵜住居神社と常楽寺裏山であった。高齢者が多いことから、高台へ避難するのは大変だとして、市の防災センターへ一〇一人が避難訓練をした。三月十一日の津波の日にも避難場所は防災センターだと思い込み、一〇〇人前後が避難した。しかし、この施設は津波の襲来で二階天井近くまで水没、避難した六三人が死亡するという悲劇が起きた（『朝日新聞』八月十日）。確かに写真（図5）にも明らかなように、高台にある常楽寺の本堂を津波が直撃する事態であったから、浜辺の防災センターでは逃れようがなかったと推定される。

地図と津波碑の図版、および表2で明らかなように、二八例のうち、流失三、倒潰二であるから、予想外に津波碑は健在であったと判断される。もちろん、三陸リアス式海岸での津波の遡上は地形に左右される。また、今回被害の激しかった宮城県の平坦な海岸線に沿う市町村では津波の侵入が大きく、岩手県沿岸とは様相を異にすることが考えられるから、一概に片付けられないが、岩手県の事例からすると、そもそも津波碑が建てられていた場所が人目に付きやすく、津波碑は予想されるその後の津波襲来にも耐えうるようにという配慮がなされた場所であったためかもしれない。その意味では先人の知恵は生かされたわけだが、住民の人たちに聞けば必ずしもそうとはいえない。年配の方で津波防災に関心を持ち、活動もされて来た方を除くと、気付かなかった、知らなかったという住民も相当程度おられた。

明治三陸津波を考えれば一〇〇年以上、昭和三陸津波では七〇年以上も津波襲来の悲劇を伝え続けた記念碑である。津波碑は寡黙にも村を見守り続けてきた。今回の巨大津波は明治の時に匹敵する犠牲者を出して、忘れようにも忘れることができない大きな禍根を残した。こうした津波が忘れ去られることのないように新しい感覚で、村づくり、街づくりには生かされることを望むばかりである。

なお図1、2、3の碑の解説文は卯花政孝氏提供による。

海嘯記念碑

明治廿九年旧五月五日
里家屋　五十戸全滅
死亡者　二百五十名

図１　明治津波の海嘯記念碑② Ｍ（縦178cm・横115cm・厚さ24cm）
表２，no.2参照

昭和八年

津浪記念碑

三月三日
午前三時

強い地震は　字里に於いて
津浪能報らせ　流失住宅廿八
その後能警報　死者四十七人
一時間　傷者　八人
想へ惨禍の
大地震

（碑面裏）
此の碑は昭和八年津浪能際東京
朝日新聞社が読者から寄託された
義捐金を各町村に分配志其の残
余を更に建設費として受け
建設せるものなり

図２　昭和津波の記念碑② Ｓ（縦165cm・横120cm・厚さ58cm），表２，no.2参照

大津浪記念碑

高き住居は
児孫の和楽
想へ惨禍の
大津浪
此処より下に
家を建てるな

明治廿九年にも
昭和八年にも津
浪は此処まで來て
部落は全滅し生
存者僅かに二人
後に四人のみ幾歳
経るとも要心何従

（碑面裏）
此の碑は昭和八年津浪の際東京朝日新聞社が読者から寄託された義捐金を各町村に分配し其の残余を更に建設費として受け建設せるものなり

図３　明治・昭和合併の津波碑③Ｍ・Ｓ（縦132㎝・横54㎝・厚さ30㎝），表２，no.3参照

図４　倒潰した弔祭碑⑧Ｍと周辺の倒潰石造物，表２，no.8参照

図５　常楽寺本堂と遺骨箱，図４に同じ

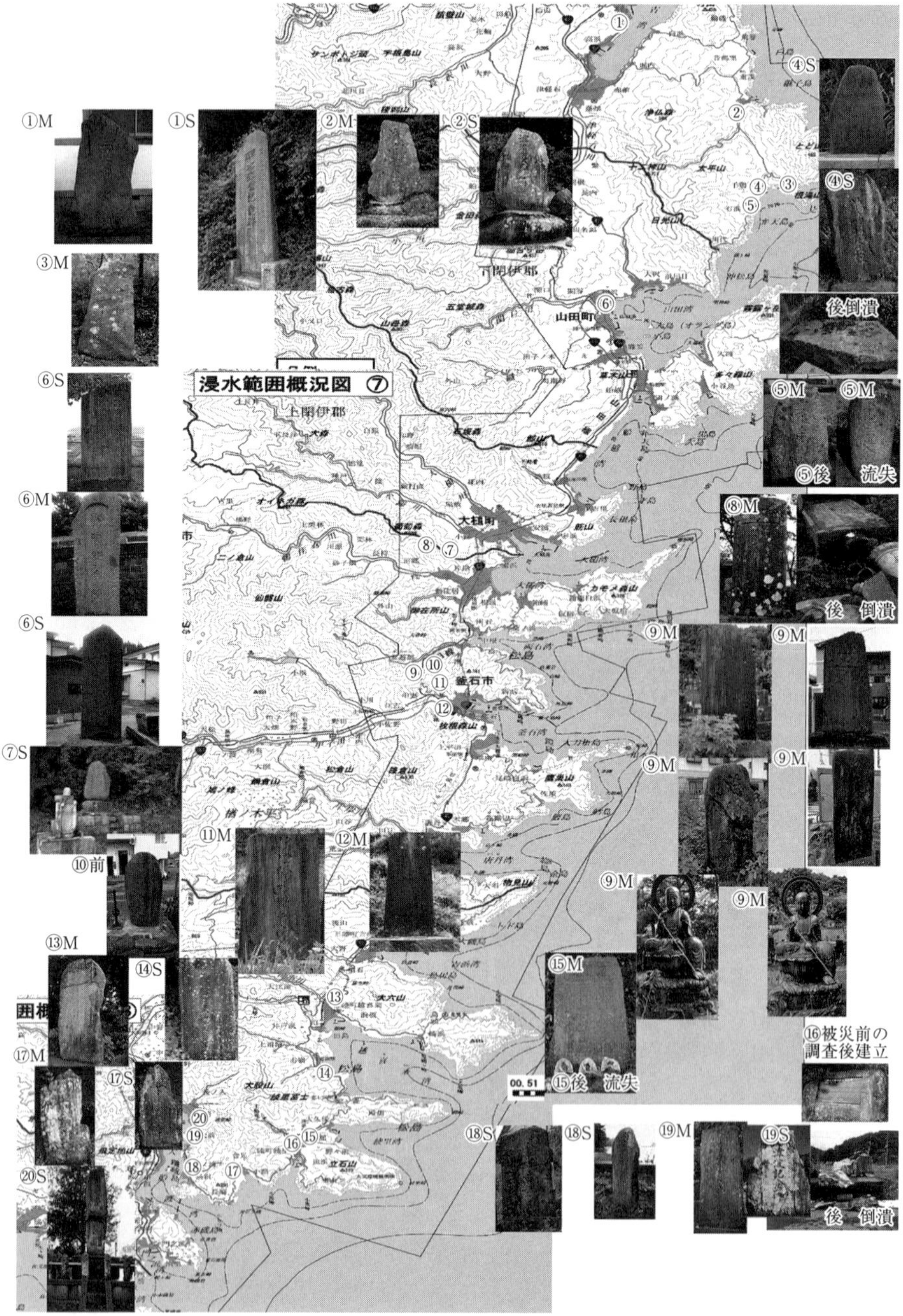

図6　三陸津波石碑所在地　2011年の被害状況

表2　津波碑に刻まれた文字（図6に対応）

no.	地区	明治二十九年（M29）	昭和八年（S8）
1	宮古市藤原	三陸大海嘯横死精霊①M	三陸大海嘯記念碑「大地震の後には津浪が来る、地震があったら高い処へ逃ろ」①S
2	宮古市重茂（里）	海嘯記念碑②M	津浪記念碑「強い地震は津浪の報らせ、その後の警報警報一時間、想へ惨禍の大地震」②S
3	宮古市姉古	大津浪記念碑「高き住居は児孫の和楽、想へ惨禍の大津浪、此処より下に家を建てるな」③M	観世音菩薩勧請縁起（昭和8年津浪の50回忌昭和57年に建立）③S
4	宮古市千鶏		昭和八年大津浪記念碑「強い地震は津浪の報らせ、その後の警報警報一時間、想へ惨禍三月三日」④S
4	宮古市千鶏		昭和八年大津浪記念碑「強い地震は津浪の報らせ、その後の警報警報一時間、想へ惨禍三月三日」④S
4	宮古市千鶏	海嘯記念碑④M	
5	宮古市石浜	海嘯記念碑⑤M	
5	宮古市石浜	海嘯横死　牛馬観世音⑤M	
6	山田町大沢（南陽寺）	海嘯紀念碑⑥M	三陸大海嘯記念碑「一．大地震の後には津波が来る、一．地震があったらたら高い処へ集まれ、一．津波に追われたら何処でも此所位の高い所へ、一．遠くへ逃げては津波に追付かる、一．近くの高い所を用意して置け、一．県指定の住宅適地より低い所へ家を建てるな」⑥S
6	山田町大沢（南陽寺）		三陸大海嘯溺死者慰霊塔⑥S

7	釜石市箱崎町箱崎	忠烈永芳（箱崎小学校教員栃内泰吉が御真影を守り津波にのまれたことの顕彰碑）	津浪記念碑⑦S
8	釜石市鵜住居常楽寺	弔祭碑⑧M・S（倒潰）	
9	釜石市石応禅寺境内	三陸大海嘯溺死者弔祭之碑⑨M-1	
9	釜石市石応禅寺境内	海嘯記念碑⑨M-2	
9	釜石市石応禅寺境内	海嘯災死追悼⑨M-3	
9	釜石市石応禅寺境内	海嘯万人供養塔⑨M-4	
9	釜石市石応禅寺境内	明治丙申海嘯紀念碑之像⑨M-5	
9	釜石市石応禅寺境内	明治丙申海嘯紀念碑之像⑨M-6	
10	釜石市港町1丁目菅賀神社	菅賀神社が明治三陸津波で流失後、大正15年に地中から発掘、神社再建の記念碑⑩M	
11	釜石市嬉石町1丁目旧国道下	海嘯横没精霊⑪M	
12	釜石市平田館山神社	海嘯記念碑⑫M	
13	大船渡市越起来円満寺	嗚呼惨哉海嘯⑬M	
14	大船渡市三陸町鬼沢		津浪記念碑「たかしほのあとかへりみて、いそしまは名におふ村に家もさかえむ」⑭S
15	大船渡市綾里	嗚呼惨哉海嘯	
16	大船渡市綾里舘	明治三陸大海嘯伝承碑の趣意⑯M	
17	大船渡市合足	海嘯横死者諸精霊塔⑰M	津浪記念碑⑰S
18	大船渡市蛸浦		津浪記念碑⑱S-1
18	大船渡市蛸浦		津浪記念碑⑱S-2
19	大船渡市永浜	丙甲海嘯横死長浜七拾四名供養塔⑲M	津浪記念碑⑲S（倒潰）
20	大船渡市跡浜		津浪記念碑「地震があったら津波の用心、津波が来たら高い所へ」⑳S

第九章　津波碑は生き続けているか

——宮城県津波碑調査報告——

はじめに

東日本大震災発生以来、過去の津波碑（明治二十九年〈一八九六〉明治三陸津波、昭和八年〈一九三三〉昭和三陸津波）に関する情報がメディアにもしばしば登場した。以前、この地域の津波碑調査などに関わったことがあり[1]、今回の巨大な津波で碑は流されてしまったのではないかと気になっていた。すぐには現地に行くことができなかったが、七月末に岩手県沿岸部の釜石周辺を調査することができたので、簡単な報告をした[2]。

今回の津波は明治・昭和の過去二回の津波とは比較できないほどの大きな被害を岩手県、宮城県、福島県、茨城県、千葉県にまでも及ぼした。いうまでもなく、福島県では福島第一原子力発電所が破壊され、放射能に汚染された地域は福島に限らず、千葉、埼玉、東京にも広がった。幅二キロ、長さ五〇〇キロの長大断層は、複数の震源が連動した結果ということであるから、被害範囲は過去二回の場合とは格段に広範囲に及んだのも無理はない。また、今回の震源位置から、過去被害が大きかった岩手県に比べ、宮城県沿岸部は予想を上回る被害を受けた。そこで、多少の調査漏れがあるものの、全体の動向をほぼ把握できたので、以下で宮城県について報告をする。

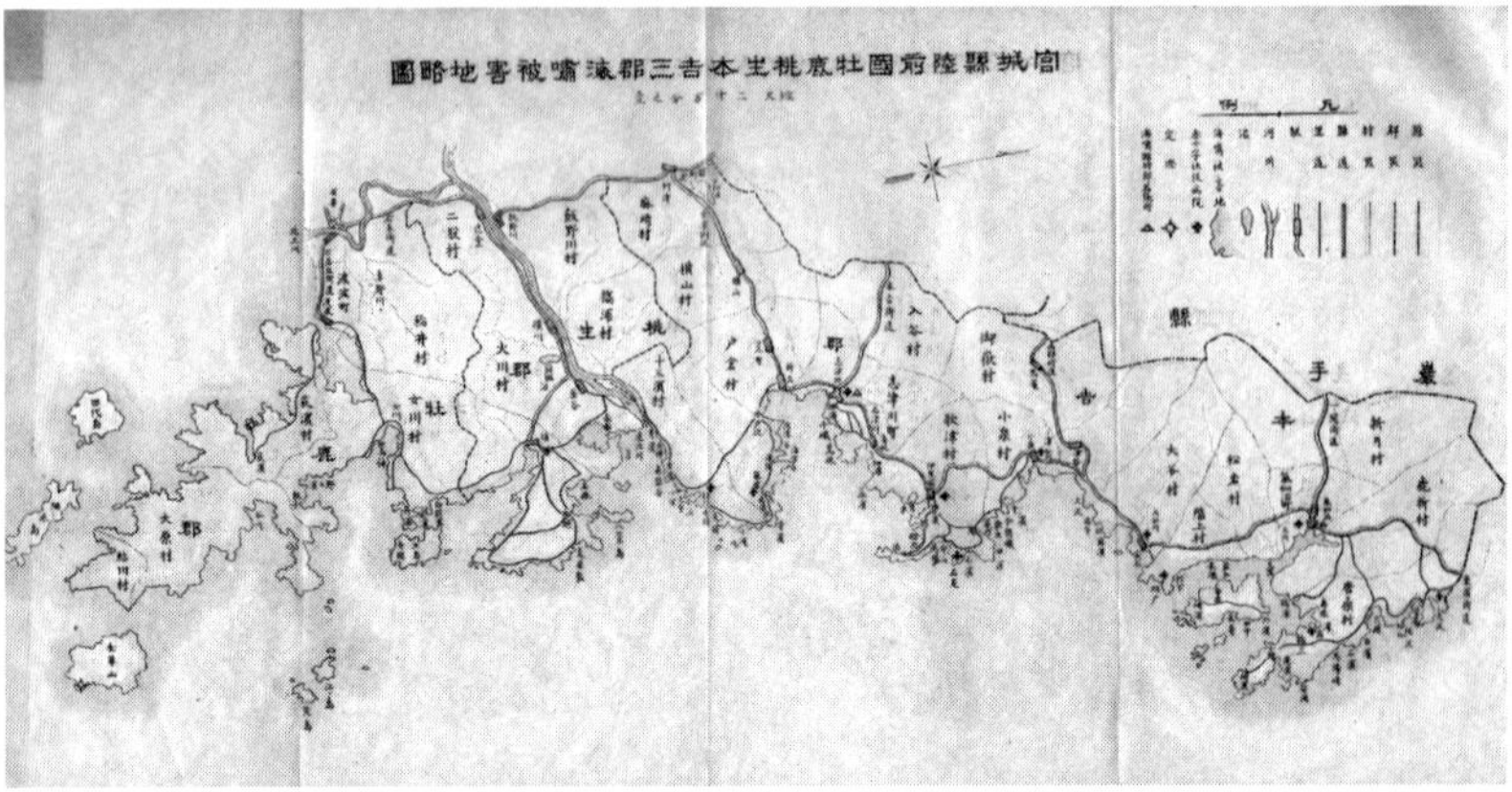

図1　昭和三陸津波の宮城県の浦々の被害地図（『宮城県昭和震嘯誌』口絵）

一　明治・昭和の津波被害と平成の津波

簡単に過去二回の被害の概要と、津波碑がどのように建立されたのかを述べるが、まず、津波碑を建立する根拠となった過去の被害の概略を説明しておきたい。

図1は『宮城県昭和震嘯誌』[3]に掲載された昭和三陸津波の宮城県の浦々の被害地である。この図でわかるように、宮城県北部は岩手県と同様なリアス海岸であり、こうした地域で被害が大きかった。同書に掲載された明治と昭和の津波高の比較を示す図も掲載されている（図2）。昭和の津波で被害の出た町村の死者数を基準に明治三陸津波の場合の被害を比較すると、表1のようになる。桃生郡十五浜と牡鹿郡大原村を例外とすれば、各町村とも明治の津波の死者が断然多い。

なお、表1は昭和八年の被害町村に対する比較であるから、明治津波の場合は、ここに計上していない町村の死者数を含めると、宮城県の死者数は三三八七人となる（『宮城県海嘯誌』[4]）。ただし、同書によっても、同じ町村でも死者数に異同があるが、恐らく行方不明者数の扱い方で数値に異同がでたものと推定される。

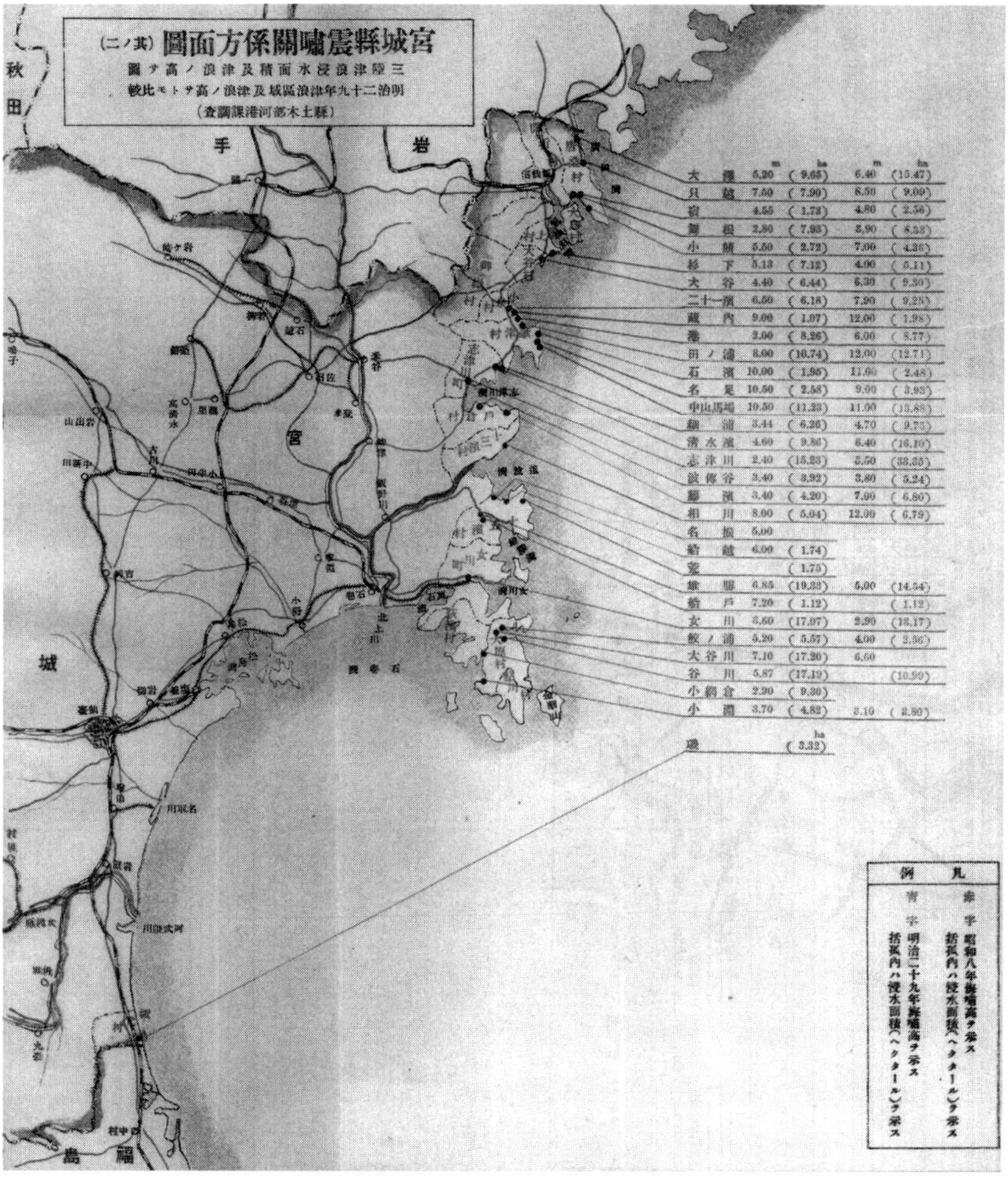

図２　明治と昭和の津波高の比較図（『宮城県昭和震嘯誌』口絵）

表1の被害の大きい町村を図2と照合すると、昭和と明治の津波は震源域も津波の性質も異なっていたことが推定される。

さて、本章は、津波被害についての全般的な問題を取り扱うことは予定していない。ここにあげた図や表は、あくまでも津波被害はリアス海岸の場合には湾口の位置や地形などによって被害が大きく左右されることを理解するためである。

表1　死者の出た町村

郡	町村	昭和8年	明治29年
桃生郡	十五浜村	69	58
牡鹿郡	女川町	1	1
牡鹿郡	大原村	62	1
牡鹿郡	鮎川村	1	—
本吉郡	志津川町	—	371
本吉郡	戸倉村	1	64
本吉郡	十三浜村	13	211
本吉郡	歌津村	86	799
本吉郡	小泉村	15	219
本吉郡	階上村	1	437
本吉郡	鹿折村	4	6
本吉郡	唐桑村	60	836
本吉郡	大島村	2	61
計		315	3064

二　津波碑の分布

青森、岩手、宮城の津波碑の分布状況は、明治三陸津波で一一四基（岩手一一四基、宮城一〇基）、昭和三陸津波で一五七基（青森七基、岩手八四基、宮城六六基）、明治と昭和の被害を一つの碑に刻したものが岩手県一二基、これに昭和三十五年（一九六〇）のチリ津波碑一二基（岩手七基、宮城五基）が加わる。(5) 多少調査落ちの可能性もあるが、ほぼ網羅した数値と捉えていただきたい。チリ津波碑は防災を兼ねて道路上に津波遡上地点を刻するものなど、形態も異なるので、以下では明治と昭和の記念碑・供養碑を中心にみていくことにしたい。

さて、以上に掲げた数値から、明治の場合は岩手県が圧倒的に多いが、昭和では、岩手県、宮城県の津波碑の数がやや拮抗してくることがわかる。実際の被害（死者数）をみると、前掲の第八章表1のようになる。この数字から、昭和の場合には全体に死者数が明治の場合の一四％程度に減少し、また、宮城県の津波死者が一〇分の一以下になったにもかかわらず、津波碑が圧倒的に増える結果になっていることがわかる。これには、被害の大小ではない要件がかかわっていたことを推測させる結果である。

はたして、これらの津波碑は、朝日新聞社が募集した義捐金二一万余円のうち、救済費に当てた残りを津波碑を設けるよう指定された結果であったのである。今、その経過を『宮城県昭和震嘯誌』によってみておくことにしたい。

三　津波碑建立指定の義捐金

東京・大阪朝日両社は昭和三陸津波が発生した三月三日の翌日から、紙面を通じて「救援同情義金」を募った。一口一円以上とし、五月末までに二一万二九九七円余が集まった。こうした災害の際の義捐金募集はすでに明治十八年（一八八五）の大阪洪水以来新聞社の事業として定着していたから、朝日に限らず、東京日日、大坂毎日、報知、読売、時事新報社など中央紙の各社、東北に限らず、中国・四国の地方各紙が競って募金活動を展開した。しかし、朝日新聞社が特異であったのは、二一万余円の義捐金のうち一六万円余の救済費の残り五万円余を「災害記念碑」の建設資金に指定し、被害三県に配分したことであった。宮城県には一万三一一五円が配分され、県は被災した六三ヵ町村に津波碑の建立を指定した。一基二〇八円一七銭、記念碑の大きさを「高サ五尺、幅二尺五寸以上（台石ヲ含マス）」と、「被害状況及津浪ノ来襲セル地域等後世ノ参考トナルへキ記録ヲ表示スルコト」としたのである。

また、参考として、「地震があったら津浪の用心」という標語案が掲げられ、また、碑の裏面には「此の記念碑は朝日新聞社へ寄託の義金二十余万円を罹災町村へ分配した残額をもって建てたものです」という文面を記すことも条件とされた。その結果、宮城県は、明治の津波では供養碑を建立する例は少なかったものの、昭和津波の場合には一挙に建立例が増えたのである。

その際に指定された六三部落としてあげられた村・部落名について、東日本大震災後の津波碑の状況調査の付表1～4の備考欄にあげておく。これが現在の津波碑の存廃を判断する根拠ともなるからである。今回調査した碑の流失・倒壊・健在の有無を表2にまとめた。

表2　宮城県津波碑残存状況調査

表番号	流出	倒壊	健在	未確認	計
付表1		4	11		14
付表2	7	5	4		16
付表3	9	9	12	4	34
付表4	2	1			3
計	18	19	27	4	67

今回調査した津波碑の地点を浸水域との関係が把握できるように、原口強氏による『東日本大震災津波詳細地図』上巻（青森・岩手・宮城）の地図上に番号で示し、当該番号の津波前と津波後の碑あるいは付近の状態を撮影した写真をセットにして周辺に配した地図を添える（付表1～4、付図1～5）。付表のno.と付図上の番号は対応させてある。本図は大邑潤三の作成に掛かるものであり、使用した基図、その他についての解説を注に付した(6)。これらの付表と付図によって、浸水域と津波碑の残存情況が一目で把握できるはずである。今回の津波被害が地域の文化財として一〇〇年以上前から存在していたものを破壊し去ったことがわかる。

津波前の写真および碑文解読・所在地図は卯花政孝が二〇年以前に作成したものである(7)。写真の状態が悪い一部のものは「津波デジタルライブラリー」(http://tsunami.dbms.cs.gunma-u.ac.jp/)に掲載されたものをダウンロードさせていただいた。最後に宮城県では数少ない明治津波の供養碑と昭和の朝日新聞指定の津波への警句を刻した碑の事例をいくつか挙げておく（図3、4、5、6参照）。なお、昭和三陸津波の碑に津波警告の標語が取り入れられるようなった経緯について、首藤伸夫氏は、明治三陸津波後現地を視察した板垣退助内務大臣が早くも「後世子孫の為めに予防の道を尽さざるべからず」とする紀念碑の構想を述べた談話を紹介、その後昭和三陸津波の津波碑については、武者金吉、今村明恒などの学者が相継いで津波警告碑をとり上げ、文部省震災予防評議会の提案としてまとめられていく経緯を詳細に追っている。さらに、宮城、岩手両県の津波碑建設の実態を分析して、「地震があったら津浪の用心」の標語のチリ津波に於ける有効性の検証を行い、簡潔な標語が万全とはいかない防災上の問題点を指摘した。(8)

注

（1）北原糸子「東北三県における津波碑」『津波工学研究報告』一八号、二〇〇一、本書第七章。

（2）北原糸子「蘇えらせよう、津波碑の教訓」『建築雑誌』十一月号、二〇一一、本書第八章。

（3）『宮城県昭和震嘯誌』宮城県、一九三五。

（4）『宮城県海嘯誌』宮城県、一九〇三。

（5）注(1)参照。

（6）宮城県の津波碑図の解説（大邑潤三）。

津波碑の位置については、卯花政孝氏の被災前調査データを参考にして場所を特定し、各石碑の位置データを作成した。また津波浸水域のデータは大阪市立大学大学院原口強氏がWeb（東日本大震災津波現地踏査報告　http://www.jsgi-map.org/tsunami/earth.html）にて公開しているkmzファイルをダウンロードしてshpファイルに変換した。これらの各データを地理情報分析支援システムMANDARA（Version 9.35）にて展開し、背景に国土地理院の電子国土Webシステムから提供された地図を配した。津波碑には北から1～67番まで通し番号を振り、被災後の津波碑の状態を流失＝［1］、倒・残＝①、無事＝❶と分類した。こうして作成した図に卯花政孝氏撮影の被災前写真（左）と被災後写真（右）を並べて表示し、石碑番号と対応する番号を付した。

（7）卯花政孝「三陸沿岸の津波石碑――その一・釜石地区」『津波工学研究報告』八号、東北大学工学部災害制御センター、一九九一。「三陸沿岸の津波石碑――その二・三陸地区、その三大船渡地区、その四・陸前高田地区」『津波工学研究報告』九号、東北大学工学部災害制御センター、一九九二など。

（8）首藤伸夫「昭和三陸津波記念碑―建立の経緯と防災上の意義―」『津波工学研究報告』一八号、二〇〇一。

昭和八年三月三日

大震災記念碑

地震があったら津浪の用心

午前二時三十分大地震後約二十分にして三陸沿
岸一帯に津浪襲来せり本村にては廿一浜蔵内浜
に多大の損害を與へられ死者十五名流失二十二
戸浸水十四と其他損害額九万九千余円に及べり

（右側面）

此の記念碑は朝日新聞社へ寄託の
義金二十余万円を罹災町村へ分配
した残額を以て建てたものです
昭和九年三月一日　小泉村青年団
石工小野寺一朗
及川菊之助

図３　本吉６の津波碑（縦156cm・横84cm・厚さ30cm）

海嘯溺
死者精
霊之塔

維時明治廿九年六月十五日即陰五
月五日午後八時余俄然接大海嘯之
奮起而三陸被其害者挙不可計焉而
本浜二十一亦被其害殊多矣将為其
海嘯之酸烈激浪高週山腹五丈陸地
長溺五百余間而其流失戸数者三十
三溺死者百四十九人負傷者五十四
名須臾忽克如是惨状矣是未曾聞処
也当此時官賜之金食材材人贈之金
衣器具以纔到令其存者不絶家系於
是乎其継之者迫吊死者爰以建碑焉
世話人小野寺栄治郎
同　及　川丑　松
二十一
明治卅年陰五月五日　契約中
今朝磯
六郷弘道書

図４　本吉７の供養碑（縦133cm・横78cm・厚さ30cm）

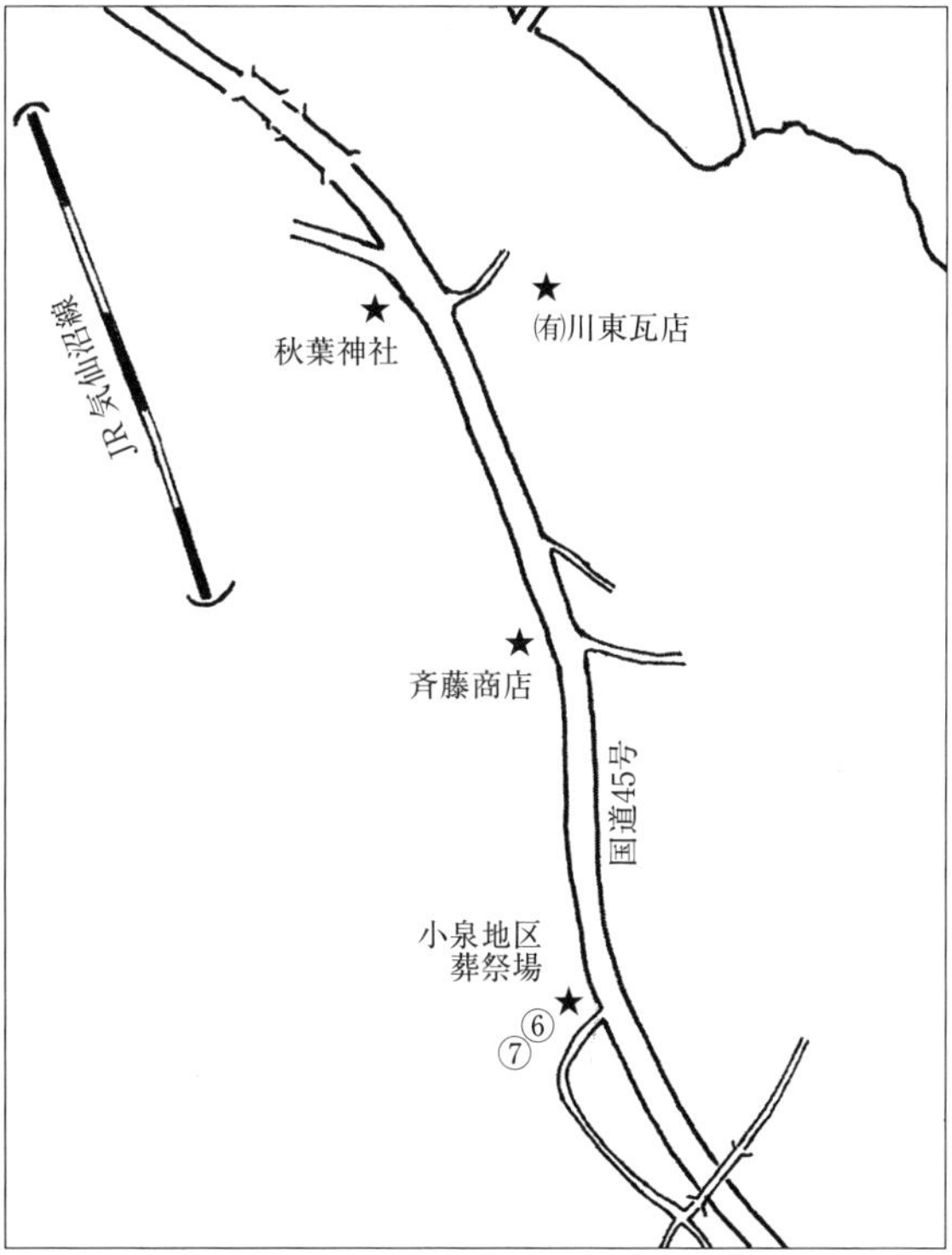

本吉6－7　宮城県本吉郡本吉町二十一浜　小泉地区葬祭場

昭和八年三月三日
大震嘯災記念

大震災それ来るぞ大津浪

正六位勲六等四竈仁邇書印印

大震嘯災概況

（碑面裏）

昭和八年三月三日午前二時三十二分ヨリ二分間余ニ亙ル大地震起ル夫ヨリ約十五分後気仙郡沖合方面遙ノ海底ニ大小ノ爆音二回聞コユ後約二十分ニシテ大津浪来ル其ノ被害区域本県ヨリ北海道ニ及フ

一、本村ノ被害右ノ如シ

　鶴ヶ浦湊　死者　男二女二　傷者男三女一

　家屋流失　一戸六棟　半潰二戸

　床上床下ノ浸水家屋漁船漁具及耕地損害多シ

一、損害総額　三万四千余円

一、津浪ノ高サ

　鶴ヶ浦湊　三、三メートル　以北浜地区迄　一メートルヨリ一、三メートル

一、本県ヲ甫メ各地ヨリ寄贈セラレタル金品左ノ如シ

　金員五千八百四十四円　物品二千百六十点

畏クモ

両陛下ヨリ御救恤金更ニ　皇后陛下ヨリ重傷者ニ衣服地並ニ裁縫料　各宮殿下ヨリ御救恤金ヲ御下賜アラセラル御仁慈恐懼感激ニ禁ヘス

　此ノ記念碑ハ東京朝日新聞社ヘ寄託ノ義捐金二十余万円ヲ罹災町村ヘ分配シタル残額ヲ以テ建立シタルモノナリ

　薫風　謹書

　石工菅野伊三郎

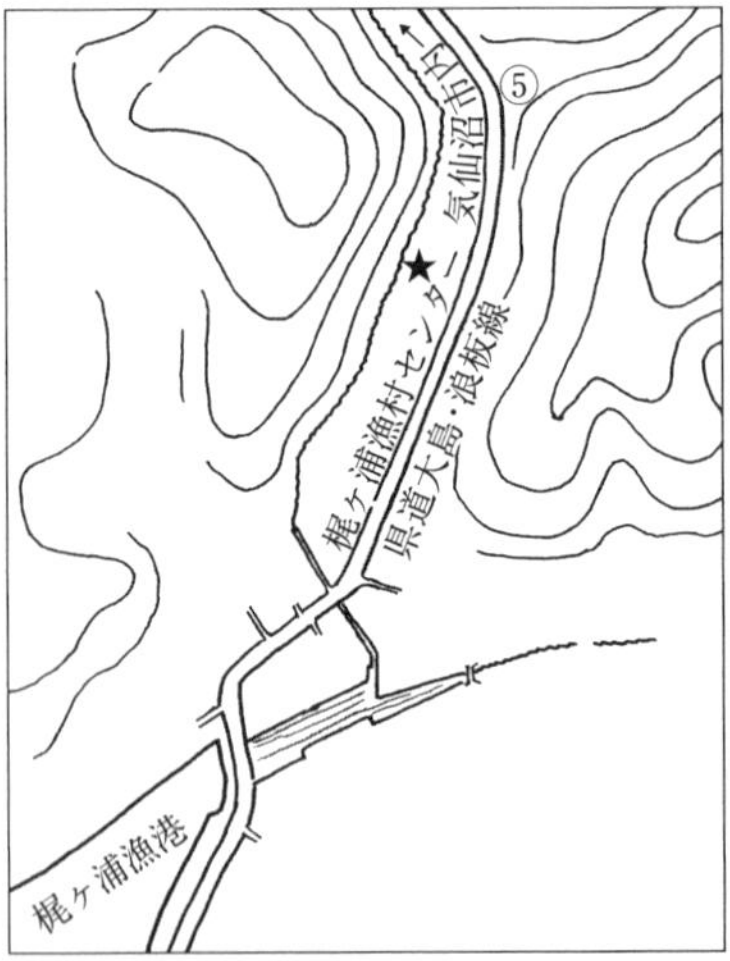

気仙沼５　宮城県気仙沼梶ヶ浦
（二ノ浜）漁村センター付近

図５　気仙沼５の津波碑（縦221㎝・横93㎝・厚さ24㎝）

昭和八年三月三日
大震嘯記念

地震があったら
津浪の用心

正六位勲六等四竈仁邇書
陸前井内阿部勇之丞刻

（碑面裏）
此の記念碑は朝日新聞社寄託の義金二十余万円を
罹災町村の分配した残額をもって建てたものです

一　大沢災害状況

溺死者　五名
住宅全潰　四戸
住宅浸水　十五戸
動力漁船流失破損　二艘
無動力漁船流失破損　四十二艘
馬　斃　死　二頭

唐　桑　村

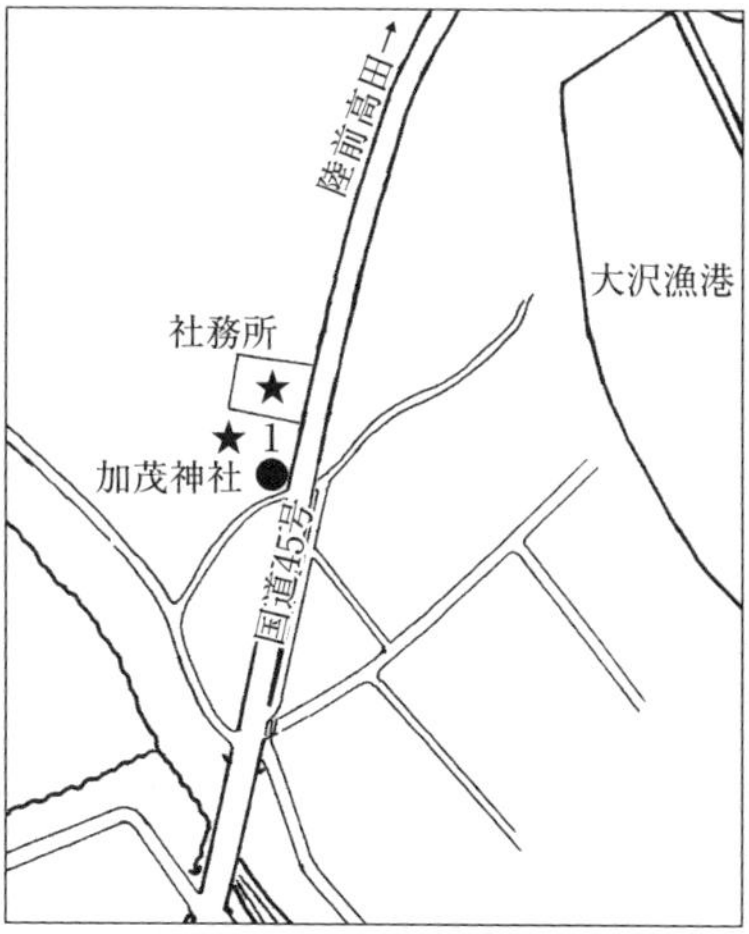

唐桑１　宮城県本吉郡唐桑町字港
加茂神社

図６　唐桑１の津波碑（縦206㎝・横90㎝・厚さ18㎝）

付表1　平成二十四年（二〇一二）三月十一日～十三日宮城県津波碑調査（付図1に対応）

no.	碑番号	場所	存否	県指定	備考
1	唐1・S	本吉郡川唐桑町字港（旧大沢村）賀茂神社	倒壊、割れ部分本体から外れてあり	○	3月13日調査、国道45号線工事（昭和40年代）以前は港部分にあったが、工事後は神社境内にあり。今回津波で崖崩落とともに倒壊、既に碑の上部は割れ、鉄で固めていたが、今回は外れ飛ぶ（流出140戸、死者36人）
2	唐2・S	本吉郡川唐桑町字只越	山際に健在	○	付近家屋すべて流出
3	唐3・S	本吉郡川唐桑町字石浜	路肩の上に健在	○	民宿なぎさの看板近く
4	唐4・S	本吉郡川唐桑町字御崎	ビジターセンター内	○	昭和59年宿から移転
5	唐5・S	本吉郡川唐桑町字小鯖	健在	○	
6	唐6・S	本吉郡川唐桑町字鮪立（しびだて）	八幡神社階段脇にあり、台座多少損ず	○	鮪立港、地盤80㎝以上下がる、仮の護岸設置、3月12日死者の清め（浦祓い執行）神主2人、村人約20人集まり、海に向かい祓いの行事（全壊戸74、死者17人）
7	唐7・S	本吉郡川唐桑町字宿浦	早馬神社参道にあり	○	5年前に現地に移転、流出免れる、宿浦全壊200戸
8	唐8・S	本吉郡川唐桑町字舞根	健在	○	港より高い地点の杉の蔭にあり
9	気4・S	気仙沼市鶴ヶ浦	御嶽神社階段脇		鶴ケ浦港、家屋流出甚だし
10	気5・S	気仙沼市梶ヶ浦（二ノ浜）	道路脇に健在	○	気仙と梶ヶ浦漁港の両方から津波が襲来（旧鹿折）
11	気6・S	気仙沼市小々汐	倒壊、根元から折れて裏返しとなり、防波堤横にあり	○	漁港の家屋すべて流出
12	気7・S	気仙沼市大浦	県道沿い、海岸線沈下、台座とも倒壊してあり	○	この付近地盤沈下激し
13	気8・S	気仙沼市浪板	道路拡張され、道路肩の上、小野寺宅の裏にあり	○	
14	気9・S	気仙沼市東みなと町鹿折川万行沢橋付近	倒壊、裏返しとなる	○	横の碑は健在、気仙沼市内、付近の市街地はすべて津波襲来、被害大（旧浜区）

碑番号の付されたM（明治津波碑）、S（昭和津波碑）、チリ（チリ地震津波）を示す。大島（長崎・駒形・磯草）の3基は未調査。

付表2　二〇一二年三月二十四日〜二十六日調査（付図2に対応）

no.	碑番号 M／S	場所・碑	県指定	周囲の状況	被害	備考
15	気仙沼 10・M	宮城県気仙沼市波路上地福禅寺		流失、行方不明	地福禅寺庫裏も屋根まで津波、碑は行方不明	付近高洋高校も3階まで津波遡上、高校生は地福禅寺へ避難、そこからさらに年寄などを負ぶって逃げた
16	気仙沼 11・M	宮城県気仙沼市波路上地福禅寺		流失、行方不明	地福禅寺庫裏も屋根まで津波、碑は行方不明	付近高洋高校も4階までは津波遡上、高校生は地福禅寺へ避難、そこからさらに年寄などを負ぶって逃げた
17	気仙沼 12・S	宮城県気仙沼市波路上字崎野		流失、行方不明	海の殉難者慰霊塔付近の防潮堤の脇に墓地石碑はすべて倒壊、無残。墓石めくれ、納骨所も浮き上がる状態	
18	本吉 1・M	宮城県本吉郡本吉町大谷漁港		流失、台座のみ残る		瓦礫として処分
19	本吉 2・S	宮城県本吉郡本吉町大谷漁港	○	流失、台座のみ残る		瓦礫として処分
20	本吉 3・M	宮城県本吉郡本吉町大森清涼院		少々傾く	清涼院階段下にあり	
21	本吉 4・M	宮城県本吉郡本吉町圃の沢浄福寺		健在	浄福寺境内にあり	墓石倒壊甚大、地福禅寺坂途中に津波浸水の印あり
22	本吉 5・M	宮城県本吉郡本吉町小泉		すべて流失	小泉の喪失度合甚だし、なにも残らず	碑の痕跡もすべて流失

23	本吉 6・S	宮城県本吉郡本吉町二十一浜	○	健在	建物の背後、他の碑と並立に建て直したと推定	
24	本吉 7・M	宮城県本吉郡本吉町二十一浜		健在		
25	歌津 1・S	宮城県本吉郡歌津町港	○	倒壊、あり	地盤沈下、浸水状況のまま、土嚢で堤防	
26	歌津 2・S	宮城県本吉郡歌津町田ノ浦旭岡八幡神社階段脇	○	健在	八幡神社鳥居は倒壊、砕けてあり、神社は高所にあり、コンクリート階段ひび割れ	家屋ほとんど流失
27	歌津 3・S	宮城県本吉郡歌津町石浜	○	倒壊、林の中	道路付け替えで崖の上となり、近寄れず	
28	歌津 4・S	宮城県本吉郡歌津町名足	○	倒壊、板の上に裏返し	コミュニティーセンターは流失、土台のみ	
29	歌津 5・M	宮城県本吉郡歌津町馬場		倒壊、その場にあり	五十鈴神社の鳥居は倒壊	
30	歌津 6・S	宮城県本吉郡歌津町伊里前向	○	なし、流失・不明	伊里前川ウタちゃん橋のたもとにあり、忠魂碑などは倒壊して残る	小学校庭に40㎝浸水、小学生は上の中学校に逃げた。上下伊里前で32名死亡、うち13名不明

付表3　二〇一二年一月二十五日～二十七日調査（付図3・付図4に対応）

no.	碑番号	場　所	県指定	碑の状態	備　考
31	志津川1・S	南三陸町細浦	○	流失、不明	
32	志津川2・S	南三陸町清水	○	現場になし	
33	志津川3・M	南三陸町海円寺境内（市立公園）		29年の津波に追善供養碑	付図4参照
34	志津川4・チリ	南三陸町松原公園④		すべて瓦礫置き場となり、不明	付図4参照
35	志津川5・S	南三陸町松原公園④	○	すべて瓦礫置き場となり、不明	付図4参照
36	志津川6・チリ	南三陸町松原公園④		すべて瓦礫置き場となり、不明	付図4参照
37	志津川7・チリ	南三陸町松原公園④		すべて瓦礫置き場となり、不明	付図4参照
38	志津川8・S	南三陸町波伝谷（はでんや）	○	海岸に倒れて、波に打たれていた、残存	
39	志津川9・S	南三陸町標石碑		流されてなし	
40	志津川10・S	南三陸町長清水	○	健在、山蔭にあり	
41	北上1・S	南三陸町大指（おおさし）	○	倒れて残存	
42	北上2・S	南三陸町小指（こさし）	○	神社階段脇に残存、但し、神社は流失	
43	雄勝1	上雄勝町2丁目		未調査につき除外	
44	雄勝2・S	雄勝町伊勢畑		未調査につき除外	
45	雄勝3・チリ	雄勝町伊勢畑		未調査につき除外	
46	雄勝12	上雄勝町2丁目		未調査につき除外	
47	女川1・S	女川町御前浜	旧地名不明	以前に半分に割れてあり、針金で縛る、今回倒壊、現場に割れた状態	
48	女川3・S	女川町崎山展望公園	旧地名不明	健在	

49	女川4・S	女川町旧女川役場敷地内	旧地名不明	倒壊、現場に残る	女川町役場すべて波被る、敷地内の津波碑横の町長銅像は倒壊
50	女川5・S	女川町熊野神社階段下	旧地名不明	健在	女川町中心部すべて破壊、碑は山の麓のため残る
51	女川6・S	女川町高城（白）浜	○	健在	この碑のみフロックに囲まれて残る
52	女川7・S	女川町野の浜	○	健在	
53	牡鹿1・S	下石巻市牡鹿鮫浦細田・熊野神社階段下	○	倒壊、片付け（他の碑と一緒）	
54	牡鹿2・S	石巻市牡鹿谷川浜清水	○	健在	道路沿い
55	牡鹿3・S	石巻市牡鹿谷川小学校下	○	移動して建て直し、存在	谷川小学校は2方向からの波襲来を受け、教室内に砂、清水浜は谷の奥まで津波襲来、砂紋が畑に残る
56	牡鹿4・S	石巻市牡鹿新山浜		アリ	
57	牡鹿町6・S	石巻市牡鹿鮎川浜	○	アリ	国民健康保険病院は鮎川集会所になっていた。鮎川漁港被害大、クジラ博物館概観保つ
58	牡鹿7・S	石巻市牡鹿十八成（くうなり）		アリ	
59	牡鹿8・S	石巻市牡鹿小淵浜	○	アリ	五十鈴神社階段下
60	牡鹿9・S	石巻市牡鹿小網倉浜	○	倒れそうだが、存在	
61	牡鹿10・S	石巻市牡鹿小網倉浜	○	流れて、アリ	流れて道の反対側に移動、小網倉分館流出。
62	石巻1・S	石巻市小積浜	○	アリ	
63	石巻2・S	石巻市荻浜	○	倒壊、アリ	26日戻り、確認済み
64	石巻3・S	石巻市桃浦	○	移動、倒壊、アリ	

付表4（付図5に対応）

no.	碑番号	場所	県指定	碑の有無	周囲の状況
65	名取1・S	名取市日和山	○	倒壊、アリ	日和山の館にあり
66	山元1・S	亘理郡山元町坂元、津之神社	○	流失	坂元小学校も津波が校舎内を抜けた
67	山元2・S	亘理郡山元町磯浜漁港	○	流失	漁港破壊、すべて流失

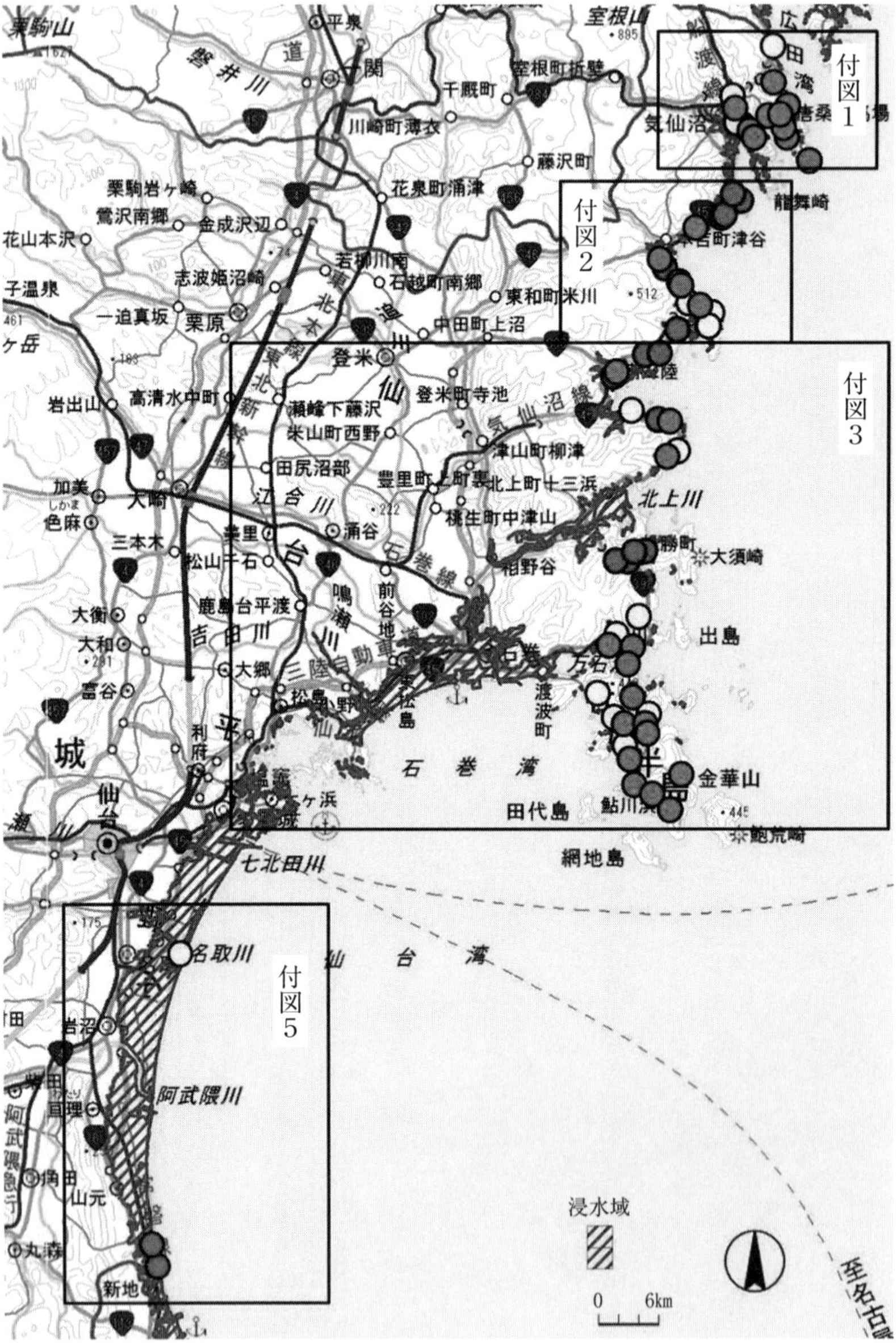
付図1
付図2
付図3
付図5
栗駒山
平泉
一関
磐井川
室根山
室根町折壁
千厩町
川崎町薄衣
藤沢町
気仙沼
唐桑
龍舞崎
花泉町涌津
栗駒岩ヶ崎
鶯沢南郷
金成沢辺
花山本沢
若柳川南
石越町南郷
東和町米川
志波姫沼崎
一迫真坂
栗原
中田町上沼
登米
登米町寺池
岩出山
高清水中町
瀬峰下藤沢
米山町西野
田尻沼部
気仙沼線
津山町柳津
豊里町上町裏
北上町十三浜
北上川
桃生町中津山
加美
色麻
大崎
三本木
松山千石
涌谷
石巻線
前谷地
大須崎
相野谷
鹿島台平渡
大衡
大和
富谷
吉田川
大郷
三陸自動車道
松島
出島
渡波町
石巻湾
金華山
田代島
鮎川浜
黒崎
網地島
利府
仙台
塩釜
七ヶ浜
七北田川
名取川
仙台湾
岩沼
阿武隈川
亘理
角田
山元
丸森
新地
浸水域
0
6km

津波碑所在全図（宮城県）

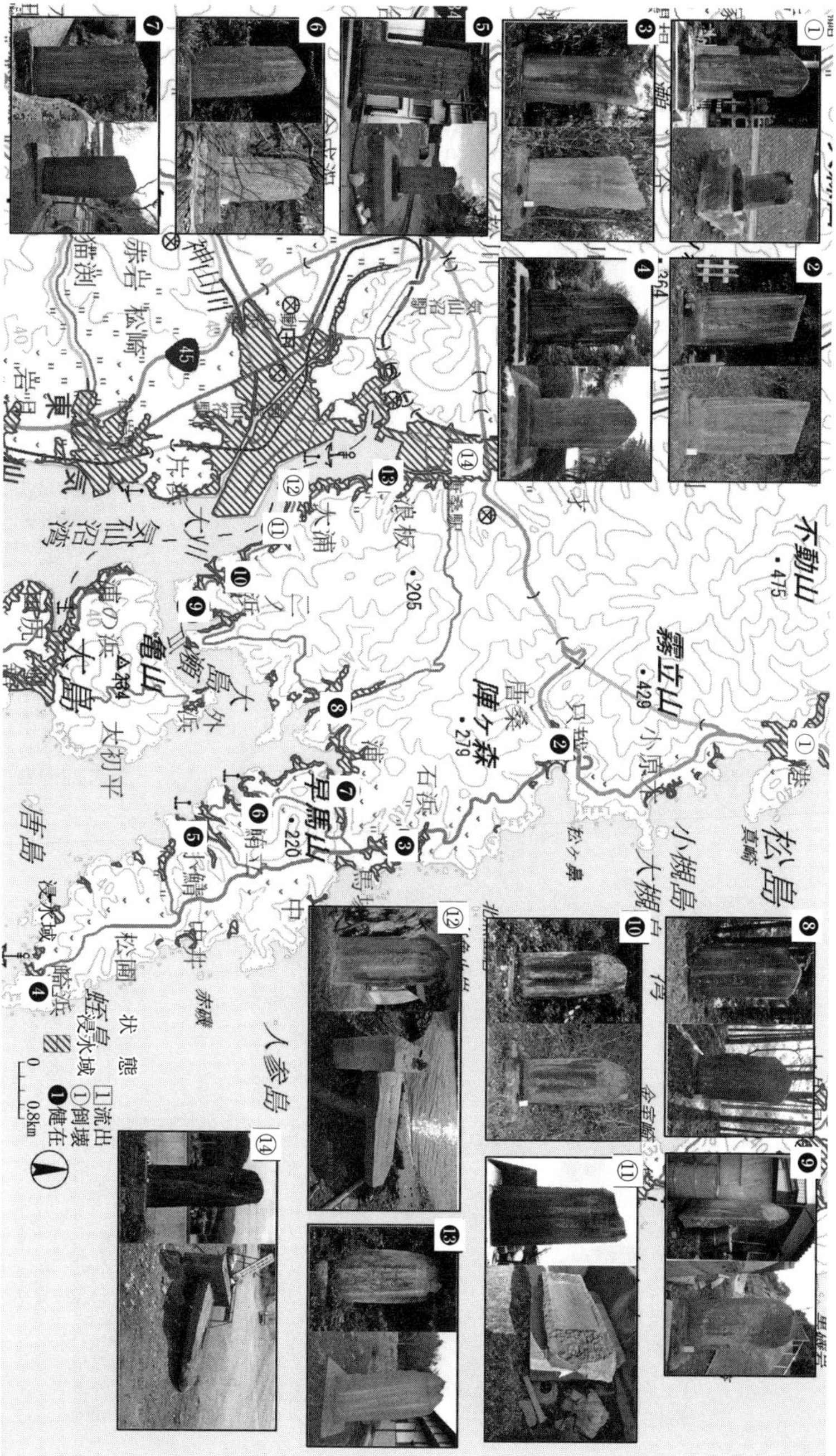

付図1

付図2

付図3

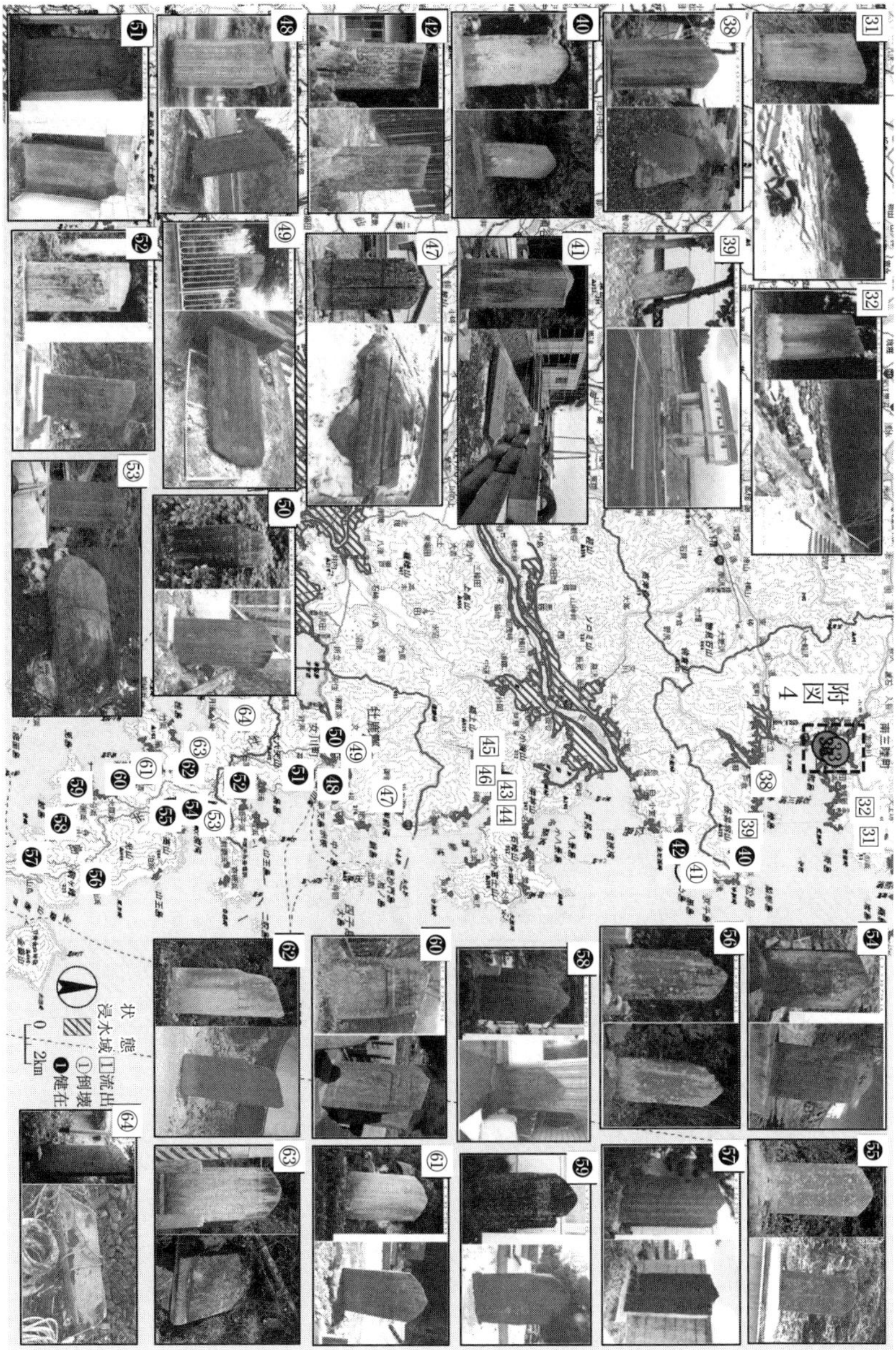

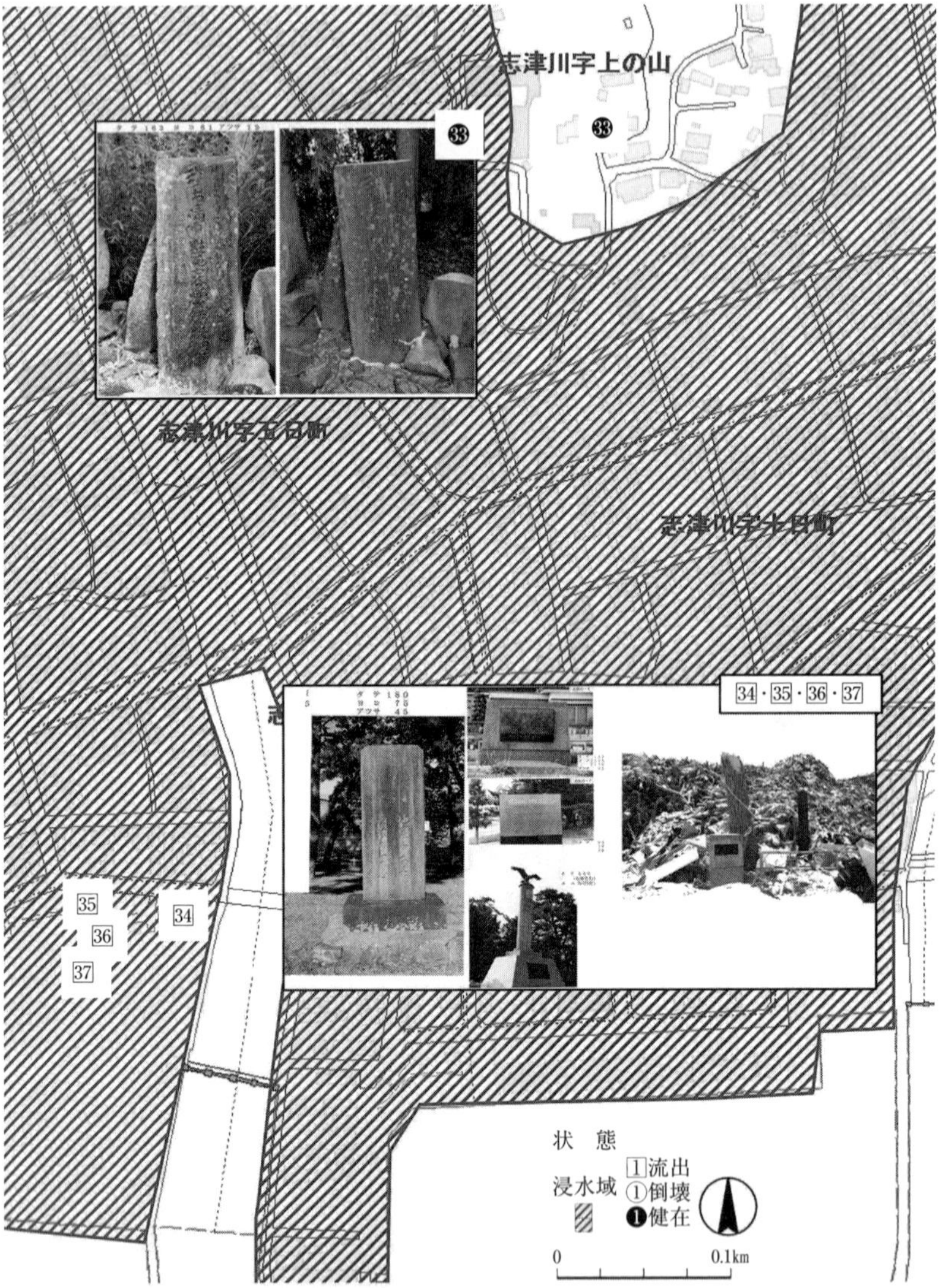
志津川字上の山
㉝
志津川字五日町
志津川字十日町
34・35・36・37
35
36
37
34
状　態
浸水域
1流出
①倒壊
❶健在
0
0.1km

付図4

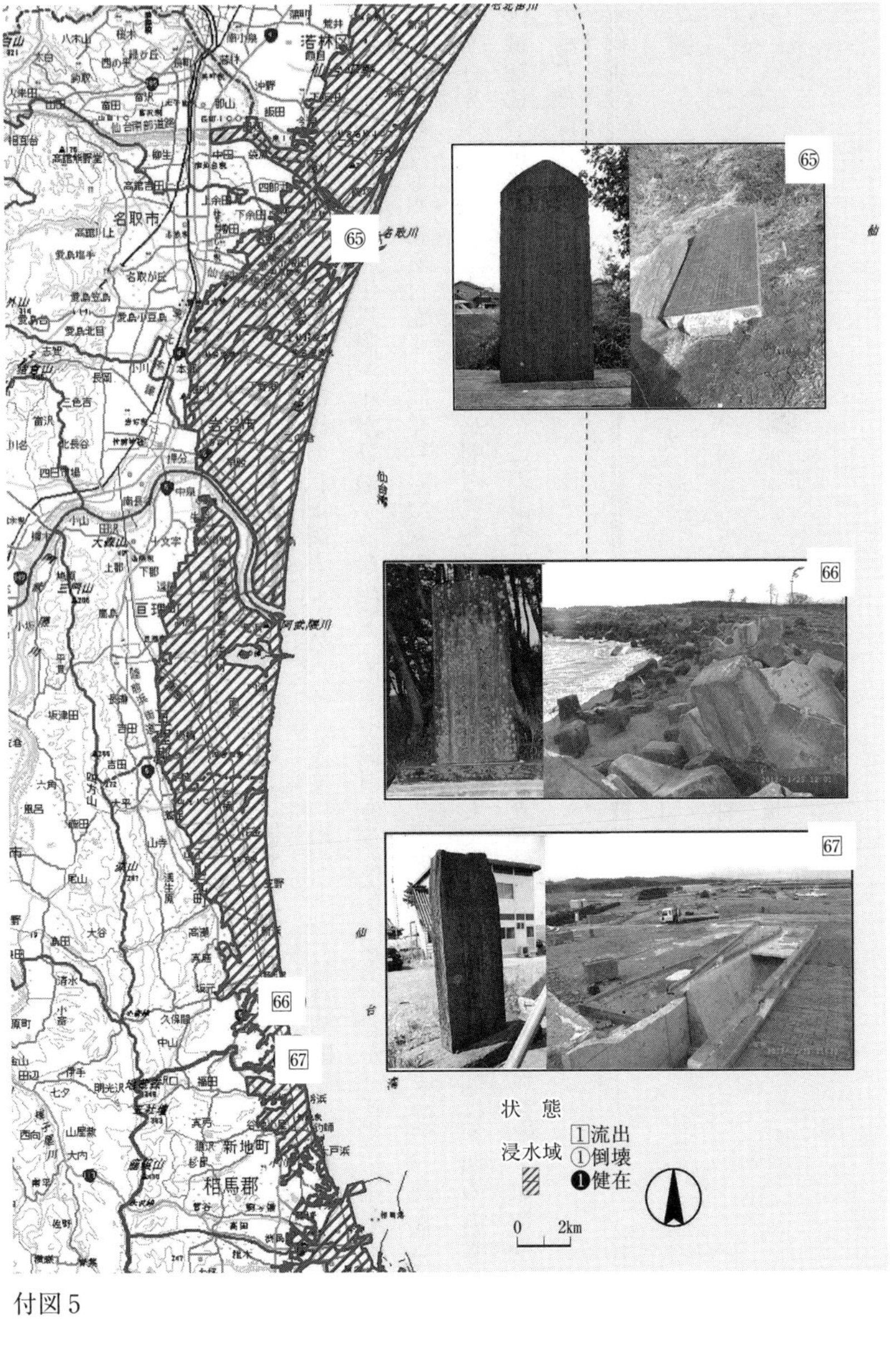
若林区
名取市
名取川
岩沼市
阿武隈川
亘理
仙台湾
新地町
相馬郡
⑥⑤
⑥⑥
⑥⑦
状　態
浸水域
1流出
①倒壊
❶健在
0　2km

付図５

青森・岩手県津波碑一覧表解説

本表は、平成二年（一九九〇）以降卯花政孝氏が調査、東北大学工学部災害制御センター『津波工学研究報告』八号（一九九一）、九号（一九九二）に発表した青森、岩手、宮城に所在する津波碑について、平成二十三年三月十一日に発生した東北地方太平洋沖地震以降の倒壊、流失、現存などの状況を、東日本大震災後の平成二十三年七月二十九日より、七回ほどに分けて現地調査した一覧である。東北地方太平洋沖地震以前の津波碑については、津波デジタルライブラリー（http://tsunami-dl.jp/）に津波碑の写真、所在地、碑文に関する詳細な情報が掲載、公開されている。本一覧表の主な目的は、震災後の津波碑の状況調査であるため、碑文についての詳細は簡略化し、碑の判別の基準にする程度に留めた。地震発生以降三年が経過するなかで、流失や倒潰も少なからずあったが、新規に建立されたものや、既存のものでも当初気付かず今回発見したものも追加した。なお、平成の市町村合併によって、調査当時とは所在地の表示が異なるケースがあるが、碑番号に地名の略記などを使用しているため、所在地欄は初期の調査時のままとし、区域欄に合併後の区域を表記した。この調査には、二〇年前の調査で碑の所在地など現地状況を知悉している卯花氏の協力を得た。

＊碑番号の記号：M　明治二十九年（一八九六）六月十五日の津波被害に関連する碑
S　昭和八年（一九三三）三月三日の津波被害に関連する碑
チリ　昭和三十五年（一九六〇）五月二十三日の津波被害に関連する碑
H　平成二十三年（二〇一一）三月十一日の津波被害に関連する碑

表　青森・岩手県津波碑一覧

区域	碑番号	所在地	碑文	流失倒壊状況
三沢市	三沢1・S	四川目三丁目金乃比羅神社	震嘯記念　地震海鳴りほら津波	未調査
	三沢2・S	三川目三丁目三川目公民館	三陸大海嘯記念（戸数一一〇戸流失一六戸、死者二〇名、板目地図）	未調査
	三沢3・S	三川目三丁目三川目公民館	地震海鳴りほら津波	未調査
上北郡百石町	百石1・S	松原一丁目明神山公園	震嘯記念　地震海鳴りほら津波	未調査
八戸市	八戸1・S	舘鼻舘鼻公園	震嘯記念　地震海鳴りほら津波	未調査
三戸郡階上町	階上1・S	道仏大蛇小学校	海嘯記念碑	未調査
	階上2・S	榊山榊漁港南	震嘯記念　地震海鳴りほら津波	未調査
	階上3・S	小舟渡小舟渡小学校裏海岸	海嘯死亡者之碑	未調査
	階上・H	道仏字二〇—二	海嘯死亡者之碑	新規
	階上・H	大蛇小学校校庭	忘れるな　あなたを守る　地域の絆	新規
九戸郡洋野町	種市1・S	種市町川尻川尻水門付近	（表面）昭和八年三月三日　不慮の津浪に不断の注意　午前三時二分（裏面）此ノ碑ハ東京朝日新聞社読者カラ寄託サレタ義捐金ヲ同社ガ各町村ニ分配シタ残余ヲ以テ建設シタルモノデアル（以下死亡者名略）	現存

九戸郡洋野町	種市2・M	種市町宿戸共同墓地	（表面）大海嘯罹災者　招魂碑（右横）明治二十九年旧五月五日	現存
	種市3・S	種市町大浜奥寺製材所近く	（表面）昭和八年三月三日　地震に気を緊め津浪に避難（裏面）此ノ碑ハ東京朝日新聞社読者カラ寄託サレタ義捐金ヲ同社各町村ニ分配シタ残余ヲ以テ建設シタルモノデアル	現存
	種市4・M	種市町八木南町共同墓地	二十三回忌（以下略）	現存
	種市5・S	種市町八木南町漁村センター南	（表面）昭和八年三月三日　想へ惨禍の三月三日　午前二時五十二分（裏面）此ノ碑ハ東京朝日新聞社読者カラ各町村ニ分配シタ残余ヲ以テ建設シタルモノデアル	現存
	種市6・M	種市町小牛内　ＪＲ八戸線架道横	頌徳碑　地震長きは津浪と思へ（高見松太郎漁業共同事業顕彰）	現存
	種市7・S	種市町	三陸海嘯紀念碑　地震があったら津浪の用心　津浪が来たなら高い所へ　危ない所に家を建てるな	現存
久慈市	久慈1・S	侍浜町麦生麦生漁村センター	昭和八年　津浪記念碑　大津波く々里てめけぬ雄心もて以左追い進み参ゐ上らまし　英彦	現存
	久慈2・S	侍浜町麦生白前	昭和八年　津浪記念碑　大津波く々里てめけぬ雄心もて以左追い進み参ゐ上らまし　英彦	現存
	久慈3・S	夏井町大崎漁協夏井支所前	海嘯紀念碑	現存
	久慈4・M	湊町	海嘯溺死者記念碑	現存

	久慈5・M	湊町	津波記念碑　碑文　自然界における災害のなかで津波ほど悲惨なものはない（以下略）	現存
	久慈6・S	湊町	防潮林記念碑（国庫補助事業防潮林松二万三千本植栽、湊部落発起者、昭和十三年）	現存
	久慈7・S	湊町	昭和八年　津浪記念碑　大津波く々里てめけぬ雄心もて以左追い進み参ゐ上らまし　英彦	現存
	久慈8・S	長内町諏訪神社入口	昭和八年　津浪記念碑　大津波く々里てめけぬ雄心もて以左追い進み参ゐ上らまし　英彦	現存
	久慈9・S	宇部町小袖大向宅裏	昭和八年　津浪記念碑　大津波く々里てめけぬ雄心もて以左追い進み参ゐ上らまし　英彦	現存
	久慈10・S	宇部町久喜漁協久喜支所	昭和八年　津浪記念碑　大津波く々里てめけぬ雄心もて以左追い進み参ゐ上らまし　英彦	倒壊を補修、欠落部分を埋め直した
九戸郡野田村	野田1・S	十府ヶ浦綿津海神社	津浪記念碑　死亡者八名負傷者七名	流失
下閉伊郡普代村	普代1・S	横町畠山宅裏山	大海嘯記念　一、大地震の後には津波が来る　一、地震があったら高い所へ集まる　一、津波に追はれたら何処でも此所位の高い処へ　一、遠くへ逃げては津波に追付かる近くの高い所を用意して置け　一、県指定の住宅適地より低い所へ家を建てるな（裏面略）	現存
	普代2・S	普代妙相寺	三陸大海嘯　溺死者諸精霊　供養塔　流失戸七十八戸　溺死者百三十五名	現存
	普代3・S	明神普代川水門前	津波防災之碑　鈴木善幸書	台座流失、再建

下閉伊郡普代村	普代4・MS	大田名部	明治二十九年　昭和八年　津浪記念塔　大地震の後には津波が来る　地震があったら高い所へ集まる……（昭和五十五年）	現存
	普代5・M	字上の山	明治二十九年丙申年旧五月五日大海嘯溺死　戸主豊吉以下八人の戒名あり	現存
	普代6・M	字上の山	明治二十九年丙申年旧五月五日大海嘯溺死　四名の戒名施主太田源之助　裏面に普代の被害数あり	現存
下閉伊郡田野畑村	田野畑1・M	羅賀中崎マート前	大海嘯溺死者招魂碑	倒壊のまま現存（二〇一三・四・一八確認）
	田野畑2・S	平井賀県道沿い	昭和八年　津浪記念碑　大津波く々里てめけぬ雄心もて以左追い進み参ゐ上らまし　英彦　流失戸百二十三戸　倒壊四戸溺死者百三名……	流失
	田野畑3・S	島の越廣福寺	一、ヂシンシタラバユダンスルナ　一、ヂシンガアッタラタカイトコロニアヅマレ　一、ツナミニオハレタラタカイトコロニアガレ　一、チカクノタカイトコロヲヨウイシテオケ　一、オカミノサダメタヤシキチヨリヒクイトコロニ家ヲタテルナ	現存
	田野畑4・M	島の越廣福寺	三陸海嘯横死者招魂碑	現存
	田野畑5・S	島の越廣福寺	昭和八年　津浪記念碑　大津波く々里てめけぬ雄心もて以左追い進み参ゐ上らまし　英彦　流失戸百二十三戸　倒壊四戸溺死者百三名……	現存
	田野畑・H	田野畑駅	津波到達地点	新規（二〇一三・四・一八確認）

下閉伊郡岩泉町	岩泉1・M	小本宗徳寺	海嘯溺死者供養塔	現存
	岩泉2・S	小本宗徳寺	三陸大海嘯溺死者慰霊塔	現存
	岩泉3・S	小本小本小学校	三陸大海嘯　記念　一、大地震の後には津波が来る　一、地震があったら高い所へ集まる　一、津波に追われたら何処でも此の位の高いところへ逃げろ　一、常に近くの高い所を用意して置け　一、県指定の住宅適地より低い所へ家を建てるな	現存
	岩泉4・S	茂師国道沿い	三陸大海嘯　記念（岩泉3に同じ）	現存
宮古市田老町	田老1・M	摂待字星山佐々木良一宅	梵　海嘯死者供養	現存
	田老2・M	摂待字星山	三陸海嘯拾参回忌	現存
	田老3・M	摂待字星山水沢墓地内	畠山長之助　慈善事業、横死者追善供養碑建立などについての顕彰碑	現存
	田老4・S	摂待字星山水沢墓地内	海雲功樹信士（津波遭難者安田要助墓碑）	現存
	田老4追加・M	水沢字水沢南共同墓地	梵　……（判読不可）	既存・新発見追加
	田老4追加・S	水沢字水沢南共同墓地	「故高橋正雄之墓」昭和八年三月三日　享年六十九才	既存・新発見追加
	田老5・M	水沢字水沢南共同墓地	海嘯横死者之碑　壱千九百余人ノ死者、四百余ノ家屋ヲ流亡	現存
	田老6・M	清水端共同墓地	海嘯死者菩提塔　鳥居徳弥他八名供養碑	現存
	田老7・S	清水端共同墓地	弔海嘯死者碑（四名）	現存
	田老8・M	田の沢常運寺	明治弐拾九年　海嘯之碑（七名戒名）	現存

宮古市田老町	田老9・S	田の沢常運寺	海嘯供養塔　遭難者九名（岩城四倉漁場大謀網に従事）	現存
	田老10・S	田の沢常運寺	三陸大海嘯溺死者慰霊塔　流失戸五百五戸、溺死者九百十一名	現存
	田老11・M	田の沢常運寺	海嘯死者碑　三陸海嘯害当地最極惨乎　明治二十九年六月十五日	現存
	田老12・S	田の沢常運寺	曹洞宗常運寺（門柱）昭和八年海嘯五十回忌記念　昭和五十七年六月三十日建立	現存
	田老13・M	田の沢常運寺	海嘯死者碑　鳥居留蔵他六名の供養碑	流失　無縁処理
	田老14・M	田の沢常運寺	海嘯死者碑　田畑末子松他7名の供養碑。常運寺若住職の話によると、供養者が亡くなる、あるいは避難—移転などで菩提を弔うことができなくなり、無縁碑としてまとめ、確認困難。	流失　無縁処理
	田老15・M	田の沢常運寺	海嘯死者碑　小林家（田老14に同じ）	流失　無縁処理
	田老16・M	田の沢常運寺	海嘯死者碑　中居由松他四名の供養碑（田老14に同じ）	流失　無縁処理
	田老17・M	田の沢常運寺	海嘯死者碑　鳥居家（田老14に同じ）	流失　無縁処理
	田老18・M	田の沢常運寺	海嘯死者碑　堰代家（田老14に同じ）	流失　無縁処理
	田老19・M	田の沢常運寺	海嘯死者之墓　鳥居家七名供養碑（田老14に同じ）	流失　無縁処理
	田老20・M	田の沢常運寺	海嘯死者碑　入沢家六名供養碑（田老14に同じ）	流失　無縁処理
	田老21・M	田の沢常運寺	海嘯死者碑　伊藤家六名の供養碑（田老14に同じ）	流失　無縁処理
	田老22・S	田の沢第一小学校	大海嘯記念	現存

	田老23・M	樫内	大海嘯紀念碑	現存	
	田老24・M	樫内海岸への小道	南無阿弥陀仏　ナツ　トク　エイ　フカ　為海嘯流死菩薩	現存	
	田老25・M	樫内海岸への小道	海嘯物故者諸々霊（個人墓か）	現存	
	田老・H	田の沢常運寺	海嘯物故者諸々霊（表面）平成二十二年三月十一日　常運大意英世　謹書（裏面）一五四名の犠牲者姓名刻	新規	
宮古市	宮古1・M	佐羽根井戸頭宅前	海嘯遭難横死供養　明治二十九年五月五日　施主　佐々木鶴松・中洞要吉	未調査	
	宮古2・M	女遊戸民宿かくら荘裏	海嘯記念　明治二十九年旧五月五日大海嘯	現存	
	宮古3・M	鍬ヶ崎字日出島民宿新屋前山の上	海嘯溺死者供養塔　明治二十九年　五月五日　施主佐々木福次郎（小祠の前にあり、人宿新屋は残る、日の出荘流失）	現存	
	宮古4・M	鍬ヶ崎字日出島民宿新屋前山の上	牛馬供養塔　明治二十九年　五月五日　主前川福蔵（小祠の前にあり、人宿新屋は残る、日の出荘流失）	現存	
	宮古5・S	鍬ヶ崎字大沢	海嘯紀念碑（表面）大地震の後には津波が来る……	現存	
	宮古6・M	蛸の浜町心公院	海嘯記念碑　明治二十九年六月十五日陰暦端午に当る此日朝より陰鬱なりしが……	現存	
	宮古7・S	蛸の浜町心公院（倒壊）	卍海嘯供養塔　昭和十年二月八日　三周年建之（下段文字難読）	倒壊・残存	
	宮古8・M	蛸の浜町心公院	津波襲来記録標　襲来明治二十九年六月十五日、波高一三米、惨害流亡家屋二七七戸、死者二八名	流失	
	宮古9・S	蛸の浜町心公院	津波襲来記録標　襲来昭和八年三月三日　波高約六米	流失	
	宮古10・S	浄土ヶ浜	大海嘯記念　一、大地震の後には津波が来る　一、地震があったら高い所へ集れ……	現存	

宮古市	宮古11・チリ	浄土ヶ浜	記念碑　一九六〇年五月二十四日言行は四つのテストに照らしてから、一、真実かどうか	現存　但し、津波直後に修復の跡を確認済み（二〇一三年五月二三日調査）
	宮古12（江戸）	本町上水同宮古送水場横	宮古開港記念碑（慶長十六年海嘯の記述あり）	現存
	宮古13・M	沢田常安寺	三陸海嘯横死者招魂之碑	山中に付未調査
	宮古14（江戸）	田の神一丁目	一本柳の跡（江戸時代三陸海岸を襲ったヨダは宮古に大被害を与えた　津浪で流れた来たダンベ（舟）を一本柳に係留したと伝えられる	現存
	宮古15・M	藤原三丁目観音堂	三陸大海嘯横死精霊　施主藤原若者中、常安二十世法運叟（裏面）明治二十九丙申年旧五月五日　六月建之　七名死者姓名・年齢（略）	現存
	宮古16・M	磯鶏藤田石材店横	海嘯紀念碑　恰当端午佳節家々酔祝酒之日突如而来忽現出阿鼻叫喚修羅巷……	現存
	宮古17・S	磯鶏藤田石材店横	三陸　大海嘯記念碑　昭和八年三月三日　旧二月八日　午前二時三十分強震、大地震の後には津浪が来る　地震があったら高い処へ逃ろ　午前三時十分大海嘯襲来　石巻市石井敬一	現存
	宮古18・M	金浜江山寺	三陸海嘯横死者精霊　明治二十九年六月十五日　旧五月五日　施主金浜若者中	現存
	宮古19・チリ	金浜山下利用所横	チリ地震津波記念碑　昭和三十五年五月二十四日　大地震の後には	現存　金浜地区全戸流失

	宮古20・M	赤前	海嘯記念碑　明治二十九年　陰暦五月五日	現存
	宮古21・M	重茂白浜白浜会館付近	海嘯横死者精霊塔　明治二十九年　申旧五月五日　横死者中村四郎以下同一三名、◆川以下同三名、小鯖仲之助以下同五名、浜田丞助以下同六名（各名前略）	現存
	宮古22・M	重茂笹沢バス停付近の道入る	三陸海嘯記念碑　明治二十九年　旧五月五日（裏面）唱散白雲不着火……	現存
	宮古23・S	重茂鵜磯鵜磯小学校校庭道路下	海嘯記念碑　昭和八年　三月三日　強い地震は津波の報らせ　その後の警戒一時間　忘るな惨禍の大津波　荒巻区一同	流失
	宮古24・M	重茂音部音部大神宮	海嘯記念碑　明治二十九年旧五月五日　文学博士井上円了書　音部区民一同	現存
	宮古25・S	重茂音部音部大神宮	海嘯記念碑　昭和八年　三月三日　強い地震は津波の報らせ　その後の警戒一時間　想へ惨禍の三月三日　此の碑は昭和八年津浪の際東京朝日新聞社が読者から義捐金を各町村に分配し其の残余を更に建設費として受け建設せるものなり　音部区	倒壊・修築
	宮古26・M	重茂音部音部大神宮	馬頭観世音　明治二十九年旧五月五日　音部区民一同	現存
	宮古27・M	重茂舘	海嘯供養碑　明治二十九年　旧五月五日（右側面判読不可）	現存
	宮古28・S	重茂里臼木商店横	津浪記念碑　昭和八年　三月三日午前三時　強い地震は津波の知らせ……	現存
	宮古29・M	重茂里臼木商店横	海嘯記念碑　明治二十九年旧五月五日里家屋五十戸全滅死亡者二百五十名	現存

宮古市	宮古30・MS	重茂姉吉	大津浪記念碑　高き住居は児孫の和楽　想へ惨禍の大津波	現存　明治・昭和両津波の教訓
	宮古31・M	重茂姉吉海岸	観世音菩薩勧請縁起　明治二十九年六月十五日旧五月五日夜突如として	流失
	宮古32・S	重茂千鶏千鶏神社前	昭和八年　大津浪記念碑　強い地震は津波の報らせ……	現存
	宮古33・M	重茂千鶏千鶏神社前	海嘯記念碑　明治二十九年旧五月五日　流失家屋十七　死亡者九十名（右）昭和三年五月五日建之　千鶏部落一同（左）	倒壊・残存
	宮古34・S	重茂千鶏千鶏神社前	昭和八年　大津浪記念碑　強い地震は津波の報らせ……	流失
	宮古35・M	重茂石浜	海嘯記念碑	流失
	宮古36・M	重茂石浜	海嘯横死　牛馬観世音　大正十二年一月建之　石村辰之助	流失
	宮古37・S	重茂川代	大海嘯記念　大地震の後には津波が来る……	倒壊・残存
	宮古38・M	重茂川代	大津波記念塔　明治二十九年	倒壊・残存
	宮古39・H	女遊戸	津波到達地点　提唱者宮古東ロータリークラブ、設置支援堺東ロータリークラブ、土地提供者　部落長前川正幸氏	新規
	宮古40・H	日出島共同墓地	積功院累徳日普大姉（津波で流れ着いた、途中割れをセメントで繋ぐ）	新規
	宮古41・M	日出島共同墓地	海嘯三十三回忌供養　昭和三年旧五月五日　施主佐々木喜助	既存・新発見追加
	宮古42・H	舘平和公園　重茂中学校前	大津浪記念塔　明治二十九年、昭和八年、平成二十三年三月十一日　後世への訓戒　地震の後には津浪が来る　とにかく高い所へ逃げろ　住宅は津浪浸水線より高いところへ建てろ　命はてんでんこ	新規

	宮古43・H	舘平和公園　重茂中学校前	弥勒菩薩像	新規
	宮古44・H	舘平和公園　重茂中学校前	大津浪慰霊観音	新規
	宮古45・H	重茂姉吉	平成二十三年三月三日　津波到達地点　平成二十四年七月（横）姉吉観音賛仰会・南区自治会	新規
	宮古46・H	重茂千鶏	平成二十三年三月三日　津波到達地点　平成二十四年七月（横）見落とす	新規
	宮古47・H	重茂里	大津波到達地点　東北地方太平洋沖地震津波　平成二十三年三月十一日……	新規
盛岡市	盛岡1・M	愛宕町正伝寺	三陸海嘯難死者供養	未調査
花巻市	花巻1・M	大畑県道石鳥谷花巻温泉線入る	三陸海嘯横死者精霊　大念仏供養	未調査
下閉伊郡山田町	山田1・S	大沢大沢公園ふるさとセンター	三陸大海嘯記念碑　流失戸七二戸、溺死者一名	現存
	山田2・M	大沢南陽寺	海嘯紀念碑　大沢村溺死者一六四名	現存
	山田3・S	大沢南陽寺	三陸大海嘯溺死者慰霊塔	現存
	山田4・M	後楽町龍昌寺	丙申震嘯之記（大内青巒書）（裏面）流失戸数三八八戸、死亡八四〇人（年齢別に死者数、一家全滅戸三二名などの詳細数値あり）	現存
	山田5・S	後楽町龍昌寺	海嘯遭難者慰霊塔	現存
	山田6・S	八幡町八幡宮	津波記念　一大地震の後には津波が来る……	現存

下閉伊郡山田町	山田7・S	船越船越駅北橋本秀男氏宅横（二〇一三年調査時佐々木氏宅横）	大海嘯記念　一大地震の後には津波が来る……	現存
	山田8・S	船越字大浦大浦小学校付近（二〇一三年調査時大浦漁村センター敷地内仮設住宅脇）	大海嘯記念　一大地震の後には津波が来る……	現存
	山田9・S	船越字前須賀　海蔵寺	三陸大海嘯溺死者慰霊塔（船越村流失戸二一一戸、溺死者五名）	倒壊・残存
	山田10・S	船越字田の浜　旧道	大海嘯記念　一大地震の後には津波が来る……	倒壊・残存
	山田11・S	織笠織笠小学校	大海嘯記念　一大地震の後には津波が来る……	現存
	山田12・M	織笠織笠小学校	大海嘯紀念碑	現存
下閉伊郡大槌町	大槌1・M	吉里吉里四丁目吉祥寺	海嘯溺死精霊塔　昭和八年旧二月八日午前二時　稲荷丸乗組員遭難者（行川島太郎ほか七名氏名刻）	現存
	大槌2・S	吉里吉里一丁目今比羅神社	昭和八年三月三日　大海嘯記念碑　一地震があったら津浪の用心せよ……	現存
	大槌3・M	吉里吉里四丁目塚鼻稲荷神社前	海嘯溺死精霊塔	現存
	大槌4・S	赤浜一丁目大槌漁協海岸局前	昭和八年三月三日　大海嘯記念碑　一地震があったら津浪の用心せよ……	流失
	大槌5・チリ	安渡一丁目大槌橋際	津波災害記念碑　地震があったら津波の用心せよ　地震がなくとも以上引き潮は津波と思え　地震があったら高い所へ逃げよ……	流失

	大槌6・M	末広町史蹟御社地	一声は千々の谺や咄夢島」過ぎし明治二十九年六月十五日の夜半に襲ひ来りし大海嘯は瞬間にして我旧胞六百名余之生霊を藻屑と化し人家五百六十余戸を奪ひ去り在る光景其凄惨醜なる物なり噫	流失
	大槌7・M	末広町史蹟御社地	昭和八年三月三日　大海嘯記念碑　一地震があったら津浪の用心せよ……	倒壊・残存
	大槌8・MS	末広町・江岸寺	三陸海嘯溺死者諸精霊供養塔	流失
	大槌9・M	安渡・大徳院	海嘯溺死者各精霊塔	倒壊・残存
	大槌10・S	浪板海岸	地震があったら津浪の用心……	倒壊・残存
	大槌11・H	安渡・古学校	大きな地震が来たら戻らず高台へ	新規
	大槌12・H	城山	希望の灯り	新規
釜石市	釜1・S	片岸町室浜県道脇	津浪記念碑　大地震の後には津浪が来る　英彦	流失
	釜2・M	片岸町室浜県道脇	海嘯記念碑	流失
	釜3・S	片岸町片岸稲荷神社	津浪記念碑　大地震の後には津浪が来る　英彦	現存
	釜4・M	片岸町片岸稲荷神社	南無妙法蓮華経八大龍王鎮座	現存
	釜5・M	鵜住居町新田常楽寺	弔祭碑	流失　常楽寺本堂倒潰後撤去、再建中（二〇一三・九・二一）
	釜6・M	箱崎町箱崎県道脇	忠烈永芳　英霊合祀	現存
	釜7・S	箱崎町箱崎県道脇	津浪記念碑　大地震の後には津浪が来る　英彦	現存

釜石市	釜8・M	箱崎町箱崎上前小林徳平氏宅	津浪海難殃死無縁者追善供養塔	現存
	釜9・M	箱崎町大仮宿海岸近傍右岸山腹	明治二十九年六月十五日海嘯横死	未確認（道が途絶えて通行不可）
	釜10・M	箱崎町大仮宿海岸近傍右岸山腹	海嘯溺死小林勝蔵精霊	未確認（右同）
	釜11・M	箱崎町大仮宿海岸近傍右岸山腹	明治二十九年六月十五日海嘯横死無縁塔	未確認（右同）
	釜12・M	両石町両石国道脇	両石海嘯紀念碑	現存　一ヵ所にまとめ移転
	釜13・M	両石町両石国道脇	海嘯記念碑	現存　一ヵ所にまとめ移転
	釜14・S	両石町両石国道脇	津浪記念碑　大地震の後には津浪が来る　英彦	現存　一ヵ所にまとめ移転
	釜15・M	大只越町一丁目石応禅寺	三陸大海嘯溺死者弔祭之碑	現存
	釜16・M	大只越町一丁目石応禅寺	海嘯記念碑	現存
	釜17・M	大只越町一丁目石応禅寺	海嘯災死追悼	現存
	釜18・M	大只越町一丁目石応禅寺	海嘯万人供養塔	現存

	釜19・M	大只越町一丁目石応禅寺	鋳造海嘯惨死者追弔紀念銅像之記	現存
	釜20・M	大只越町一丁目石応禅寺	鋳造海嘯惨死者追弔紀念銅像之記（文字欠推定）	現存
	釜21・M	港町一丁目須賀神社	（三陸大海嘯流亡碑発掘された竜宮祠の再建）	流失　二〇一二年までは健在、但し、地盤嵩上げのため撤去と推定
	釜22・M	松原一丁目共同墓地	嘯没者追弔塔	現存
	釜23・M	嬉石町一丁目旧国道下	海嘯横没精霊	現存
	釜24・M S	平田町下平田県道舘山神社前	海嘯記念碑（昭和四十七年移築再建）	現存
	釜25・M	尾崎白浜共同墓地県道脇共同墓地南下	海嘯横没者供養塔	未確認
	釜26・M	尾崎白浜共同墓地県道脇共同墓地南下	三陸大津波犠牲先祖供養塔	現存
	釜27・M	尾崎白浜共同墓地県道脇共同墓地南下	大津波犠牲者先祖霊位	現存
	釜28・M	尾崎白浜共同墓地県道脇共同墓地南下	中村重兵衛閲歴（津波の難民を救う）	現存
	釜29・M	平田町佐須防潮堤手前左岸	海嘯記念碑	現存　共同墓地に移築

釜石市	釜30・M	平田町佐須防潮堤右岸外	佐須浜海嘯紀	現存　共同墓地に移築
	釜31・M	平田町佐須防潮堤右岸外	海嘯罹災者之墓	現存　共同墓地に移築
	釜32・M	唐丹町花路辺岸壁前山腹民家裏	大海嘯遭難者追哀碑	現存
	釜33・M	唐丹町本郷防潮堤南端	海嘯遭難記念之碑	移設
	釜34・S	唐丹町本郷県道脇	昭和八年津浪記念碑　大津波くくりてめけぬ雄心もて　いさ追い進み参ゐ上らまし	移設
	釜35・M	唐丹町大曾根県道脇盛巌寺共同墓地前	海嘯遭難者　納骨之所	現存
	釜36・S	唐丹町白浜小白浜盛巌寺境内	昭和八年津浪記念碑　大津波くくりてめけぬ雄心もて　いさ追い進み参ゐ上らまし	現存
	釜37・M	唐丹町白浜小白浜盛巌寺境内	海嘯溺死霊供養碑	現存
	釜38・M	唐丹町白浜小白浜盛巌寺境内	海嘯紀念碑	現存
	釜39・M	唐丹町片岸天照神社階段脇	海嘯溺死碑	現存
	釜・H	大只越町一丁目石応禅寺	津波到達の地　今次の震災が永久に教訓となることを願ってこの地に建立する	新規

	釜・H	大只越町一丁目石応禅寺	慰霊碑　平成二十三年三月十一日当寺檀信徒大海嘯犠牲者青木〜笹山まで一二〇名俗名	新規	
	釜・H	大只越町一丁目石応禅寺	慰霊碑　平成二十三年三月十一日当寺檀信徒大海嘯犠牲者佐藤〜渡邉まで一一七名俗名	新規	
	釜・H	唐丹町本郷県道脇	伝えつなぐ大津波　二〇一一・三・一一　盛厳寺第二十四世大矢俊禅書　巨大な碑五基にそれぞれ小中学生の詞を刻み、津波の記憶を刻む大記念碑。たとえば「つなみなんかこわくない、こわいのはかなしみ」小学四年生の詞など	新規	
	釜・H	唐丹町本郷県道脇	移転碑　一般県道桜平田本郷バイパス工事に伴い、昭和八年三陸津波記念碑が道路内に入るため、現在地より南南西約十米崎より併せて明治二十九年三陸大津波記念碑を防潮堤南端より現在地に移転建立したものである。平成二十年四月吉日　本郷町内会建立	新規	
	釜・H	唐丹町大曾根県道脇盛厳寺共同墓地前	伝えつなぐ大津波　二〇一一・三・一一津波記憶石、東日本大震災津波到達点、唐丹町小白浜	新規	
	釜・H	唐丹町白浜小白浜盛厳寺境内	伝えつなぐ大津波　二〇一一・三・一一津波記憶石、東日本大震災津波到達点、唐丹町小白浜	新規	
	釜・H	唐丹町片岸天照神社階段脇	津波到達地	新規	
	釜・H	唐丹町片岸天照神社階段脇	伝えつなぐ大津波　盛厳寺第二十四世大矢俊禅書　二〇一一・三・一一津波記憶石、東日本大震災津波到達点、唐丹町小白浜	新規	

大船渡市三陸町	サン1・M	吉浜字上野正寿院	嗚呼惨哉海嘯（死亡者一九五名名前略）	現存
	サン2・S	吉浜字中井橋元理容店裏	津浪記念碑　一大地震の後には津浪が来る、一俄に潮が引いたら警鐘を打て　他二条あり	現存
	サン3・M	吉浜キッピングセンター	水田復旧整理碑（大海嘯三十三年……）	流失
	サン4・M	越起来字杉下円満寺	嗚呼惨哉海嘯	現存
	サン5・S	越起来字杉下県道脇	津波記念	現存
	サン6・S	越起来字崎浜県道脇	津浪記念碑	現存
	サン7・M	越起来字崎浜正源寺	天変地異無世不有然原因或可知或不可知……	現存
	サン8・M	越起来字崎浜正源寺	海嘯溺死者供養碑	現存
	サン9・M	越起来字甫嶺龍昌寺	海嘯溺死記念碑	現存
	サン10・S	越起来字鬼沢県道脇	津浪記念碑	現存・元の場所から移築、鳥居内へ
	サン11・M	綾里字小白浜県道脇	萬死之霊	現存
	サン12・M	綾里字岩崎長林寺	海嘯溺死者霊	現存
	サン13・M	綾里字岩崎長林寺	家譜（一族一七人流亡）	現存
	サン14・M	綾里字岩崎長林寺	頌徳碑（長林寺第十七世福山味道禅師の顕彰）	現存
	サン15・M	綾里字舘	嗚呼惨哉海嘯	流失
	サン16・M	綾里大明神	明治三陸津浪伝承碑（綾里村二九六戸死者一三五〇人）平成十年建立	

大船渡市	オフ1・S	赤崎町合足県道脇	津波記念碑	現存
	オフ2・M	赤崎町合足県道脇	海嘯横死者諸精霊塔	現存
	オフ3・M	赤崎町外口貴船神社	丙申　海嘯死亡者諸精霊塔	現存
	オフ4・M	赤崎町外口貴船神社	（供養塔、念仏講中による）	現存
	オフ5・S	赤崎町蛸ノ浦新沼呉服店前	津波記念碑	現存
	オフ6・M	赤崎町蛸ノ浦県道脇	丙申　海嘯横死者諸精霊塔	現存
	オフ7・MS	赤崎町字清水	津波記念碑	現存
	オフ8・M	赤崎町永浜	丙申　海嘯横死長浜七十四名供養塔	現存
	オフ9・S	赤崎町永浜	津波記念碑	倒壊・残存
	オフ10・S	赤崎町跡浜県道脇	津波記念碑	現存
	オフ11・M	赤崎町宿	海嘯横死者供養	不明（流失か）
	オフ12・M	猪川町字長谷堂	萬人霊塔　為海嘯死没者建之	現存
	オフ13・M	盛町字町浄願寺	南無阿弥陀仏	現存
	オフ14・M	盛町字宇津野沢洞雲寺	海嘯紀念　西室妙見信女	現存
	オフ15・M	盛町字宇津野沢洞雲寺	大海嘯記念碑　鍋島直大篆額	現存
	オフ16・チリ	盛町字下舘下大船渡農協会館	チリ地震津波襲来地点	流失
	オフ17・M	大船渡町字富沢西光寺	海嘯死者	現存
	オフ18・M	大船渡町字富沢西光寺	津浪記念碑	現存

大船渡市	オフ19・S	大船渡町字富沢西光寺	津波犠牲者供養塔（昭和三十六年）	現存
	オフ20・チリ	大船渡町字富沢地ノ森	津波犠牲者の霊に捧げる（昭和三十六年）	現存
	オフ21・チリ	大船渡町字地の森東急クリーニング店前	チリ地震津波襲来地点	現存
	オフ22・チリ	大船渡町字野々田平山クリーニング店前	チリ地震津波襲来地点	現存
	オフ23・チリ	大船渡町字笹崎ゆなご建設前	チリ地震津波襲来地点	現存
	オフ25・M	大船渡町字下船渡下船渡公民館脇	海嘯溺死者霊	現存
	オフ26・M	末崎町字下船渡下船渡公民館脇	明治二十九年六月海嘯襲来地点	現存
	オフ27・S	末崎町石浜藤沢カツミ宅脇	昭和八年海嘯襲来地点	現存
	オフ28・M	末崎町石浜熊谷昌之進宅脇	明治二十九年六月海嘯襲来地点	現存
	オフ29・S	末崎町字内田近藤悦二氏宅線路脇	昭和八年海嘯襲来地点	現存
	オフ30・M	末崎町字内田岩崎達雄氏宅角	明治二十九年六月海嘯襲来地点	現存
	オフ31・S	末崎町細浦長源寺	昭和八年海嘯襲来地点	
	オフ32・M	末崎町細浦長源寺	同盟会員　弔魂　同盟会集中	流失

	オフ33・M	末崎町細浦長源寺	明治二十九年六月海嘯襲来地点	倒壊・現存
	オフ34・M	末崎町細浦長源寺	海嘯溺死之霊	現存
	オフ35・S	末崎町細浦長源寺	地震津波（慶長十六年以来の津波の歴史……）	現存
	オフ36・S	末崎町中野村上潤氏宅角	昭和八年海嘯襲来地点	流失
	オフ37・M	末崎町中野村上長一宅角	明治二十九年六月海嘯襲来地点	現存
	オフ38・M	末崎町小細浦葛西邦雄氏宅横	海嘯記念碑　福羽美静詠歌	現存
	オフ39・M	末崎町山岸菅原公男氏宅前	明治二十九年六月	流失
	オフ40・M	末崎町鶴巻大友利一氏宅脇	明治二十九年六月海嘯襲来地点	現存
	オフ41・M	末崎町角之浜村上キミへ氏宅にし	明治二十九年六月海嘯襲来地点	東日本大震災以前に埋没・所在不明
	オフ42・S	末崎町角之浜中島孝二氏宅前	昭和八年三月海嘯襲来地点	流失
	オフ43・M	末崎町角之浜山田利七氏宅前	明治二十九年六月海嘯襲来地点	倒壊・現存
	オフ44・S	末崎町西舘小和田理容店脇	昭和八年海嘯襲来地点	現存
	オフ45・M	末崎町中森麟祥寺	海嘯記念碑　建碑者熊谷與惣右衛門	現存

大船渡市	オフ46・M	末崎町中森麟祥寺	明治丙申海嘯溺死　弔魂碑	現存
	オフ47・S	末崎町中森麟祥寺	津波横死者慰霊塔	現存
	オフ48・S	末崎町泊里佐々木太千男氏宅前	昭和八年三月海嘯襲来地点	倒壊
	オフ49・M	末崎町三十刈熊上真氏宅前	明治二十九年六月海嘯襲来地点	現存
	オフ50・S	末崎町大浜	昭和八年三月海嘯襲来地点	現存
	オフ51・M	末崎町大浜民宿大徳荘前	明治二十九年六月海嘯襲来地点	倒壊・現存
	オフ52・S	末崎町字高清水	昭和八年三月海嘯襲来地点	倒壊・現存
	オフ53・M	末崎町字高清水細川大八氏宅前	明治二十九年六月海嘯襲来地点	倒壊・現存
	オフ・H	末崎町	津波到達の地	新規
陸前高田市	リク1・M	小友町門前華蔵寺	没溺供養塔	現存
	リク2・M	小友町門前華蔵寺	海嘯溺死供養塔	現存
	リク3・M	小友町門前華蔵寺	弔　海嘯・赤痢　亡霊	現存
	リク4・S	小友町門前華蔵寺	弔海嘯溺死者（昭和八年）	現存
	リク5・S	広田町字長洞黄川田実宅前	地震があったら津波の用心　それ津浪機敏に高所へ　低いところに住家を建てるな　津浪と聞いたら欲を捨て逃げろ	倒壊・現存　ほぼ同一地点に立て直す。台座は元の位置にあり

	リク6・S	広田町後花貝小松ハルヨ宅前	地震があったら津波の用心 それ津浪機敏に高所へ 低いところに住家を建てるな 津浪と聞いたら欲を捨て逃げろ	現存
	リク7・M・S	広田町大久保広田公民館前	大地震の後には津浪が来るよ 地震があったら高所へ集まれ 津浪と聞いたら欲を捨てろ ひくいところに住家を建てるな	現存
	リク8・S	広田町根岬木村酒店角	地震があったら津波の用心 それ津浪機敏に高所へ 低いところに住家を建てるな 津浪と聞いたら欲を捨て逃げろ	現存
	リク9・M	広田町鶴樹神社	海嘯溺死供養塔	現存
	リク10・M	広田町鶴樹神社	鹿島社 明治二十九年以前之願主鈴木潮五郎、修繕者伊藤清治（修繕奉納）	現存
	リク11・M	広田町泊県道脇	佐々木大三郎翁頌徳碑（広田港改修工事 昭和二十七年）	倒壊・現存
	リク12・M	広田町泊慈恩禅寺境内	海嘯招魂碑	倒壊・現存 慈恩寺境内に倒潰のまま保存
	リク13・S	広田町泊県道脇	地震があったら津浪の用心 それ津浪機敏に高所へ 低いところに住家を建てるな 津浪と聞いたら欲を捨て逃げろ	現存 移動（前）
	リク14・S	米崎町沼田沼田公民館前	大津浪記念之碑	流失 不明
	リク15・S	気仙町湊長部公民館近	津浪記念碑	流失 不明
	リク16・M	広田町大陽大和田宅横	つなみ 溺死記念碑 明治二十九年五月五日	二〇一三・〇九・一八調査で発見、既存・追加

陸前高田市	リク17・S	広田町大陽大和田宅横	地震があったら津波の用心　それ津浪機敏に高所へ　低いところに住家を建てるな　津浪と聞いたら欲を捨てろ　広田町	二〇一三・〇九・一八調査で発見、既存・追加
	リク・H	小友町門前華蔵寺	東日本大震災	新規
	リク・H	小友町門前華蔵寺	東日本大震災　華蔵寺檀信徒物故者（七二名俗名）	新規
	リク・H	広田町字長洞黄川田実宅付近	東日本大震災　津波浸水域	新規
	リク・H	広田町泊慈恩禅寺境内	「やすらぎ」	新規
	リク・H	広田町泊慈恩禅寺境内	「やすらぎ建立趣旨　平成二十三年三月十一日午後2時四十六分東日本大震災が発生しこの地を大津波が襲う、まるで悪夢のごとく一瞬にして大切な家族、思い出深い我が家ふるさとである我が町を呑み越してしまった。犠牲になられた各霊位の「やすらぎ」と残された家族の「やすらぎ」、さらに一日もはやい「やすらぎ」ある町の復興を念じ、全国から寄せられた有難い義捐金を基にここに建立する「やすらぎ」揮毫　臨済宗妙心寺派管長　河野太通猊下　平成二十四年三月十一日	新規

V 津波の歴史を見直す

——南海地震津波の脅威——

第一〇章　下田港の被害と復興

はじめに

ここでは安政元年（一八五四）十一月四日に発生した安政東海地震津波で最も被害を受けた事例として下田港を取り上げる。自然災害による被害は、それぞれの地域の立地、地形特性、人口密度、都市あるいは農村の社会的発達度に応じて受けた被害の様相や度合いも異なるから、一概に下田港の被害をもって、安政東海地震の被害を代表させるわけにはいかない。しかし、この時期の社会情勢を極めて色濃く反映させた下田港における災害対応のあり方は、災害による社会的危機と黒船到来の国家的危機とはどのように連関していたのか、あるいは社会の各階層にこの災害がどのように認識され、どちらの危機が優先的に処理されていったのか、ここでは他に求めることのできない多くの問題を孕んで興味深い事例が展開した。そこで、下田港の被害と復興、そして「交易」の舞台が横浜に移ってからの下田のその後を取り上げることで、この時期、日本が遭遇していたさまざまな危機の中で、自然災害への対応と社会変動との関係を観る好個の例として考えることにしたい。また、下田は関東大震災、チリ津波でも津波襲来の体験をした津波常襲地帯でもある。来るべき災害にどのように対応するのかも緊急の課題である。

本章では以下のような点について述べる。

まず一節では、下田港の歴史的位置を述べる。元和元年（一六一五）に家康の関東政権確立と海上権把握のため、下田に大浦番所が設けられ、幕府代官の支配するところとなって以来、一八世紀初頭（一七二〇年）まで下田奉行支配下に置かれた。しかし、関東政権の安定とともに、国内的には軍事的制圧は不必要となり、下田奉行の廃止、大浦番所が廃止された。しかしながら、外国船の渡来が頻々と発生するに及び、再び下田奉行が復活するのは、水野忠邦の主導する天保改革期の天保十三年（一八四二）であった。この改革政治をめぐる幕府政治の内紛で、再び海防問題が後退、わずか一年足らずで下田奉行は廃止、下田は浦賀奉行の管轄下に置かれた。ここで述べる下田港はこれ以後の対外的緊張期の幕末における下田港である。

二節では、津波襲来や下田港壊滅の様子を当時の体験談を整理して、地震に次いで第一波の津波がいつ頃来襲したのか、第二波はどうであったのかなどを分析する。津波襲来時にロシア使節の一員として下田に滞在していた画家モジャエスキーによる津波前後の下田湾の様子を描いた絵図から、津波の様子を想像して見ることにしたい。しかしながら、津波でほとんどの家が流失した下田港であったにもかかわらず、外交交渉は中断することなく、続行された。

三節では、下田が幕末の外交史上短い一時期のみ登場し、その最中に津波で街並みのほとんどが壊滅するという事態に追い込まれるが、幕府の救済もまた逸早く立ち上げられた。その実態を見ることにしたい。

四節では、中断することなく続けられた外交交渉と、幕府による復興資金の投入とは同時並行であった。異例の復興資金は外交交渉と深く関わっていたからである。その経過を追う。

五節では、外交史の舞台から降りた下田港について述べるとともに、災害復興がもたらした下田における変化とは何であったのかを述べる。

表1　江戸時代の下田奉行支配地津波被害

和　暦	年　月	被害戸	内(流失)	内(半潰)	流死人	破損船	総人数	備　考
元禄16年	10月22日	492軒	332軒	160軒	21人	81艘		
宝永４年	10月４日	912軒	857軒	55軒	11人	97艘		
安政元年	11月４日	871軒	841軒	30軒	99人	30艘	3851人	４軒無事

「大震津波ニ付裁頂お見舞其外控」（下田市史編纂室蔵）.

一　下田を襲った江戸時代の津波

安政東海地震による下田港の被害は八七五軒のうち、八七一軒が被害を受けた。実に九九・五%、まさに全戸に及ぶといってもよい大被害であった。下田町総人口三八五一人のうち死者は九九人とされている。幕府からの出張役人のうち足軽などで行方不明のもの、あるいは他からの流入人口をあわせると、一二二人という数値があげられている。流失家屋八四一軒、半壊三〇軒（計八七一軒）、無事であった家はたったの四軒に過ぎなかった。下田町内犠牲者の数九九人というのは、家屋被害に比べ、相対的に少ないといえるだろう。これには、震源からの距離、津波の到達時間、それに町の立地、地形など自然的条件のほか、港町としての伝統のある下田における過去の大災害の経験が影響していると考えてよいかもしれない。

表1には、下田町が元禄十六年（一七〇三）と宝永四年（一七〇七）に二度の大被害を受け、町の大半の家屋が流失する経験を経ていることが示されている。なお、この時期を遡ること一世紀以前の慶長九年（一六〇四）にも津波に襲われたとされているが、被害の規模、そのほかの詳しいことは不明である。

一八世紀初頭のこの二つの災害は太平洋沿岸を襲い、各地に甚大な被害をもたらした。他の地域のこれらの津波による死者の数などを勘案しても、下田における流失家屋に対する死者の数は相対的に少ないといえる。その理由が、町自体が下田湾の奥に位置して、ほんの数分とはいえ、津波襲来察知に有利な時間的余裕がもたらした結果なのか、あるいは過去の津波被害の経験から教訓がいかされているのかは断定できない。しかし、津波の襲撃を緩和し、直接町中への波を防ぐ力に多少ともよったと推定されるのは、寛永二十年（一六四三）から正保二年（一六四五）の足掛け三年を要して築かれた浪除堤の存在である。現在も堤の一部は約二メートルの高さで残されている（図1）。

図1　下田港堤（平成16年当時）

下田には当初、西国から江戸湾に入る船を監視する番所が山ひとつ隔てた大浦に置かれ、元和二年（一六一六）に下田奉行が配置された。このため、下田港は奉行の管轄下に置かれた。また、元和元年〜寛永十三年の江戸城石垣用の伊豆石積出港として諸藩による石切り出しが行われた。このため、伊豆石の積み出しを監督する幕府船奉行などの出張が相次ぎ、城郭建築が盛んな一七世紀前半までには、下田はその中心的港として繁栄した。波除けのこの長大な浪除堤が築かれたのは、江戸城の修築ブームがほぼ終了した時期にあたっている。なお、この浪除堤は、町を流れる稲生沢川の改修と港の補修を兼ねて、高さ二丈（六メートル）、長さ六丁半（七〇八・五メートル）が下田奉行今村伝四郎（二代目）の私費をもって行われたという。正保二年に下田町の町役人らによって建てられた顕彰碑にこのことが記されている（『下田年中行事』六〇〇〜六〇二頁）。これは、高潮から漁船を守り、下田港への停泊の安定を図るという下田奉行としての責務の一環でもあったと思われる。

この堤は、元禄十六年（一七〇三）の津波によってこの浪除堤が壊れ、九八五両で幕府による修復が行われている。また、宝永四年（一七〇七）の津波でも壊れ、記録が失われて修復金額は不明だが、幕府による普請事業が行われたという。享保十九年（一七三四）の大雨洪水では六八〇両の修復金を要する普請工事が幕府出資で行われた。その後も連年の洪水、高潮などによる被害の修復が、幕府の援助あるいは自前の普請工事で修築されてきた歴史を持っている（『下田年中行事』五六九～五六〇頁）。安政東海地震の時にも町を水害から守る役割を担うこの堤は壊れた。

二　安政東海地震

1　見聞記録にみる津波襲来の状況

津波による浸水域は、図2に示されるような範囲と推定されている。津波高は、町の中心部に高低差があるので、場所によって一～二《メートル》の差異があるが、平均して四・五～六・〇《メートル》に達していた。

下田はこのとき、よく知られているように、日本の外交交渉の中心舞台であった。ペリーが浦賀で日米和親条約を三月三日に強行に締結させ、五月二十五日開港場とされた下田の了仙寺において和親条約付録の調印をおえ、六月二日に下田を出航した。しかし、半年も経ないうちに、今度はロシア船ディアナ号が十月十四日下田入航、十一月三日には第一回対露交渉が下田福泉寺において開かれた。その翌日四日朝八時過ぎ～十時前頃（発生時刻は資料により区々）、津波が来襲したのである。したがって、幕府要職にある役人の記録、ロシア側の記録など、津波に関する記述が多く残されることになった。以下では、各々の立場からの津波体験の記録をみてみよう。

図２　下田津波浸水域（表２をもとに作成）
○番号は表２のNo.番号の位置

体験談一　村垣与三郎範正《のりまさ》

このときの津波襲来の模様を、ロシア応接掛として下田に出張し、プチャーチンとの交渉団の一員に加わった村垣範正は、次のように記している。なお、引用文は、読みやすいように、漢字などを書き直している。

①四つ時（午前十時）少々前、よほどの地震あり、……作州（下田奉行伊沢美作守政義）旅宿（稲田寺）など石塔皆倒る、自分旅宿（長楽寺）ばかり石山故か至って軽し、②右地震済みて間もなく……津波の由に付き、ご朱印を持ち、本堂へ出候へば、はや市中人家の中へ四、五百石積位の船、二、三艘走り込み、門前町へ水来たり候間、本堂脇秋葉社有之山へ登り一見之所、③一旦引候様子にて、④程なく二度目の津波押来る、勢い恐ろしく、たちまちに波戸押崩し、千軒余の人家片はしより将棋倒しの如く、この方旅宿門石坂半迄来る、⑤黒煙を立て、船を押し込め、家の崩れるさま、人々叫び、地獄もかくやと思うばかり、⑥引波になり、大家小家蔵なども皆押し流し、過半海中へ出る頃、又押し来たり、それより⑦九時（十二時）過迄凡そ七、八度も押し来る、二度殊に甚しく、一時に下田町野原となる、……九時過漸く落ち付く（「村垣淡路守公務日記」『大日本古文書幕末外国関係文書』付録四巻、四四二〜四四三頁、番号は引用者）

津波襲来の様子が順をおって的確に記されていると思われるので、文中に番号を付けた。それを摘記すると、下田への津波襲来は次のようであったことがわかる。

① 朝十時少し前に地震があった

推定水位(m)	備　　考
4.8	うすい洋品店
	フジタＰ付近
5.2	石原寿夫付近
2.8	飛田肉店付近
4.6	蓬莱館
4.8	土藤商店倉庫
4.5以下	
5.3	竹の家
	折戸の辺りか？
	ヒカリ薬局付近
6.5	下田郵便局付近
4.8	セキグチ薬局
	なかがわＰ付近
	キク薬局Ｐ付近
4.67	写真から推測可　６丁櫓船が衝突した

名との照合結果を下田郷土史研究会の

表2　下田津波浸水域

No.	「日記」記載内容	現　　況	地盤高(m)
1	八尺八寸　伊勢町　半田屋	2-11-12付近	2.1
2	六尺弐寸　伊勢町　徳二郎	2-11-24付近	
3	八尺弐寸　弐丁目　樽屋弥助	2-12-10付近	2.7
4	五尺九寸　弥二川　山田屋源四郎	3-2-12付近	2.0
5	六尺四寸　上田町　大坂屋平兵衛	不明	
6	五尺壱寸　岡　方　才可や善助	4-6-9付近	3.1
7	壱丈壱尺　大工町　町土蔵	3-5-5付近	1.5
8	八尺弐寸　坂下町　七兵衛	○○稲荷の下	2.0以下
9	五尺　　　七軒町　喜兵衛	3-14-23付近	
10	壱文壱尺　長楽寺下七軒町持土蔵	3-14-26付近	
11	壱丈八寸　森屋半兵衛	3-10-7付近	2.0
12	四尺五寸　吉佐美出口　船屋藤八	不明	
13	六尺九寸　岡方中程　土屋半兵衛	不明	
14	六尺壱寸　木挽甚七		
15	九尺九寸　小澤七平（中原町）	2-13-4付近	
16	壱丈六尺　綿屋吉兵衛（〃）	2-4-26付近	1.7
17	九尺弐寸　香取屋傳八	2-4-31付近	2.0
18	八尺　　　西川彦太郎	1-11-26付近	
19	六尺五寸　橋本源兵衛	1-20-8付近	
20	四尺八寸　原田屋藤右衛	不明	
21	八尺　　　綿屋別宅	不明	
22	長楽寺石段の４段目	参道の石段不明	
23	八播神社の石段３段目	当時の石段でないがほぼ同じ	
24	宝福寺本堂唐紙（現在は無い）	宝福寺	
25	了仙寺本堂柱の傷	了仙寺	

国立防災科学センターで実施した「諸御用日記，二番，安政二年四月四日」記載の地名と現地土橋一徳氏が訂正したもの．

No.22～25は一般に知られる言い伝え．平成15年９月18日確認．

②地震から間もなく、津波がきた、市中人家の中へ四、五〇〇石の船二、三艘押し寄せた
③一旦引波となった
④二度目の津波が勢いよく襲来し、一〇〇〇軒の家は将棋倒しになった。
この第二波が一番激しく、下田は野原と化した。
⑤黒煙が立ち、船が押し寄せ、家が倒れ、人々の叫ぶさまは地獄のようだ
⑥引き波になって、倒れた家などはすべて海へ押し流され、また押し返された
⑦十二時頃まで七、八回、押し波、引き波が繰り返し、ようやく、落ち着いた

なお、村垣の宿所長楽寺は小高い山際にあって、津波は門前の石段の半ばまで来たが、津波の被害は受けなかった（図2）。

体験談二　川路左衛門《さえもん》尉《じょう》聖謨《としあきら》

①五つ時（午前八時）過大地震にて、壁破れ候間、表の広場へ出る。生まれてはじめての事也。②寺（泰平寺）の石塔、その外灯籠など、みな倒れたり。③間もなくつなみ也とて、市中大騒ぎ也。中村為弥（勘定組頭）来り、早々立のきの事申す也。……一同にて、④六、七町（六五〇～七六〇《メートル》）ばかり逃げて、大安寺山へ四分通り上り、見居り候処、はや田面へ潮押し来りたり。間も無く市中土烟立ちてけしからず騒ぐ也。火事かとみる間に、⑤大荒浪田面へ押来り、人家の崩れ、大船帆はしらを立てながら、飛ぶが如くに田面へドット来たる体、おそろしとも何とも申すべき体なし。……（川路聖謨著、藤井貞文・川田貞夫校注『長崎日記・下田日記』東洋文庫、一九六八、一五一頁、番号は引用者）

川路の日記は、任地の出来事を家族に知らせる目的で書かれたという。私事ばかりではなく、公務についても、率直に記述され、幕末の息詰まるようなロシアとの交渉を描き、日記中の白眉とされているものの一つである。川路による津波襲来の様子を列挙すると以下のようである。

① 午前八時過ぎに大地震があり、壁が破れたので、表の広場にでた
② 宿所にしている泰平寺の石塔や灯籠がすべて倒れた
③ 津波だといって、市中が大騒ぎをしていた
④ 六五〇～七六〇《メートル》ばかり逃げ、大安寺山に登って下を見ると、津波が押し寄せ、市中は土煙を上げ、大騒ぎとなっていた

⑤大波が押し寄せ、人家は崩れ、大船が飛ぶように早く波に押されてドット浸入した
川路の津波襲来の記述と先述の村垣の記述を突きあわせても、時間の記録が五つ時過ぎか四つ時前かの違いがあるほかは、寺の墓石などが倒れるほどの地震があって、ややしばらくしてから、津波が襲来した。第一波で市中の家は土煙を上げて倒れた。第二波は更に激しく市中を襲い、大船が押し込み、人家が崩れたことは共通している。引き波があったことや、正午ぐらいまで七、八回津波が襲来して終息したことなどは村垣の記述で把握できる。

体験談三　ロシア司祭長ワシーリ・マホフ

では、ロシア側では、この津波はどのように記録されていたのだろうか。ディアナ号に乗船した司祭ワシーリ・マホフが『フレガート・ディアーナ号航海誌』（ペテルブルグ、一八六七）に記述されている内容は以下のとおりである。

十二月八日からは条約に関する交渉が支障なく始まった。私たち全員上陸して下田の町に入ることが許された。……十二月十一日の土曜日、朝からすばらしい天気であった。……私たちがお茶を飲み始めた①朝の九時、突然艦全体が激しく揺り動かされた。私はこのとき中将（プチャーチン）の船室にいた。コップの中のスプーンがガチャガチャと鳴り、テーブルが揺れ、ベンチや椅子は船室の中をあちこち転げまわった。……中将は急いで船室から上甲板に上がったが、海と陸の表面には、目に見えるような恐ろしい動きは全然見られなかった。②振動は一分か二分で、やがて艦はだんだんと平静に戻っていった。中将は士官集会室に行って、これは、日本でしばしば起こり、大なり小なりの結果をもたらす地震であることを説明した。それから地震の間に中断されていた水兵の通常業務は順調に再開されたが、上甲板からは、③海水が異常な速さで海岸に押し寄せていることが同時に知らされた。……海水は海底から吹き出して、釜の中で煮えたぎっているかのようであった。浪が渦巻いて逆立ち、飛沫となって飛び散った。大浪が次々と高くなり、異常な音を立てて怒り狂い、だんだんと海水を駆り立てて岸

を浸し、たちまち陸地を浸していった。海岸にあった日本の小舟はねじ曲げられ、四方八方に散らされた。④ますます水位が高くなって（三サージェンまで）家並を浸して覆い洗った。⑤更に波は、水かさがふえたことに満足したかのようにすばやく海の方へ戻って行き、壊れた家や人間までもさらって行った！一瞬のうちに、湾には丸太や小舟、藁屑や着物、屍体、板や、木片につかまって生命を守っている人々などがいっしょくたにあふれてしまった。……（本資料は、下田市から提供された「東海・東南海地震研究会視察資料」〈平成十五年十月二十三日編集〉による。）

司祭の記録の中から、津波の様子について記述している箇所に番号を付した。これを抜き書きする。

① 地震が九時頃発生、艦全体が激しく揺れた

② 地震動は一～二分で、平静にもどった

③ しばらくして、海水が異常な速さで、海底から吹き出し、波で渦巻いて海岸に押し寄せた

④ 三サージェン（一サージェンは二・一三四《メートル》、したがって六《メートル》四〇《センチ》ほど）の高さの津波が町を襲った

⑤ 引き波で、壊れた家や人をさらい、湾内は、流された材木、舟、藁屑、着物、死体に交じって、材木につかまって流されまいとしている人などで溢れた

さらに、司祭の記録は、ディアナ号が遭難したときの様子を次のように伝えている。

⑥震動が始まったとき（十時五分）、艦は、水を引いたり急に押し寄せたりするのに応じて、上がったり下がったりした。まるで渦巻の中に投げ込まれた木片のように、艦は回転し、引き裂かれ、打ち叩かれた。索具は音を立てて裂け、舷側は切れ、船体は右に左に大きく傾いた。私たちは恐ろしさのあまり身動きもできなかった！……だが、⑦続いて海水がどっと押し寄せ、艦のカッターは渦巻に巻き込まれ、荒々しいうなりを上げて町の方にさらわれていった。⑧最初の大浪が町の方へ行って十分も立たないうちに、第二の大浪が更に大きく海の方へ巻き

返して来た。私たちの眼前にあった町——下田が消え失せた。

この記述は、津波に襲われる海上のディアナ号船上にいた司祭によるものである。注目する⑥～⑧は次のようになる。

⑥津波によって、艦が上下に震動し始めたのは十時五分であった

⑦ディアナ号は津波にさらわれ、町の方へ引き寄せられた

⑧それから一〇分もしないうちに、第二波の大波が海の方から巻き返してきて、町をすっかりさらった

ディアナ号艦上で経験した津波について、時系列に注目すると、九時頃地震があり、十時過ぎに津波の第一波が下田湾に襲来、さらに大きな第二波が一〇分後に襲来した。この波で下田の町はすっかり波に引かれ、跡形もなくなったという情景が浮かび上がる。

この情景は、村垣や川路の記述と矛盾しない。地震後、約一時間ほどして第一波の津波が襲来したらしいこと、続いて第二の大波が押し寄せ、壊れた家も人もさらい、海に投げ出し、湾内の海には材木や人が浮かび大混乱という津波災害の全体像が捉えられる。

この後、ディアナ号は津波に錨を抜かれ、湾内を漂い、旋回し、海上に漂う小舟に衝突、破壊しながら、岩にぶつかる寸前で傾き、また復元し、また傾くという状態を繰り返した。

ディアナ号に同乗した艦隊付の画家モジャエスキーが津波に襲われた下田湾を描いた絵がある。津波前、津波襲来、津波後の下田湾の様子を描いた三点である（図3、4、5）。

なお、津波学におけるこの安政東海地震津波の陸上での挙動について、以下の研究成果が示されている。羽鳥徳太郎氏は浸水記録をもとに浸入した津波高を復元し（図6）、①市街地の中心部と南側の山際では六メートル以上、②市中は概

図３　津波来襲前の下田港（ロシア海軍博物館蔵）

図４　津波来襲時の下田港（ロシア海軍博物館蔵）

図５　津波来襲後の下田港（ロシア海軍博物館蔵）

図６　下田町の津波浸水図（羽鳥徳太郎「静岡県沿岸における宝永・安政東海地震の津波調査」より）

ね三～四メートル、③南部の七軒町、坂下町、大浦では六メートルに達していた、④被害が軽かったのは、津波がゆっくり上がり、流速が小さかったと推定している。また、既に見た体験談一～三の事例のいずれもが、大小船の遡上を指摘しているが、これについては、羽鳥氏は稲生沢川では大きな流速で家屋流失、船舶の漂流が猛威を振ったのであろうと推測している（羽鳥徳太郎「静岡県沿岸における宝永・安政東海地震の津波調査」『地震研究所彙報』五二号、一九七七、四〇七～四三九頁）。

2　下田出張幕府役人の受けた被害

日露交渉にあたる幕府中枢の老中、勘定奉行、町奉行などは江戸に控えて交渉の指示を出したが、実際の交渉は幕府から派遣された役人である。現地出張の役人のどの程度が被害を受けたのか、その正確な総数はわからない。もちろん、これにはこの時期の幕臣の家臣団としてのあり方が関わっている。というのは、例えば、ロシア応接掛の全権を担った川路聖謨の出張には彼固有の家来がついていくが、この人数は幕府は関知しない。すべての役人についてそのことがいえる。例えば、よい例が表3で、史料を引用・紹介する松浦武四郎の場合にしても、目付松本十郎兵衛の従者として、津藩から諜報活動を引き受けた身分で下田に赴いた。こうした本来の従者でない者も含めると、相当数の出張役人がいたであろうが、その全体は把握できない。

しかしながら、幕府から正式に任命された行政トップの役柄は次のようであった。下田出張のロシア応接掛として、大目付一名、勘定奉行一名、下田奉行二名、目付一名、儒者一名、勘定組頭一名、下田奉行支配組頭、勘定吟味改役、勘定、支配勘定、徒目付、下田与力、与力見習、吟味下役、普請役、小人目付、下田同心、手付出役、通詞などであった。

これらの役人に付属する上級、下級の家来を含め、相当数の下田出張役人が津波で被害を受けた。ほぼ全員といってもよいだろうと推定される。次の表3は、津波で被害を受けた役人の宿所とその後の一時的な避難先などが判明するものを列挙した。例えば、大目付筒井政憲から勘定吟味役村垣範正まではすべて寺院を宿所としている。これはそれなりの従者を伴っているから広い宿所が必要となる。また、彼らが役務を勤める場でもあったのである。寺は幸いに水に浸かる場合であっても下田市街を越えた山側にあったから、多少の修復をして直ちに役務に就けるようにしている。役務に堪えられないほどの被害を受け、応急措置が不可能な場合は、川路聖謨のように隣村蓮台寺村へ避難所が設けられた。

儒者古賀謹一郎以下はほぼ町屋に宿所を置いている。しかしながら、下田市街の九五・五%が流失したという事態であるから、町屋を宿所とした役人たちはほとんど家財、衣類などが流された。また、重要な機密書類も流された。これには、川路などのトップの責任者たちは神経を尖らせた模様で、流失物の取得には厳しい詮索がなされた。下級幕臣、足軽人足など正確な数は不明だが、多数町屋に止宿したと推定される。

そのほか、警護を命じられた小田原藩は総人数八二人、小者従者をあわせ二〇〇人程度が柿崎村玉泉寺、沼津藩警護総人数ら六五人ほど、小者従者あわせ一〇〇人が大浦宿、掛川藩警護三〇人ほど、小者従者あわせ一〇〇人ほどが下田、あるいはその周辺を宿舎とした。

下田市街には多数の船が稲生沢川を遡上、あるいは海からの津波の流入で多数の船が陸地に押し上げられた。その数は次のようであった（松浦武四郎「下田日記」）。

本郷村	六〇〇石～一〇〇〇石	三艘
新田町	八〇〇石	一艘
福泉寺前	八〇〇石	一艘

被　　害	移　転　先
筒井旅宿，無難．駕籠舁き1人死亡	本郷村七兵衛宅
床より3，4尺水つき，家財荷物水に浸る．挟箱，海など流失	蓮台寺村広台寺へ
床下水つきなし．伊沢旅宿，下田奉行仮役所となる	
荷物大半潮に浸かる，流失あり．奉行につき，引き続き役宅とす	
本堂，庫裏無難．床上3尺潮浸り，門，隠居所潰れ	本郷村佐五右衛門宅，後本陣を本覚寺
掛川藩陣屋を村垣旅宿に換えたが，無難	掛川藩陣屋坂下町御影屋とす．村垣は一時蓮台寺村百姓宅へ
伊勢町流失	本郷増屋林蔵宅
荷物泥の中となる	
用人150両入りの櫃 抱え死す	
大工町流失	
稲荷流失．家来3人死亡	
大工町流失	
坂下町上の方残る，その他流失	
池の町流失	
上田町流失	
門長屋傾き，床より2尺水つき，物置流失	
社家臼井大半水つかり	
大浦辺坂無難，津波高さ1丈5尺	
不明	
不明	
大工町流失	
紺屋町流失	
紺屋町流失	
池の町流失	
本堂床上まで水つき，庫裏半つぶれ，庭へ人家流れ込む．応接所となる	津波直後の露人応接所
本堂床上1尺5寸，門残り，庫裏傾き，家財残らず流失	ロシア人休息所となる
床上1尺水つく．小田原藩陣屋総人数82人，家来小者とも200人 余	修復してロシア人応接所
西久の所在不明・流失と推定	
西久の所在不明・流失と推定	

道出版企画センター，1996年)，『大日本古文書幕末外国関係文書』第8巻（東京帝国大学，

大工町河岸　一〇〇〇石　一艘
原　町　一〇〇〇石　一艘
池の町　八〇〇石〜一〇〇〇石　三艘
大安寺前　八〇〇石　一艘

表3　下田出張幕府役人の宿舎被害状況

役　職	役 人 名	宿　所
大目付	筒井肥前守政憲	海禅寺
勘定奉行・ロシア応接掛	川路左衛門尉聖謨	泰平寺
下田奉行	伊沢美作守政義	稲田寺
下田奉行	都築駿河守峯重	宝福寺
目付	松本十郎兵衛	大安寺
勘定吟味役	村垣与三郎範正	長楽寺
儒者	古賀謹一郎	伊勢町重左衛門
勘定組頭	中村為弥	大工町源次郎
勘定吟味方改役	青山與惣右衛門	戒定寺
勘定・評定所留役	菊池大助	大工町具庵
支配勘定	日下部寛之助	稲荷別当
支配勘定	上川伝一郎	大工町幸右衛門
徒目付	横田新之丞	坂下町孫左衛門
徒目付	永持亮次郎	池の町伝八
徒目付	松本礼助	上田町市左衛門
下田与力組頭	黒川嘉兵衛	同心町新屋敷
下田与力組頭	伊佐新次郎	八幡別当臼井
与力	合原操	大浦宿
与力	合原伊三郎	町宿
与力	近藤良治	町宿
	松村忠四郎	大工町
日露通詞	森山栄之助	紺屋町重蔵
普請役	松浦武四郎	紺屋町嘉屋又七
下田付通詞	堀達之助	池の町田村
		福泉寺
		了仙寺
	小田原藩宿所	玉泉寺
翻訳御用雇	箕作阮甫	西久
翻訳御用雇	宇田川興斎	西久

松浦武四郎「下田日記」「豆遊日誌」(『松浦武四郎選集』第1巻，北海
1916年).
他に，小普請，船方20人ばかり，手付平田与三郎死亡.

海禅寺　九〇〇石　一艘
本覚寺　八〇〇石　一艘

また、そのほか小船は数知れず津波で陸に押し寄せたという。柿崎村へ打ち上げられた船はすべて大破、下田へ乗り上げた船は無難であったとも書いている。

しかしながら、驚くべきことにはこうした事態にもかかわらず、日露交渉は粛々と続けられていたのである。

三　救済

津波襲来後の救済は逸早く行われた。幕府の応接掛大目付、現在でいえば外交交渉の全権大使と、勘定奉行すなわち大蔵大臣、そのほか多くの下僚がロシア応接のために、大挙して下田に集結していた。彼らの宿所や奉行所も津波で潰され、ロシア船も錨を砕かれて下田湾内でその巨体を四〇回も旋回させ、破損する始末である。ロシアとの交渉に支障をきたすこと必須であった。当然、下田の住民だけでなく、これらの人々も外交交渉への支障を少しでも少なくするために、自分たちの宿所やロシア船への対応ばかりでなく、下田の町の再興にさまざまな知恵を働かせた。それは、村の地頭や一代官が担える範囲を遥かに超えた、国家レベルの直接支援といえるものであった。その様子を史料で追ってみよう。

1　素早い立ち上がりの応急策

下田伊勢町の町頭田畑九兵衛の記した津波罹災当時の記録によれば、下田奉行や役人衆がすぐさま韮山の江川太郎左衛門代官所へ急を知らせ、その日のうちに、お救い小屋が設けられ、粥の炊き出しが行われたという。翌十一月五日に、町頭が一同に集まり、町内の被災者を調べ、罹災者のうち近くに親類のある者はそこへの避難を頼み、近くの親類を頼めない者はお救い小屋入りの措置をしたという(『下田市史』資料編三、幕末開港上、一九七頁)。幕府への急用状によって、十一月十日には米一五〇〇石、金二〇〇〇両が下田へ届けられた。この金額には老中筒井政憲、勘定奉行川路聖謨、下田奉行伊沢政義、同じく下田奉行都築峯重へそれぞれへ二〇〇両、松本十郎兵衛へ一五〇両、古賀謹一郎へ一〇〇両、そのほか勘定組頭へ六〇両、下田同心一〇両などすべての下級役人への緊急手当てが含まれている。

このうち、下田町への二〇〇両の救済金は以下のような基準で十一月十七日には町内へ配分された。

町ごとの配分金は次の表4のようであった。

換算額から、現在の金銭感覚で当時を推し量ることはできないが、現代の眼から見て、応急の救済金程度が支給されたことがわかる。

ちなみにこの記録を成した伊勢町では表5のように各町人が配分金を受け取った。

表4　下田町各町救済金

町　名	軒数(軒)	金　　額	死者(人)
須崎町	95	75両3分	16
新田町	44	32両2分2朱・200文	1
殿小路	29	20両1分	
中原町	76	53両3朱・200文	3
原町	67	51両3朱・200文	11
町店町	33	24両3分・200文	5
大工町	69	53両1分	24
弥治川町	74	59両・200文	13
二丁目	34	26両3朱・200文	3
紺屋町	33	25両2分	1
三丁目	61	45両3分・3貫文	3
連尺町	26	20両2分2朱・200文	7
長屋町	40	30両	1
七軒町	41	26両1分1朱	2
伊勢町	32	24両1朱	2
上田町	30	22両	
坂下町	52	36両1分1朱	2
池之町	38	29両・200文	5
計	874	654両2分3朱・200文	99

罹災者救済金配分(1両を20万円換算額)
流失家1軒………金3分(15万円)
浸水家1軒………金2分(10万円)
死亡者1人………銭1貫文(2万7000円)

表5　伊勢町（32戸）の救済金，お救い米需給状況

町人名前	11月7日，金3分	11月19日，438文	右欄計	救米（1人5升）	摘　記
善右衛門	○	○（438* 5人）	2190	5人	組頭
徳蔵	○				
久悦	○	○（438* 2人）	876	2人	
茂兵衛	○				
治左衛門	○			7人	
安右衛門	○	○（438* 5人）	2190	5人	
重左衛門	○				
権兵衛	○	○（438* 7人）	3066	7人	父死1貫文
国八	○			4人	
源七	○			5人	組頭
権七	○	○（438* 6人）	2628	7人	
利右衛門	○				
喜三郎	○				
平右衛門	○	○（438* 3人）	1314		
伝蔵	○				
吉助	○	○（438* 5人）	2190	5人	
善七	○	○（438* 4人）	1752	4人	
九兵衛	○				町頭
まつ	○			1人	九兵衛借家
源助	○			7人	
次郎兵衛	○	○（438* 4人）	1752	4人	
武右衛門	○				母死1貫文
次兵衛	○				
平左衛門	○	○		3人	平右衛門
清次郎	○	○（438* 3人）	1314	4人	
甚左衛門	○	○（438* 3人）	1314	3人	
次郎兵衛	○				
又左衛門	○	○（438* 1人）	438	1人	又兵衛借家
忠兵衛	○	○（438* 3人）	1314	3人	
徳右衛門	○	○（438* 2人）	876	2人	組頭
伝蔵	○	○（438* 4人）	1752	5人	
伝七	浸水，金2分				
計		16軒（57人）	24966	84人	

＊11月19日438文宛，○受給者，他に布団500枚町中へ配分あり．

表5に明らかなように、幕府より与えられた応急救済金三分は伊勢町三二戸すべてが受けた。しかし、下田奉行所から支給された下田町、岡方村、柿崎村（以上三ヵ町村は幕府領下田奉行所支配）への二〇〇両の救済金（一人銭宛四三八文）を受けた人数は、伊勢町内一六軒五七人（計銭二四貫九六六文）であった。さらに、一人宛五升の救い米を受けた人数は、伊勢町内八四人（二〇軒）であった。ここでわかることは、窮民救済金は町内全戸が受けているわけではなく、その半数程度に限られたこと、救い米は窮民救済金よりも若干上回るが、それでも約六割強にあたる二〇軒八四人が受け取ったに過ぎないということである。また、町内では死者が二名出たこと、借家住まいの二軒はいずれも一人であったことなどもこうした救済の実態からうかがえる。他の町内の記録は残されていないから、その実態は不明だが、救済と称しても、罹災者すべてが同一金額を受け取るわけではなく、困窮の度合いに応じた配分がなされたということである。

2　各地から寄せられる救援金品

そのほか、伊勢町の九兵衛の控えには、勘定奉行川路聖謨をはじめとする幕府からの出張役人、あるいは浦賀奉行所、近隣の町人、台場普請を請け負った商人など多様な救済物資が集まったことがわかる。伊勢町の控えに限られるが、それらを一覧すると次のようなであった（表6）。

表6に見られる救援金や救援物資は伊勢町町頭の記録によるものではあるが、すべてが伊勢町への救援というわけではなく、下田町や幕府領の柿崎村、岡村への救済品も含まれている。ただし、史料からは、伊勢町へ配分されたものかどうか、明確にはわからないが、多様な各層からの救援金品が届けられたこと、避難先での生活に必要な物品への配慮があることなどもわかる。下田出張の役人衆のほか、浦賀与力・同心などからの救援者も多い。また、商人か

表6　伊勢町町頭の救援金品記録

救援者	金	物　　資	備　　考
下田奉行	200両		下田町･岡村･柿崎村へ
川路聖謨		米20俵，味噌20樽	下田町･岡村･柿崎村へ
中村為弥		米10俵	
浦賀与力田中廉太郎		米10俵	下田町へ
浦賀与力田中		米15俵	
浦賀同心		米25俵	この代金13両
与力佐々倉	10両		
土屋左衛門	3両1分1朱		
中村比右衛門	2両		
田井藤十郎		風呂敷63枚	
土屋栄五郎	15両		
石井村万屋・関口		米20俵	下田町へ
仲間より	20両	米40俵	
八百松		菜漬3樽，付木63把， 杉箸63袋	
高砂屋		茶碗315，茶ほうじ63， 団扇63本	
綿屋吉兵衛		濡米200俵	下田町･岡村･柿崎村へ
甲州天野伴蔵		白米500俵，鍋176， 布団500枚	下田町へ
川津屋又四郎		味噌1樽	
大工喜之助		味噌1樽	
掛塚屋権七		味噌1樽・沢庵1樽	
稲取屋善兵衛		沢庵1樽	
湖播屋五郎右衛門		味噌1樽・沢庵1樽	
尼屋喜兵衛		醤油1樽	
湯屋庄二郎		茶碗1人5人前	
郷屋六兵衛		玄米10取	

『下田町史』資料編3，202頁～207頁．

らのものは、屋号や救援物資の内容から、八百屋や御茶屋などからの生活必需品が贈られている。下田町全体では更に多くの救援金や物資があったことだろう。このうちでも特に多額の救援金品を出した甲州天野伴蔵は、品川に設けられた幕府の御台場建設の請負業者である。お台場に伊豆石を用いたことから、下田町の災難を救援したのであろう。伴蔵は一〇〇〇両の救援金を出したとして幕府から褒章を受けている（『江戸町触集成』一六巻）。

しかしながら、こうした救援はあくまでも災害発生に遭遇した場合の緊急対応であって、時間的経緯とともに、罹災者あるいは被災現場で必要とされることが変化する。そのことを最も深刻に考えているのは当然罹災者本人たちである。十一月の段階で、既に下田町はもちろん、同じように津波による被害を受けた岡村（田畑九分荒地、九六軒流失、全潰二五軒、死者二人）、柿崎村（四〇軒流失、二五軒浸水）、本郷村（田畑六分荒地、二軒流失、七軒全潰）は、奉行所に津波前の生活に戻るための資金援助を願い出ている。

こうした下田町や柿崎村などからの復興資金拝借願いはすんなりと聞き届けられたわけではない。では、どのような経過を経て、復興への道筋がつけられていったのだろう。そのことを以下に見てみよう。

四　動き出した下田復興策

下田の復興策が練られた経緯は、対ロシアの外交交渉と深く関わっていた。十一月三日の第一回交渉時から、プチャーチンは、下田は良港ではないことを主張し、アメリカがなぜ下田開港を承諾したのか疑問だといった。理由は、夏はよいが、冬は西風（ならいの風という、下田市史編纂室長佐々木忠夫氏のご教示による）が強く湾内が荒れ、船が停泊できないということであった。事実、ペリーが下田に停泊した五月は気候もよく、下田湾が西風で荒れる時期を経験していなかったから、ペリーの下田の印象は悪くはなかったのである。しかし、プチャーチンのディアナ号は十月十四日、陽暦では十二月三日となる、冬の最中の下田湾に入航したのである。このときの下田港の印象はロシア側にとって極めて悪いものであった。このことをプチャーチンは、十一月十四日の第三回外交交渉で次のように主張している（『幕末外国関係文書』八―八九）。

下田港は、嘉永五年（一八五二）ロシア軍艦が漂流民を連れ、下田港に入航した経験から、「岩石多く、波荒にて宜しからざる港」と聞き、プチャーチンは大阪港に入ったが、どうしても下田に回航せよという幕府の指示で下田にきたのだ。既に聞いていたとおり、風が荒く船を繋ぎ留めにくい港で、五〇〇人からの乗組員を持つ船の繋留には苦労したと述べているのである。

ロシアの対日交渉のポイントは、北方四島の露日の国境線確定と、通商のための開港要求の二点であった。クリミヤ戦争勃発によって、海上での英仏からの攻撃を恐れたプチャーチンは日露交渉を中断して一旦本国に戻り、態勢を整え再交渉することとした。その際、長崎での筒井政憲、川路聖謨と交わした条件は、アメリカとの交渉に優先させ、開港条件をロシアにも与えることであった。したがって、長崎に加え、函館、下田の二港の開港は、既にロシア側には既得権としてあらかじめ与えられていたことになる。

ではなぜ、日米交渉で下田が開港場として選ばれたのか。その経緯は、ペリーとの交渉から、簡単に見ておこう。

1　幕末外交史上の下田港

下田が日本の幕末外交史上に登場するのは、浦賀におけるペリーとの日米和親条約締結交渉で、長崎以外の開港場をどこにするのかの問題が浮上した嘉永七年（一八五四）二月中旬である。このとき、条約草案の文面では、五年後に開港場を開くとしていたが、既に幕府首脳部は下田が開港場として適性を備えているか否かの調査をさせていた（『大日本維新史料』二編ノ四）。

ペリーの要求に対する幕府の最終段階の方針は、薪炭補給、食料補給のための函館、下田の二港開港、通商は不可というものであった。しかし、下田開港に水戸の徳川斉昭が最後まで猛反対であり、ペリーとの交渉にあたっていた幕府学問所儒者林大学頭䊗《あきら》、江戸町奉行井戸対馬守覚弘《さとひろ》を、長崎で対露交渉にあたった露西亜応接掛筒井政憲、川路聖謨と交代させることを主張し、実際に嘉永七年二月二十二日には川路、翌二十三日には筒井が江戸に呼び戻された。直接交渉にあたった応接掛と江戸に控える幕府首脳部との間にはアメリカ、イギリス、ロシアなどの各国が凌ぎを削る海上支配の情勢について大きな認識のずれはあったものの、黒船で威嚇しつつ開国を迫る攻勢にまともにぶつかり、戦争を仕掛けられた場合には、軍艦、大砲など近代兵器の備えがないに等しい日本は敗北必須という認識で一致していた。幕府首脳に限らず、諸大名の間においても、非戦論が大半を制していたといっても、可能な限り回答を引き延ばすか、相手の承諾する最低条件を示しその場限りの対応をしておくのかで、具体的な対応策に差が生じた。長崎は従来どおりとしても、狭いところに閉じ込め、遊歩の自由もない開港場はアメリカにとっては論外であった。したがって、ペリーにとっては、浦賀がだめなら、下田でも止むを得ないとしたのは、今回の交渉は「和親」条約までで十分であって、後に続く交渉で「通商」は必ず獲得できると読んでいたからだといわれている（加藤祐三『黒船異変』岩波書店、一九九三）。しかしながら、江戸に近い下田を認めることには、水戸斉昭を筆頭に猛反対も根強いが、戦力を考えれば、交戦などという無謀なことは回避しなければならない。実務を担う交渉最前線の幕府官僚によるぎりぎりの選択が、アメリカの要求を受け入れ、函館、下田二港開港に落ち着いたのである。

下田が開港場のひとつとして選択された理由は、江戸の内海には断じて外国船を入れないが、江戸に近い港を主張する外国勢に対して、下田港は江戸に近いという点での説得性がある。しかも、ここで万が一の実態として「通商」が行われても、伊豆半島突端という優れた弧絶性によって影響は大きくは及ばないと予測したからであった。幕府が「通商」に最大の危惧を抱く理由を国内的に見れば、日本人の生活が満ち足りているのに、「交易」による無益な品々の流通によって人々の生活が奢侈に流れ、人心収攬がおぼつかなくなるという政治的不安への恐怖からであった。「和親」条約を結ぶ以上は、条約文に遊歩地区が明記される。必然的に開港場での上陸範囲が規定されなければならない。下田港の場合は犬走島七里（二六・二五キロ）四方とされた。下田が選択された理由のうちには、半島の突端という点ばかりではなく、陸路は山々に阻まれ、平坦な道筋は確保できないという点が「通商」の拡大化への最大の抑止力とされたのである。

その下田が津波で壊滅した。では、ロシアとの交渉の場を移すのか、当然、幕府内部で議論が行われた。

2　下田を復興させよ！

津波で下田壊滅という情報が幕府に届くや、ただちに老中から、ロシア応接掛と下田奉行宛に、今さら浦賀に交渉場所を移しても他の外国船が到来する、「天災だから実態を述べて、寺院なり、仮の建物を建てるなりして、いかなる場合であっても下田で交渉せよ」という十一月七日付の達が十一月十日に届けられた（『幕末外国関係』八―七二）。同日、勘定奉行石河土佐守政平、松平河内守近直の連名の書簡で、費用はいくらかかってもよいから下田での交渉を続行すること、そのために手当てが出張の応接掛幕吏の下僚に至るまで支給されたのが、先に述べた十一月十日到来の二〇〇〇両であったのだ（『幕末外国関係』八―七二）。

また、ロシア船の修復場の選定をめぐっても、戸田村に決定するまで、日露での交渉は揺れた。下田の和歌浦を修復場として上陸するなら、焼き討ちにして追い払えとまでいっている水戸斉昭を説得するのに、応接掛は苦慮している（『幕末外国関係文書』八―五八、十一月十一日条）。

ロシア側は、相変わらず下田開港を避け、浦賀がだめなら、江戸に直接乗り込むと主張するなど、強硬であった。こうした情勢下、幕府がいよいよ意を決して、開港場としての下田を再興させる方向に傾くのは、必然の流れだといえる。こうしているうちにも、十二月九日には、ペリー来航の副艦長で、交渉途中で条約書にアメリカ大統領の署名を得るため、途中帰還したアダムスが条約批准書交換のため、下田へ入津した。将軍の署名を求めるアメリカのアダムス側に対して、応接掛の署名で済ませようとする幕府とのやり取りなど、対米、対露の息詰まる交渉が津波罹災後の下田で展開、ロシア、アメリカ双方ともに、安政元年（一八五四）十二月末段階でほぼ交渉の基本路線が決着した。幕府のロシア応接掛は十二月二十四日に江戸へ帰り、アメリカ応接掛の町奉行井戸覚弘も批准文書の署名を、アメリカが要求する将軍ではなく、老中の委任状を受けて井戸ら応接掛が署名することで決着させ、江戸へ帰った。ロシア船の修復は済まず、まだすべてが終了したわけではないが、十二月末をもって条約締結は落着した。

本格的な下田復興策が開始されるのは、この外交交渉が終息した安政二年（一八五五）に入ってからである。一月十日川路聖謨、水野筑後守忠徳《ただのり》、岩瀬修理忠震《ただなり》を下田取締掛に、下田奉行伊沢政義、都築峯重の二名を加え、開港場としての下田再興の計画を立案させた。

二月四日には一九ヵ条にわたる基本的な方針を提案、まずは掛役人の組織改変を提案し、意欲的に取り組むことを基本に増員を盛り込んだ。さらに、下田の再建の中心策は近郷に離散した罹災者が家作を建て直すものが稀な現状では普請財源が必要であること、そのためには、再び津波が浸入しないように浪除堤の修復普請、家業を再興するための漁船新造資金などなんらかの支援が必要であることなど、人心を考慮した復興策であった（『幕末外国関係文書』九―

六二)。

これらをａ財政的支援、ｂ津波再来の不安の除去、ｃ密貿易禁止、ｄ住民監視、ｅ欠乏所設置、ｆ警備施設の建設などに分けて見ると、極めて包括的な復興策であったことがわかる。以下に各項ごとに見ていくことにしよう。

ａ財政的支援

まず、復興資金の拝借金提案である(『幕末外国関係文書』一〇—九六)。

対　象：下田他三ヵ村(柿崎村、岡村、中村)一二一八軒、身元相応の者二三三軒除
金　額：九八五五両、安政二年(一八五五)
返済条件：安政三年から一〇ヵ年間、無利子、毎年九八五両返済
細目対象：三五〇〇両　大宿五〇軒(一軒七〇両ずつ)
　　　一二〇〇両　小宿三〇軒(一軒三〇両ずつ)
　　二八〇両　漁船持　二八軒(一軒一〇両ずつ)
　　四八七五両　困窮者九七五軒(一軒五両ずつ)
　　　　　　　　　　　　　　　以上三月

ｂ津波再来の不安の除去

浪除堤修復工事費用二九〇二両余(『幕末外国関係文書』一〇—一二〇、一二一)。この提案は、元来七尺(二・一メートル)、馬踏五尺(一・五メートル)の堤がことごとく切れて、時化や高波がいつ襲うかわからない不安があって、住民が家作を建てないので、この不安を除去する必要があること、「丈夫ニ築立……人気を安し候ほか取り計ら」う方法もないといっている。幕府の費用を持って行う御普請を提案しているのである。遙か二〇〇年以上前に築かれた堤が以来下田住民の安心の守りであったことが図らずも示されている。四月三日の老中への提案であった。

c密貿易禁止

犬走島七里四方の遊歩地区内で異国人が市中の個人宅へ入り込むことは禁止、必要な品々の売買も代金の授受は役人立合いの上行う取り決めではあるが、取締掛は密売の蔓延を恐れた。下田へ入る七里の地点に番所を設け、番人を配置する計画は遊歩区域設置時期からの構想であった。しかし、市中の家作もまばらで道筋も定まらない安政二年（一八五五）四月段階では、とりあえず、玉泉寺脇に二ヵ所木戸・番所を設ける暫定的な措置としている。町の復興が容易ではないことがうかがえる（『幕末外国関係文書』一一―五八）。

d住民監視

七里以内の遊歩を許したからには、住民と異人がお互いに馴染み、キリシタン宗門などに入る事態が起きることを避けるため、取締りを厳重にするとは申すものの、条約面に「永世不朽の和親」とある以上は、表向き強力な取締りはできない。名主宅へ呼び集め、人家へ外国人が入らないようにし、物品を直接売買を禁止するなどの趣旨を諭し、一村一町ごとに一五歳以上の男女の爪印を取ることにした（『幕末外国関係文書』一一―五九、六〇）。

e欠乏所設置

欠乏所とは、上陸の外国人が停泊中、薪炭、食料、水など生活必需品を供給する目的で当初より鼻黒崎（現在のペリー上陸記念碑の辺り）に設けられた。しかし、津波で流されたので、新たに旧奉行所跡地に建てられることになっていたが、暫定的に寺の庫裏に制禁（武具・武器類、金銀銅、通用金銀銭、油、漆、書籍、地図・城郭図類など）以外の品々を並べ、売買を許可した。外国人への売値は一割五分から三割増の掛値が許されていたが、この掛値分を冥加金として奉行所へ納入する規定が設けられた。冥加上納は商人からの申し出であったという。事実上は、幕府の基本方針に反する貿易奨励にあたる矛盾を孕んだ存在である。しかし、冥加金を下田町の活性化の資金として、道橋の普請入用金に当てるなどが目論まれた（『幕末外国関係文書』一一―一〇九、一六〇）。五月段階の構想である。

f 警備施設の建設

安政二年（一八五五）五月段階に入り、七里内の番所設置案も具体化した。また、そのほか、異国船入津監視のための遠見番所を武山に設け、外国人上陸の波止場、外国人休息所などの設置、中村への下田奉行（敷地一万二〇〇〇坪）の新設など、警備関係の施設が盛んに計画されている。これらは、浪除堤の修復工事とともに、津波後の地元復興のための社会投資とみなすことができる。

以上、津波後の下田町の復興計画は、今日の目から見ても、住民の不安を取り除き、町に戻るような施策を考案し、それに見合う社会資本の投資を導いているという点で、包括的で、よく整えられているといえる。この時期、各地で大きな災害に見舞われたが、これほど入念な復興計画が立てられた事例はない。

では、この優れた復興案はどこまで実現したのであろうか。下田の春は実は長くは続かない。安政六年下田港閉鎖となり、幕末開港の舞台は横浜に移るからである。

五　復興への道のりとその後の下田

1　社会的基盤の復旧

幕府開港場として必要な体裁を整えるための施設工事が、震災復旧を兼ねて行われた。これらの施設の土盛、砂利などの地盤築直し、あるいは土や砂利の運搬、石築のための石出しなどについて下田町の請負とし、震災後の仕事の創出も兼ねていた。安政二年（一八五五）段階は主としてこうした地元救済を兼ねた復旧工事が行われた。安政二年（一八五五）の各種の工事を列挙すると、以下のようであった（『下田市史』資料編二、三）。

安政二年
正月　仮番所建築（鼻黒崎）
五月一日　武が浜浪除堤修復工事開始（総工費二九二一両永五五文九分、人足一七万四二三人一人付き永一七文）他に、人足二六一九人は男女子供による冥加勤（ボランティア）
六月　福浦外国人洗濯所仕様変更見積もり（十一月に完成か）
六月四日　下田奉行所を隣村中村へ新築工事、用地縄張り（大工棟梁辻内近江に落札）
六月二十八日　戸田村にて船建造（下田町大工御用）
七月十三日　下田奉行所役宅建設（下田町地形築直し請負）
七月　御茶が崎、柿崎村に番所取立て（下田町大工請負）
八月九日　武が浜浪除堤修復工事成就
八月十六日　下田奉行所役宅門通築立（村方請負）
八月二十五日　下田奉行所役宅一〇〇〇坪地形土盛（村方請負）
九月七日　欠乏所（外国人への商品売り捌きの場所、元御用所跡地へ建設）地形見積もり
九月二十七日　武が浜異人休息所修繕
九月　小島道掛け崩れ修復工事（下田町請負）

十一月　　柿崎村磯崎波止場普請（下田町請負）
十一月　　稲生沢川、六、七月大雨にて堤切所普請願い
十一月十九日　下田奉行所普請成就、松村忠四郎支配組頭、奉行所宅入所（森義男『プチャーチンと下田』下田市観光協会、一九七七、三七五頁）

これらの工事に伴う、奉行所役人、普請関係役人の普請現場見廻り、江戸との往来のための人馬往来、書状の伝達などに伴う仕事は絶え間なく、名主日記に登場している。当然、賃金が支払われた。震災復興の強力な一助となった。なお、九月七日の条にある「欠乏所」とは、あくまで貿易行為を禁ずる建前の幕府は、商品売買を認めていないため、欠乏品を外国人に恵与するという立場を貫いた。金の支払いは欠乏品提供への謝礼という理解である。

さて、この安政二年の一年間をほぼ復旧、復興工事に費やした後、下田は多少の活気を帯びた様子である。安政三年正月、下田町年寄は「当町はいよいよご開港の場所になり、追々繁栄への道を歩み始めました。これに伴う仕事も多くなり、ことに開港場の仕事は多忙なことが予想されますので、年寄役を三人にしていただきたい」と願い出ている（『下田市史』資料編四、正月十七日条）。

また、大宿や旅宿への特別融資も安政三年二月に最終的な金額の決定を行っている（『下田市史』資料編四、二月二十四日条）。これらのことから、幕府による災害復旧の救済を兼ねた社会的基盤への投資が安政二年に集中的に行われ、下田支配の根城となる奉行所を完成させた。翌年になると、さらに民間施設の震災復旧、復興へ力が注がれるようになったと思われる。

安政三年七月二十五日駐日大使ハリスが下田上陸、新設の応接所で日本側役人と応接、玉泉寺を宿所とした。十月にはロシア、日露条約批准交換に来日、ディアナ号大砲五二門を日本へ寄贈するなど、開港場としての下田の機能が

いかされた時期である。また、この間、外国使節滞在の玉泉寺など施設の改造、木材・人足の調達、ハリス一行への食品・物品・そのほか生活用具などの調達、外国船への石炭・水の補給など、一躍、下田は通常の入津品の処理に加えて、これまでにない多忙な港となった。

2 人々は下田に戻ったか

復旧、復興とは一般に被災建物など震災の痕跡が消え去って、街の景観が一新する段階を指していう言葉であろう。しかし、肝心なことは、建物や道路の整備ではないといわれている。遠い昔の事実を調べることは難しいが、応急的な震災救済を行った際の下田の各町の人口、戸数などから、人は戻ってきたのかを検証してみよう。

震災前の下田の戸数は八七五軒、人口三八五一人、このうち九九人が死亡したとされるから、生存者三七五二人となる（表1）。震災から二年半を経過した安政四年（一八五七）四月の段階で判明する各町の戸数、人口は表7左欄のようである。

表7の下田町の戸数は八四二軒であり、震災直後に救済を受けた家数より三〇軒ほど減少している。表7の八四二軒は震災三年後の段階の下田町の戸数であると推定されるが、人口については、子供は加えていないかどうか不明である。

震災後、下田奉行所は、緊急にお救い小屋に人々を収容し、あるいは親類の宿所を求めさせたから、ともかく一時的に人々は被災地を離れたことは事実であった。その状態からどの段階で人々が下田に戻ることができようになったかについては、よい資料は得られていない。

幸いに、安政二年八月段階で町を出ていた人々についての簡単な調査の記録が残されている（表7右欄）。これを見

表7　下田の家数（安政4年4月）

町村名	戸数	人数	他行者（安政2年8月）	
大浦町	11	31	9	浦賀詰7，死亡1，他村1
七軒町	45	167	22	江戸奉公・行き7，縁組2，他村，死亡2
坂下町	51	182	29	江戸奉公・行き8，浦賀詰3，船大工渡世3，他村，死亡3
弥次川町	74	251	52	江戸奉公・行き17，浦賀詰13，船乗渡世他行3，他村，死亡2
大工町	64	240	23	江戸奉公・行き12，浦賀詰・行き4，船乗渡世5，死亡1
原町	59	200	34	江戸奉公・行き7，浦賀詰・行き6，船乗渡世16，死亡2
中原町	69	247	43	江戸奉公・行き17，浦賀詰3，船乗渡世他行16，死亡1
伊勢町	31	125	27	江戸奉公・行き13，浦賀詰・行き6，戸田行き3，死亡1
弐町目	34	120	18	江戸奉公・行き9，浦賀詰，行き3
上田町	28	103	11	江戸奉公・行き4，浦賀詰・行き2，船乗渡世・他行2，死亡1
池之町	27	112	9	江戸奉公・行き7
町店町	32	104	19	江戸奉公・行き7，浦賀詰・行き1，船乗渡世・他行6，戸田行き2，死亡1
三町目	59	185	28	江戸奉公，行き5，浦賀詰・行き3，船乗渡世・他行8，神々参指2，死亡2
長屋町	39	140	15	江戸奉公・行き3，浦賀詰1，船乗渡世・他行9，死亡2
殿小路町	26	110	12	江戸奉公・行き4，戸田行き2，般乗渡世・他行4，死亡2
紺屋町	32	103	17	江戸奉公・行き4，船乗渡世・他行5，死亡2
蓮尺町	23	89	7	江戸奉公・行き4，戸田行き1，船乗渡世・他行2
新田町	46	164	18	江戸奉公・行き5，浦賀行き3，戸田行き1，死亡3
須崎町	92	324	48	江戸奉公・行き13，戸田行き1，船乗渡世・他行23，死亡3
計	842	2997	441	

「御請証文」（『下田市史』資料編3幕末開港中巻，954～996頁），「小前他行之もの書上帳」（『下田市史』資料編3幕末開港上巻，769～784頁）
他行者の代表的行先のみ表示.

ると、四四〇人以上もの人が下田を出ていることがわかる。江戸に奉公あるいは出稼ぎに行っている人々が各町でも圧倒的に多数を占め、全体でも三分の一強を占める。浦賀奉行所やロシア船の修復をしている戸田村へ詰めている半ば義務的な仕事をしている人も目に付く。しかし、やはり「船乗他行」といった下田港らしい生業は震災以前からのものとみなしてよいだろう。ともかく、震災から九ヵ月ほど経た時期の調査で、これだけの人々が下田から出て行っているのである。問題は、これら他行者がすべて震災前から出稼ぎや奉公にいっているのか、あるいは震災をきっかけに他所に働きに出かけたのかということである。

戸田村の仕事は明らかに震災後であり、浦賀詰についてもほぼ同様と考えてよいだろう。したがって、震災以前からの出稼ぎを含んでいるにしても、震災で働き口を失った人々が下田を出て、外で働いている人々の安政二年八月段階の現状であることに間違いはない。これらの人々がいつ下田に戻ったのかは不明である。しかし、震災四年を過ぎた戸数が震災直後三〇軒も減少し、また人口も大幅にすくなくなっているという現状は、幕府の莫大な投資があったにせよ、真の意味で、下田が回復したとはいいがたいということを示している。

3　閉鎖される下田港

震災復興のための投資のうち、港としての社会的機能を備えさせるために、旅館、旅籠、船持ちなどに優先的に約一万両の融資（無利息、一〇ヵ年賦返）を行った。しかし、この第一回返済が始まる安政四年（一八五七）末から既に返済困難の事態に立ち至っている。稀なる不景気で港の取り扱い荷数も減少しているが、五八二両余の返済金が用意できないと町役人が幕府に訴え、一年の延期を願い出た。しかし、幕府は聞き届けがたいとした。そこで、下田町は大瀬村栄蔵なるものに二〇〇両を借り、安政五年二月ひとまず一八二両を返済、残り四〇〇両は後日返済の方途を考えた。幕府はこれも認めなかったため、更に五月までの延期を申し出ている。十二月には、拝借金の第二回目返済期が迫ってくる。再び返済延期を申し出るが、幕府はこれも拒絶した。こうしたいつ解決するとも知れない返済延期願いを繰り返し出しているうちに、遂に安政六年二月二十九日、神奈川開港が言い渡された。つまり、下田港は閉鎖されるということである。もはや借金の返済の言い訳をして済む段階ではなかった。

そこで、下田町では、神奈川港へ下田町分の土地を与えて欲しいと要求をした。町役人はこの獲得に奔走したが、時既に遅く、条件のよい土地の獲得はできないことが判明した。この運動は途中で中止した模様である。

ハリス一行は安政六年三月四日下田港を去った。これに続いて、幕府の役人も新しく開いた神奈川港へ赴任するため、続々と下田を去った。そして、新しく建てた下田奉行所も、莫大な取りし壊し料を支払って潰えた。

こうした事態の中、拝借金返済延期もやむを得ないと考えた幕府は最初の第一回返済分五八二両の一ヵ年延期を認める通告を出した。しかし、衰微する一方の下田町は、三〇〇〇両という震災後の復興資金の未返済を抱え、幕末の一〇年を生きることになる。

津波罹災で町の大半の家屋が流され、幕府開港場として莫大な復興資金の投資で、震災バブルに踊った下田にとって、この時期は一時の夢であった。

しかし、また、ペリーやプチャーチンが運んだ新技術や西洋文化の香りに触発された人々、造船技術の習得を目指す人々や明治に花開く写真技術を切り拓く下岡蓮杖などを輩出したことも視野に入れておく必要がある。

第一一章　歴史災害にみる不安のかたち

——安政南海地震（一八五四）の日記から——

時代の不安

日本列島の現在は地震の発生予測も警告に近いリアリティーを感じさせる段階である。また気象、水面上昇など地球環境面の問題が山積していて、この列島に住む者として安心材料より不安材料が日増しに多くなっている。その上、なお一層時代の気分を暗くしているのは、九・一一同時多発テロ以降の戦争やテロへの不安である。どこに発生するかわからないテロへの不安を国家管理の巨大な軍隊で立ち向かおうというのだから、最悪の状況だといっていい。これに、深刻な不況、雇用不安、エスカレートする犯罪など、私たち自身の身の回りの「不安」が積み重なっていく。現在は、いつ起こるか知れない災害への不安だけが突出しているという状況ではない。しかし、日々身辺に起きる災厄と自然の突発的災害や戦争、テロなどへの不安は質的に違うとはいえ、どこかで通底し、連鎖的に増殖し合っていると感じられるからこそ、得体の知れないこの「時代の不安」がとてつもなく大きいものと感じられるのだろう。

章題のごとく、ここでは、過去の災害に対する考え方を対象にする。遠いむかしの「不安」の形に、現代に共通する要素があるのかという疑問を持たれることだろう。江戸時代は地球の物理的変化も土俗的な発想で捉えられていたにすぎない。そんな時代の考え方はこの時代の参考にならないという意見はある意味で当然のことだろう。

しかし、わたしは江戸時代の人が書いた震災後の日記を読んでいると、それほど違和感を覚えずに読み進めることができる。このことは、どういうことなのか、なぜそうなのか、その理由については、考えてみるべき問題を含んで

図1　現在の真覚寺

いると思われる。

江戸時代といっても、二世紀半におよぶ長い期間のうちには社会環境は大いに変化した。巨大災害も継起的に何回か発生した。文字に託して何かを伝え残そうとする人の数も時代を下るごとに増加した。しかし、なおこの時代には、そうした人々は限られた数であった。

ここでは、一人の僧侶が地震体験をきっかけに、いつ終わるとも知れない余震に不安を感じつつ、それらを細かく日記に書き留めていくことを通して、社会への観察眼が研ぎ澄まされていく過程を追ってみようと思う。自然の変調に目を凝らしながら、実はさまざまな事件の頻発を通して、人の気持ちが変わりゆく様を眺めることになった。傑出した知性として世に知られるわけではないが、知識欲旺盛で教養ある田舎寺の僧侶の目を通して、自然災害や流行病への当時の人々の不安の形が極めてよく見えてくる。そしてまた、村人を「文盲」と呼びながらも、人々の不安の行く末を案じ、法話を実あるものにしようと努める僧侶の姿も浮かび上がる。つまり、時代の「不安」に真面目に対処する存在も同時に知ることができるのである。

素材としての「地震日記」

まずは、日記の紹介をしておこう。日記の主は高知県土佐市宇佐町橋田にある真宗寺院真覚寺（図1）の住職井上静照（一八一六～一八六九）である。この人物の安政元年（一八五四）十一月四日、五日の地震津波から死去の前年（一八六八）までの全一四巻の日記である。このうち、前半の文久三年（一八六三）までの九巻を「地震日記」（図2）、後半の五巻を「晴雨日記」と著者自身が名付けた。後に総称して「真覚寺日記」と呼ばれるようになった。

土佐群書集成『真覚寺日記』全一〇巻（高知市民図書館、一九六九～一九七四）は、ガリ版刷りの翻刻である。（注）

歴史資料を分析素材とする地震学の一分野がある。歴史地震学、古地震学などと称される。この日記はすでにそうした分野の地震学者の分析に掛けられ、日々記される地震の規模（感じ方）、回数から余震の減衰傾向が導き出され（図3）、この付近で発生した他の地震の余震との比較から、余震の減衰に関わる係数が提案されている。また、この記録を元に津波浸入高が計測され、現代の防災に活かされている（図4）。歴史資料が現代地震学に寄与する具体的なあり方のひとつである。

図2　地震日記（土佐市真覚寺蔵）

江戸時代にあっても、地震に関する無名の人々の地震日記の類は相当数ある。体験・非体験を問わなければ、その数は少ないとはいえない。そうしたなかでこの日記に注目するのは、震災を実際に体験してはいるものの、復旧、救済など目の前の差し迫った課題を直接には抱えていない比較的自由な立場、言い換えれば、周囲への客観的な眼差しを持つことが可能な立場で書かれ、しかも長期にわたっている点である。

地震に対する驚きと不安

この日記書き出しは、嘉永七年（一八五四）十月の二件の

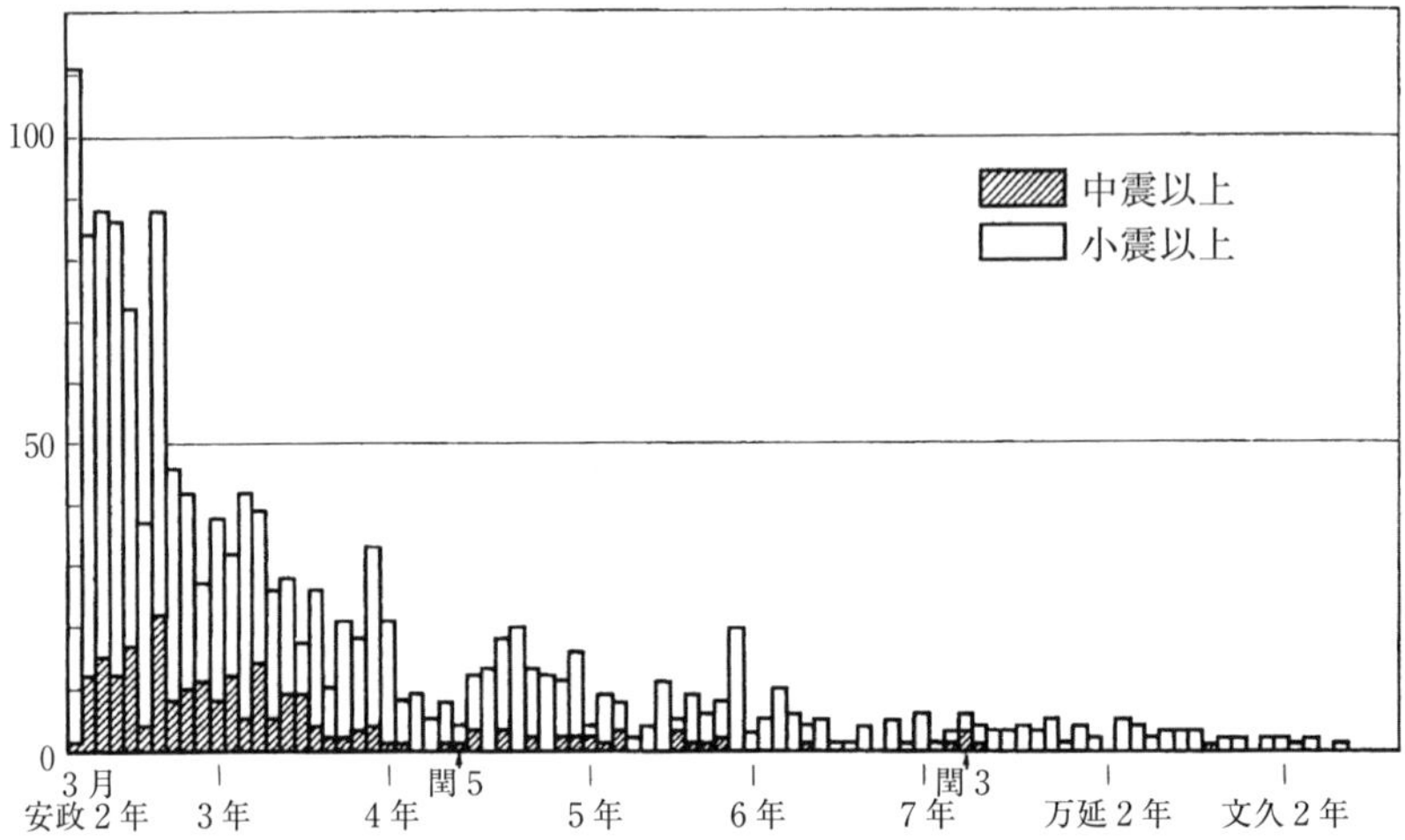

図3　高知付近における月別余震回数（宇佐見龍夫他編『日本被害地震総覧　461-2001』図258-2，165頁より）

火事であるが、行をおかずに、続いて十一月四日、東海地震の余波を「海潮進退定まらず、浦人海面を伺ひ合点ゆかずと申」と記録し、翌五日の南海地震の本震記録となる。本震は七ツ半時（午後五時頃）、それまで明るかった空が急に「一天薄闇く相成、近代未曾有の大地震」となった。「山川鳴り渡り、土煙空中満チ飛鳥も度を失ひ人家ハ縦横無尽ニ潰崩」れたという。津波は九回湾に押し入り、引潮の音はまるで「百千の雷」のようで、この引潮で宇佐の浦中が流された。その夜、村人は月の光を便りに山のなかにうずくまってこの波の音を聞きつつ、地震に耐えた。宇佐では死者一〇人余、流れ残った家は六〇軒ばかり。隣の福島では五〇人余が亡くなった。真覚寺では波が門内に入り本堂の周りを巡ったが、幸い小高いところにあったため、津波の被害を受けなかった。この大災を聞いて、他国に行っていた船乗り達が戻ってきた。彼らは、九州、中国、四国など各地の被害の様子を語る。大坂は潰家一〇〇〇軒ばかり、死者一〇〇〇人ばかりだという。もちろん、高知城下は家中の屋敷も大半潰れ、出火、焼死者数百人という被害情報が入っている。

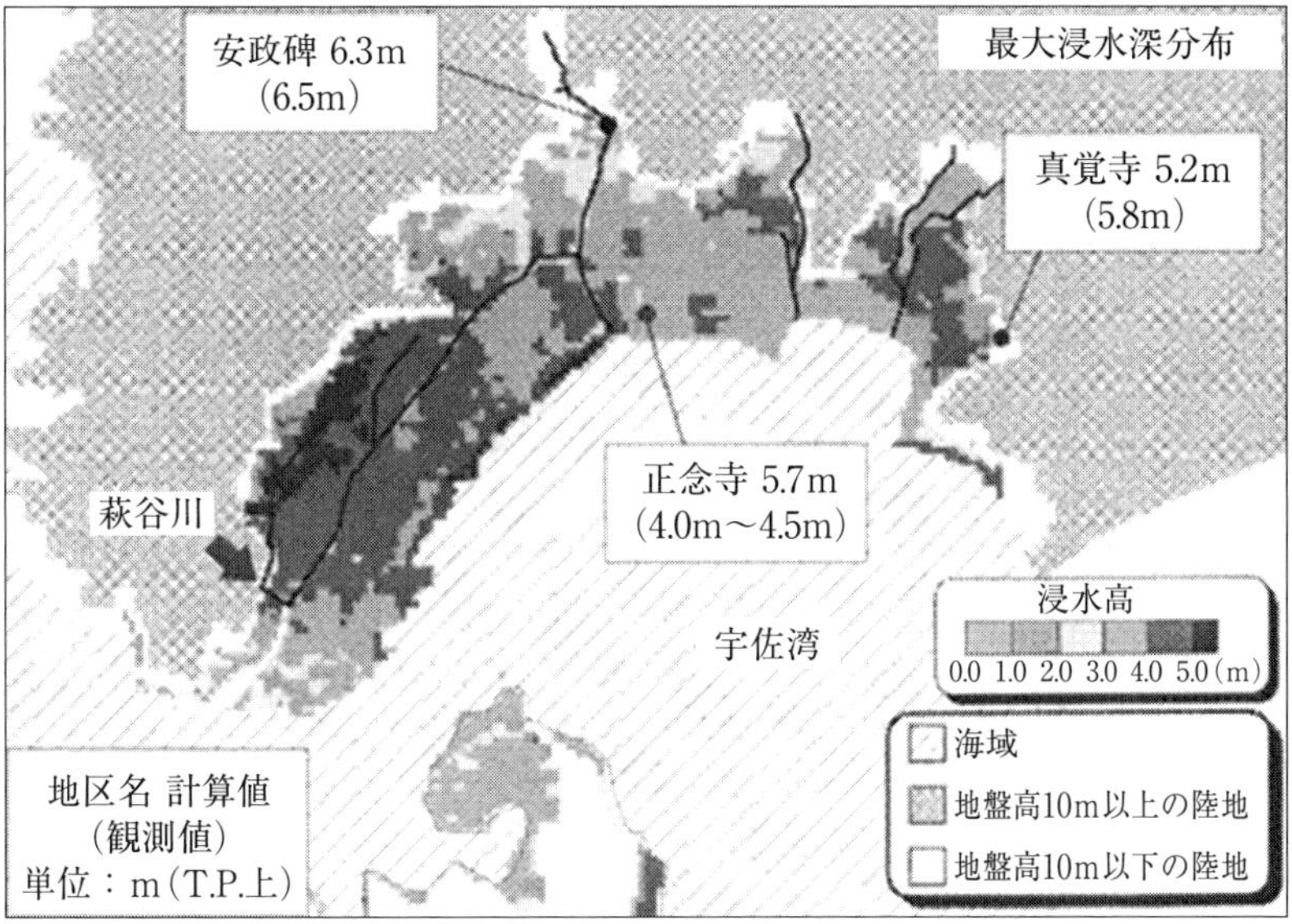

図４　安政南海地震津波（村上仁士氏提供図版）

不安の増長と解消への努力

この間、静照自身が感じた地震記録は、たとえば、地震後一〇日を経た十五日の場合

（安政元年〈一八五四〉二月十五日）晴天、朝早々中ゆり二度、九ツ頃より後中ゆり壱度、小ゆり二度、夜五ツ時壱度時壱度、九ツ頃壱度、今日ハ大汐ゆへ少々波高く、人々又波之入来ル哉ト恐るる、

震動の様子が日々こと細かに記される。地震に対する感受性が増した身体は、夜中でも地震に過敏に反応し、目覚めた。なぜこれほどこと細かに、記録するのだろうという疑問の起こらぬわけでもない。静照自身の不安解消が余震の詳細な記録化という形になったと考えられる。

明けて翌安政二年の大半の記録も余震に終始するが、所々に高知城下で郷士が狂乱して人を切り殺した（四月二十七日）、博打が露見したなどの近辺の村の事件も書き留められ、著者自身の眼が周囲に向けられる余裕がでてきたことを示す。しかし、静照が「文盲」と呼ぶ村人は流言に惑う。

津波襲来の流言「今夜四ツ時か八ツ時に大波入来なり用心せよ、と町々を大声にてわめき走るもの」があり、諸道具を片付け山へ逃げるおびただしい人々で騒動になった（五月六日）。安政三年（一八五六）にも、津波の流言が出た。「一昨年入来りしハ雄波と申ものにて一両年の内ニハ又雌波来ル」というものであった（安政三年七月六日）。津波まで夫婦仲がよい必要はないではないかというコメントがある。村では、不安な事態が起きると、しばしば登場する祈禱師を静照は苦々しく日記に記すが、村人の求めに応じて、安政元年の「大変」の一周忌の供養、供養碑の建立（安政五年六月）など、寺としての努めを果たしている。

流行病

余震記録以外に集中的に現れるのは、瘧《おこり》（マラリア熱）の流行である。

（八月九日）晴天、七ツ時……ゆる、中大、此頃の橋田の瘧ふるひの病人尤おびただしく、遁るる家ハ甚稀なりという状況で、一軒に何人もの病人を出す家もあった。人々は薬師如来に瘧落しの願懸けをしたり、陰陽師に祈禱をしてもらうことに忙しい。これが流行するのは、さまざまな災難に襲われ、人の体力が萎えているせいだというのが静照自身の観察である。静照は灸をして病を寄せ付けない覚悟をしている。毎年夏季になると瘧は流行した。安政三年（一八五六）の場合は、五月頃から流行の兆しが出始め、「溺死亡者之祟り」だとして、静照の寺へ供養の行事が頼み込まれた（五月七日）。六月末橋田の家々で瘧に罹らないのはたった九軒、残り四二軒の家ではすべて病人が出た。人々は悪病除けと称して、夜中鉦をたたき、念仏を唱え回った（六月二十二日）。安政四年にも七月半ば、「大変後（＝津波）当浦年々瘧疾大流行今以やま」なかった（七月十三日）。翌安政五年八月には江戸で流行を極めたコレラが大坂にも広がった。九月には高知城下に蔓延、九五人が死亡した。同月末には近村新在家村で死亡者が出た。コレラはたちまち兵庫から中国、下関に広がった。近辺の村では、悪病除けの念仏、空鉄砲、また祈禱師による祈禱が流行った。

地元の橋田にコレラが流行るのは翌安政六年八月である。「去年ハ三日コロリと申習ハせし処、当年ハ甚急症にて昨夜病付しものは今朝死」す蔓延力を示した（八月十日）。このため、「当浦家々町々注連縄を張り、蒜と唐辛とを門口に釣」り、「惣じて人の心落ち付かず、船ニ酔ふたることきもの多し」という状態であった。八月末段階、宇佐でこの病の死亡者は四二、三人であったという（安政六年八月二十七日）。九月の末にようやく沈静化した。

人びと踊り狂う

安政二年（一八五五）の十月十三日の条には、

当年八月頃より諸方ニ諸方ニ絵島踊り大ニ流行して神祭又ハ日待等之節夜ニ入レバ、其村の広キ場所ニ屯し踊ル、男女共入交り傘を被り小袖を着し、思ひ思ひの装束にて出ル……

と踊りに入れ込む人々の異常な熱気を書き留めている。これがたちまち近辺の村々に広がり、川原に火をたき、白昼のように明るくして踊り続け、娘を仕立てた親などは「狂言」のような心持になって金を惜しまず娘を踊りに連れ歩いて浮かれ暮らすと観察している。

地震、流行病と次々押し寄せる難事に耐えるなかで、突然踊りが流行るというのは、一見不可解な現象とみられるが、歴史的には珍しいことではない。不安に耐えられなくなった集団の抑圧状況からの一種の逃避である。安政津波と同じ年の六月十五日に発生した伊賀上野地震の折、大坂では地震で岩の間から「霊水」が湧き出した。震災にも拘らず、人々は豊年の兆しと喜び、お蔭踊りに興じた例もある。

危機に際して知力を高める

女犯僧、親殺し、密通など周囲の世俗の事件に劣らず、安政末年頃には、高知城下の武士同士の殺傷、異国船の海上往来、京都朝廷・江戸幕府間の異国船を巡る政治抗争、土佐藩主の動きなどが日記に登場する。政治抗争に関する記事は万延、文久と幕末に向かうに従いその数を増すが、ここでは触れる余裕がない。震災二年を経過する頃より、静照自身は隣家の土佐藩士松下与膳に借りた「海外新話」を一晩で読破（安政三年〈一八五六〉四月）、「北越雪譜」も他家で読み（安政三年六月）、大坂書林へ注文の書籍八巻を紐解く（安政四年九月）など、旺盛な読書力を回復していく。

不安を知識欲に変えて

一五〇年も昔の記録を通して、災害がもたらす不安がどのようなかたちで人々の間に広がり、それを解消するためにどのような努力をしたのか、その原初的な姿がここに捉えられている。人の心の奥に潜む自己再生あるいは社会再生への原動力はどのような形でかたちで発現するのか、社会階層それぞれに異なることはこの日記に見られる通りである。しかし、社会が揺れ動く様を凝視する立場にあった井上静照は、人々が抱く社会的不安を形づくるものの正体をつかもうと、必死になって、新しい知識を得ようとした。彼が明治維新をどのように迎えたのか、日記のその後を追っていないので断言はできないが、これは土佐の片田舎の一僧侶に終わる話ではない。連続する災害がもたらす社会的不安が横溢したこの時期には、こうした知識人層がそれぞれの場で努力していたことを改めて考え直す必要があるように思える。

（注）平成二十三年、地震日記の安政元年～安政三年までの分が真覚寺日記改訂編集委員会によって出版されている（事務局連絡先は土佐市民図書館）。

あとがき

明治三陸津波の大きさに驚き、調査を始めたのは一九九〇年代の始め頃であった。本格的な調査が可能になったのは、当時東北大学工学部で津波研究をされていた首藤伸夫先生を研究代表者とする平成四年度科学研究費「災害多発地帯の『災害文化』に関する研究」の研究分担者に入れていただいたことによる。その頃もいま同様に、所属先があるわけではなかったが、先生はそうしたことを承知の上で、わたしを研究分担者として位置付けてくださった。この科学研究費グループのメンバーは、いまや来るべき南海トラフや首都直下地震への防災対策を練る中枢で踏ん張っておられる河田惠昭氏、志半ばで逝去された広井脩氏、河川工学の宮村忠氏、津波の現地調査を情熱的に続け、昨年東京大学地震研究所を退職された都司嘉宣氏、次々と新しい発想で環境資源学をリードされた原田憲一氏、中世の日本の災害史を開拓された笹本正治氏など、いまにして思えば、日本の津波防災、津波工学、環境学、災害社会学、災害史学などの最前線を開拓されてきた研究者の集まりであった（第六章注参照）。

災害文化についての研究課題が文部省の科学研究費の対象として採択されたのははじめてのことだと聞いていたが、研究会では、それぞれの分野からの独自な視点での議論が行われて、目を開かれる思いも何度か経験した。わたしはこの研究会で、明治と昭和の三陸津波を経験した村々がどのように再生、復興してきたのか、岩手県大船渡市を対象として調査することにした。家や村の再興を成し遂げる人々の持つ価値観や行動様式などを聞き取りから導くことができれば、それこそが災害多き地において、家や村を持続させる「災害文化」ではないかと考えたからであった。その報告をまとめた結果が本書Ⅲ部の第五、六章である。調査地へは五〜七時間ほど掛けて、東京の池袋から大船渡行きの夜行バスや、新橋駅から宮古行きの夜行バスなどで何回か通った。朝五時半頃調査地に到着しても、今のようにコンビニもないから、朝食をとるのにも水の補給にもかなり難儀したことを覚えている。ともかく当時は五〇代で若かったから、夜行バスで一夜を掛けても、現地に行って昭和三陸津波の体験者の方々の話を聴くことに充実感を覚えていた。こうした機会を与えていただき、その後も暖かい眼差しを注いでくださった首藤先生には言葉で言い表せないほどの感謝の気持ちを持っている。

しかし、あれから二〇年、大船渡市赤崎の合足、宿、生形、永浜、蛸浦など、かつて何回かお尋ねした場所は今回の津波でどうなったのか、みておかなければならないと強く感じていた。津波後の二〇一一年七月、再び大船渡市赤崎町周辺を歩くと、家の基礎だけが残り、瓦礫が積まれ、津波碑も倒れたまま、人の姿も見かけない現地に言葉もなかった。二〇年前にお話を聴いたほとんどの方々は昭和の津波やチリ津波を体験されていたから、年齢的に考えても今回の厄災には遭わずに済んだのかもしれない。

こうしたなかで、津波碑がこの震災でどうなったのかを調査することを通して、東日本大震災後の被災地の現実に私なりの向き合い方ができるのではないかと考えた。このことを実現するには、最初に津波碑の悉皆調査を行い、所在地を把握している卯花政孝氏の同行が必須の条件であった。卯花氏は首藤先生の助手として、かつて津波碑調査を実施し、報告書をものしていた。幸いにも卯花氏からも再調査への同意をいただいた。津波の跡は、かつて家々が建て込んでいたところも、まさに〝亡所〟という言葉に相応しく、卯花氏ともども嘆息するばかりであった。この変わり果てた光景を目の当たりにして、かつて赤崎の各地でお会いした方々を再びお尋ねすることは断念したが、もはやお会いすることは適わなくても、いまや津波で消え去ってしまったものの、かつてお聞かせいただいた津波の経験を乗り越え、家を再興させ部落の本来の姿を再生させた物語を書き残して伝える義務がわたしにはあるように思えた。

本書は明治三陸津波後の調査をした山奈宗真に関する第三章以外はすべて過去の論文を集めたものである。定職というものとは無縁の私が長い間研究を続けられたのは、多くの方々に支えられたからこそ可能であったと今更ながら強く感じている。

論文集を刊行することを強く薦めていただいたのは、『日本災害史』『日本歴史災害事典』の編集以来お世話になった吉川弘文館の一寸木紀夫氏であった。思うようには原稿がまとめられず、出版時期が延びてしまったが、同社の大熊啓太氏は若い力で挽回してくださった。多大のご迷惑をおかけしながら、ようやく出版にこぎつけることができたことに感謝している。

二〇一四年三月二十五日

北原糸子

著者略歴

一九三九年、山梨県生まれ
一九六二年、津田塾大学学芸学部英文科卒
一九七一年、東京教育大学大学院文学研究科日本史専攻修士課程修了
二〇一四年三月まで、国立歴史民俗博物館客員教授

〔主要編著書〕

『都市と貧困の社会史—江戸から東京へ—』吉川弘文館、一九九五年
『磐梯山噴火—災異から災害の科学へ—』吉川弘文館、一九九八年
『近世災害情報論』塙書房、二〇〇三年
『日本災害史』〈編〉吉川弘文館、二〇〇六年
『関東大震災の社会史』朝日新聞出版、二〇一一年
『日本歴史災害事典』〈編〉吉川弘文館、二〇一二年

津波災害と近代日本

二〇一四年（平成二十六）六月一日　第一刷発行

著者　北《きた》原《はら》糸《いと》子《こ》

発行者　吉川道郎

発行所　株式会社　吉川弘文館
郵便番号一一三—〇〇三三
東京都文京区本郷七丁目二番八号
電話〇三—三八一三—九一五一〈代〉
振替口座〇〇一〇〇—五—二四四番
http://www.yoshikawa-k.co.jp/

印刷＝藤原印刷株式会社
製本＝誠製本株式会社
装幀＝伊藤滋章

ISBN978-4-642-03832-4